Seychellen, Mauritius
Komoren, Réunion, Malediven

Heidrun Oberg

Tecklenborg

Die Deutsche Bibliothek – CIP-Einheitsaufnahme

terra NaturReiseführer Seychellen, Mauritius, Komoren, Réunion, Malediven
Heidrun Oberg
Steinfurt, Tecklenborg Verlag, 2008
ISBN: 978-3-939172-38-3
NE: Oberg, Heidrun

Die Zusammenstellung der praktischen Reiseinformationen und die Beschreibung der Touren in diesem Führer erfolgten mit größtmöglicher Sorgfalt und mit Rücksicht auf die Natur. Bitte verhalten auch Sie sich entsprechend und beachten Sie im Interesse Ihrer eigenen Sicherheit die Hinweise der Autorin, z. B. zu gefährlichen Wegstrecken. Ob eine Route gefährlich ist, hängt neben den Wetterverhältnissen auch von der persönlichen Konstitution des Reisenden ab. Befragen Sie im Zweifelsfall vor einer Reise ihren Hausarzt.
Bitte haben Sie Verständnis dafür, daß sich nach Erscheinen des Buches Wegführungen, Anschriften, Telefonnummern oder Internet-Adressen ändern können. Korrekturhinweise werden Autorin und Verlag gerne aufgreifen.

Das Werk einschließlich aller seiner Teile ist urheberrechtlich geschützt. Jede Verwertung außerhalb der engen Grenzen des Urheberrechtsgesetzes ist ohne Zustimmung des Verlages unzulässig und strafbar. Das gilt insbesondere für Vervielfältigungen, Übersetzungen, Mikroverfilmungen und die Einspeicherung und Verarbeitung in elektronischen Systemen.

1. Auflage 1995 BLV Verlag, München
2. Auflage 2008 (vollständig überarbeitet)
   © Tecklenborg Verlag,
   Siemensstraße 4, 48565 Steinfurt

Lektorat: Diana Kirstein
Karten: Viertaler+Braun, Grafik+DTP, München
Karte vordere Umschlagklappe:
Angelika Thieme / mapdesign@arcor.de
Gesamtherstellung:
Druckhaus Tecklenborg, Steinfurt

Printed in Germany
ISBN: 978-3-939172-38-3

Einführung

Zur Benutzung des Buches 8
Inselkunde 10

Entstehung der Inseln 10

Klima 13

Meeresströmungen 16

Pflanzen- und Tierwelt 18

Besiedlung von Inseln 18

Flora und Fauna 18

Korallenriffe 24

Entdeckung und Besiedlung durch den Menschen 26

Inhalt

Reiseziele

Innere Seychellen 29
1. Mahé (Ste.-Anne-Marine-Nationalpark, Victoria, La Reserve) 32
2. Mahé (Morne-Seychellois-Nationalpark, Port Glaud, Glacis-Gebiete, Port Launay) 39
3. Praslin 49
4. La Digue 58
5. Aride 64
6. Cousin 69
7. Frégate 74
8. Bird Island 79

Äußere Seychellen 86
9. Amiranten 88
10. Aldabra-Archipel 93

Maskarenen 106
11. Réunion 110
12. Mauritius 122
13. Rodriguez 135

Komoren 140
14. Grande Comore (Ngazidja) 144
15. Anjouan (Ndzouani) 153
16. Mohéli (Mwali) 159
17. Mayotte (Maoré) 165

Malediven 171
18. Malediven 171

Reiseplanung
Vor der Reise 178
Reisen zwischen den Inseln 181
Sonstiges 182

Anhang
Karten 184
Literatur 184
Wörterbuch 186
Register 194

Essays
Die Dronte 20

Schlammspringer – Wanderer zwischen Wasser und Land 38

Seychellennuß – kostbarer als Gold 50

Das Brutverhalten der Feenseeschwalbe 84

Riesenschildkröten – Überlebende der Urzeit 96

Krebse auf dem Trockenen 102

Zuckerrohr 109

Glühende Lava 120

Mauritiusfalke, Mauritiussittich und Rosentaube – Rettung in letzter Sekunde? 127

Quastenflosser – ein lebendes Fossil 146

Zum Geleit

terra NaturReiseführer – eine Chance für den sanften Tourismus?

Dem Massentourismus ist sehr viel Natur zum Opfer gefallen. Der Versuch, den Ballungsräumen in eine »intakte Natur« für die kostbaren Wochen des Jahres zu entfliehen, mißlang. Denn der Ruhe und Naturgenuß suchende Mensch wurde im Touristikboom schnell wieder in die Massen einbezogen. Der Massentourismus wälzte sich, da er fortlaufend seine eigenen Existenzgrundlagen zerstört, bis in die letzten Winkel der Erde. Mit größter Sorge betrachten Naturschützer in aller Welt diese Entwicklung.
So wurde der Tourismus als nicht natur- und umweltverträglich gebrandmarkt. Nicht ganz zu Recht! Denn nicht wenige der unersetzlichen Naturreservate der Welt konnten gerade wegen des Tourismus gesichert werden, der manchen Staaten mehr harte Währung einbringt als eine Umwidmung dieser Flächen zu anderen Formen der Nutzung. Durch gezielte Lenkung des Besucherstromes ist es möglich, die Schäden gering zu halten, aber großen Nutzen zu bewirken.
In Afrika und in Südostasien gelingt es offenbar besser, Naturreservate zu erhalten als in Mitteleuropa. Es fehlt aber an Information und an Personal, das die Schutzgebiete überwacht, Besucher betreut und für die Erhaltung der Natur wie für die Einhaltung der Schutzbestimmungen sorgt, den Besucherstrom also sinnvoll lenkt. So bleibt der Naturfreund auf sich allein gestellt, wenn er Natur erleben will, ohne sie zu zerstören.
Die Serie »terra NaturReiseführer« will Naturfreunden helfen, sich schöne Landschaften mit einem reichhaltigen oder einzigartigen Tier- und Pflanzenleben auf eine »umweltverträgliche« Art zu erschließen.
Ein Tourismus, der auf Information aufbaut und dessen Ziel die Sicherung der Naturschönheiten ist, wird vielleicht eine Wende zu ihrem wirklich nachhaltigen Erhalt bringen. Unberührte Natur, naturnahe Landschaften und freilebende Tiere und Pflanzen haben ihren besonderen Wert.
Aber er wird nicht zum Nulltarif auf Dauer zu erhalten sein.

Dr. Einhard Bezzel
Prof. Dr. Josef H. Reichholf

Vorwort

Die Inseln im Indischen Ozean werden als »tropische Paradiese« bezeichnet, verbunden mit Sonnenschein, langen Sandstränden, Palmen, Pflanzenfülle und fröhlichen Bewohnern. Sicherlich stimmt dies, aber es ist natürlich nur ein Teil der Wirklichkeit. Auch hier gibt es Probleme, hervorgerufen durch Überbevölkerung, Monokulturen, Erosion und verschiedene andere Gründe. Denn gerade auf diesen Inseln hat der Mensch seit der Besiedlung versucht, das üppige Paradies leerzuräumen und für sich »zu nutzen«. Wälder wurden abgeholzt, Tiere und Pflanzen ausgerottet. Dadurch wurde den Inseln ein schweres Erbe auferlegt.

93 % aller seit 1600 ausgestorbenen Arten waren Inselformen, und heute leben mehr als die Hälfte aller gefährdeten Vogelarten auf Inseln. Eine häufige Eigenschaft vieler Inseltiere ist die Vertrautheit. Da es keine Feinde gab, zeigen viele von ihnen keinerlei Fluchtreaktionen, und einige Vögel haben sogar ihre Flugfähigkeit verloren. Das bekannteste Beispiel dafür sind die Drontenvögel der Maskarenen. Sie waren groß und flugunfähig, und sie starben nach ihrer Entdeckung und Beschreibung innerhalb so kurzer Zeit aus, daß sie als das Paradebeispiel für den rücksichtslosen Umgang des Menschen mit der Natur in die Literatur eingegangen sind.

Wer heute einige der Inseln besucht, wird sie immer noch als paradiesisch empfinden. Viele der nicht so leicht zu erreichenden Inseln sind unberührt geblieben, auf anderen wurden große Schutzgebiete eingerichtet. Es ist bemerkenswert, daß mit viel Einsatz und Energie (hauptsächlich auf den Seychellen und auf Mauritius) die Pflanzen- und Tierwelt geschützt wird. Das Faszinierende der Inseln im Indischen Ozean sind die großen Unterschiede zwischen ihnen: Korallen-, Vulkan- und Granitinseln, z. T. bewachsen und bewohnt von Lebewesen, die es nur auf einer einzigen Insel gibt. Selbst innerhalb des gleichen Archipels gleicht keine Insel der anderen. Wer eine der Inseln im Indischen Ozean kennt, kennt die anderen noch lange nicht! Und trotzdem gibt es Gemeinsamkeiten, denn die Besiedlung mit Pflanzen und Tieren erfolgte einerseits von Afrika und Madagaskar aus, andererseits von Ostasien und dem Indopazifischen Raum, jedoch zu unterschiedlichen Zeiten. Außerdem haben einige heimische Pflanzen und Tiere ihre nächsten Verwandten in Südamerika, ein Hinweis auf die gemeinsamen Ahnen, die auf dem Südkontinent Gondwana vorkamen.

Diese Vielfältigkeit ergibt natürlich eine Fülle von Stoff, für die in einem »Natur-Reiseführer« nur begrenzter Platz vorhanden ist. Darum wurde versucht, zum einen Informationen von allgemein Interessantem, welches leicht zu erkennen und zu beobachten ist, auszuwählen, zum anderen aber auch Besonderheiten darzustellen, die selten und einmalig sind. Damit hat sowohl der Urlauber, der hauptsächlich zum Baden und Erholen gekommen ist, Gelegenheit, Wissenswertes zu erfahren, als auch der botanisch oder zoologisch Interessierte, der spezielle Ziele hat. Dieser Führer soll ebenfalls zeigen, daß das Klischee von »Seychellen – zum Baden, Réunion – zum Wandern, Malediven – zum Tauchen usw.« viel zu sehr vereinfacht. Jede der Inseln, von der flachen, sandigen Koralleninsel, der bergigen Granitinsel bis hin zu den Vulkanformationen, bietet dem Besucher, der offen für Naturschönheiten ist, ein reiches Wunderland für neue Eindrücke.

Dr. Heidrun Oberg

Einführung

Zur Benutzung des Buches

Dieser Reiseführer will dem Leser die unterschiedlichen Landschaften, Tiere und Pflanzen der Inseln im Indischen Ozean erklären und nahebringen. Um die Informationen vollständig nutzen zu können, sollte man sich mit dem Aufbau des Buches vertraut machen.
Im hinteren Umschlagdeckel gibt eine Übersichtskarte Lage und Größe der beschriebenen Inseln an. Genauere Karten und Detailkarten befinden sich im entsprechenden Kapitel der Insel.
Die **Einführung** enthält allgemein Wissenswertes über die Entstehung der Inseln, das Klima, die Meeresströmungen, die Besiedlung mit Pflanzen und Tieren und über Korallenriffe. Außerdem werden die Besiedlung durch den Menschen und die dadurch verursachten Veränderungen erwähnt.
Der **Hauptteil** des Führers widmet sich den einzelnen Reisezielen. Jede der Inselgruppen hat eine Einführung; bei größeren Inseln wurden die naturkundlichen Höhepunkte ausgewählt. Dadurch kann ein Reiseziel, wie z. B. Mauritius, aus mehreren ganz verschiedenen Unterzielen bestehen. Am Anfang jedes Reisezieles werden die wichtigsten Landschafts-, Tier- und Pflanzenformen als Stichwörter (grau unterlegt) vorgestellt, um eine schnelle Orientierung zu erleichtern.
Einige Pflanzen und Tiere, die im gesamten Bereich des Indischen Ozeans anzutreffen sind, konnten jedoch nur bei einem Reiseziel vorgestellt werden. Darum lohnt es sich durchaus, auch die Informationen über die anderen Inseln zu lesen, selbst wenn diese nicht besucht werden.
Viele Arten werden im Foto vorgestellt, das erleichtert das Erkennen. Auf Abbildungen, die in einem anderen Kapitel zu finden sind, wird mit (S. ...) hingewiesen. Hinweise auf Textstellen und ausführlicher beschriebene Arten erfolgen durch (s.S. ...).
Die **Artennamen** wurden nach Möglichkeit auf deutsch geschrieben. Als Vorlage dienten für die Vögel »Handbook of the Birds of the World, Lynx Edition«, für die Säuger »Grzimeks Enzyklopädie« und für die restliche Tierwelt »Grzimeks Tierleben«. Leider gibt es für die Pflanzen dieses Gebietes kaum deutsche Namen, daher wird der wissenschaftliche Name (in Kursivdruck) oder der landesübliche Name (in Anführungszeichen) verwendet. Die Schwierigkeiten bei den landesüblichen Namen bestehen darin, daß die hauptsächlich französischen Namen auf den einzelnen Inseln unterschiedlich gebraucht werden. Z. B. heißt *Terminalia bentzoë* auf Réunion »Benjoin«, auf Mauritius »Bois benzoin«, und auf Rodriguez »Bois charon«. Aus diesem Grund wurde der Pflanzenname verwendet, der auf der beschriebenen Insel gebräuchlich ist. Ein anderes Problem ergibt sich dadurch, daß in örtlichen Büchern der französische Name oft in der kreolischen Umgangssprache angegeben ist. Wenn Sie diesen laut lesen, erkennen Sie leicht den französischen Namen. So wird z. B. »Bois rouge« im kreolischen »Bwa rouz« geschrieben.
Das Auffinden von Orten und **Besuchspunkten** wird durch Querverweise zwischen Text und Karten (Zahlen im Kreis) erleichtert.
Am Ende jeder Einführung in die Inselgruppe und jedes Reiseziels stehen praktische Tips, die speziell für diese Region wichtig sind.
Das Kapitel **Reiseplanung** am Ende des Buches dient der praktischen Reisevorbereitung. Dort finden sich auch Tips zum Reisen zwischen den Inseln.
Im **Anhang** wird auf weiterführende Literatur und genaue Landkarten verwiesen.

Zur Benutzung des Buches

Im **Wörterbuch** sind die Tier- und Pflanzennamen alphabetisch nach deutschen Namen geordnet; zusätzlich werden noch die wissenschaftlichen, englischen und französischen Namen angegeben. Sind keine deutschen Namen bekannt, so sind die französischen und wissenschaftlichen angegeben.

Das **Register** enthält alle im Text vorkommenden Tier- und Pflanzennamen, Ortsnamen und viele andere Stichworte mit Seitenzahlen.

Zeichenerklärung für die im Text verwendeten Karten

Um die Übersichtlichkeit der Karten zu gewährleisten, wurden vor allem die für den Touristen interessanten Informationen aufgenommen. Die verwendeten Abkürzungen und Symbole werden unten erklärt. Weitere Sonderzeichen sind in der jeweiligen Karte erläutert, wenn sie nur in diesem Gebiet verwendet werden.

Eine »befestigte« Straße kann auf größeren Inseln eine Teerstraße sein, auf kleineren eine gut mit dem Auto befahrbare Sandstraße. Durch starke Regengüsse kann es vorkommen, daß selbst eine vorher sehr gut aussehende Teerstraße nach der Regenzeit unbefahrbar ist.

Die Größen- und Höhenangaben variieren in der Literatur zum Teil stark. Darum werden in diesem Buch die offiziellen Daten der entsprechenden Länder benutzt. Von den 4 Inseln der Komoren sind 3 selbständig, eine gehört zu Frankreich. Dadurch kommt es in der Literatur zu Ungenauigkeiten, weil unter Komoren einmal alle 4 Inseln gemeint sind, ein andermal jedoch nur die 3 der Komorischen Islamischen Republik. Da auf den Komoren die nach Luftaufnahmen errechneten Größen von Battistini und Vérin (1984) gelten, werden sie auch in diesem Buch benutzt. Auf Mayotte gelten französische Namen und Schreibweisen. Die Komorische Republik, die auch Mayotte beansprucht, verwendet für alle 4 Inseln komorische Namen, darum werden in diesem Buch beide Schreibarten angegeben.

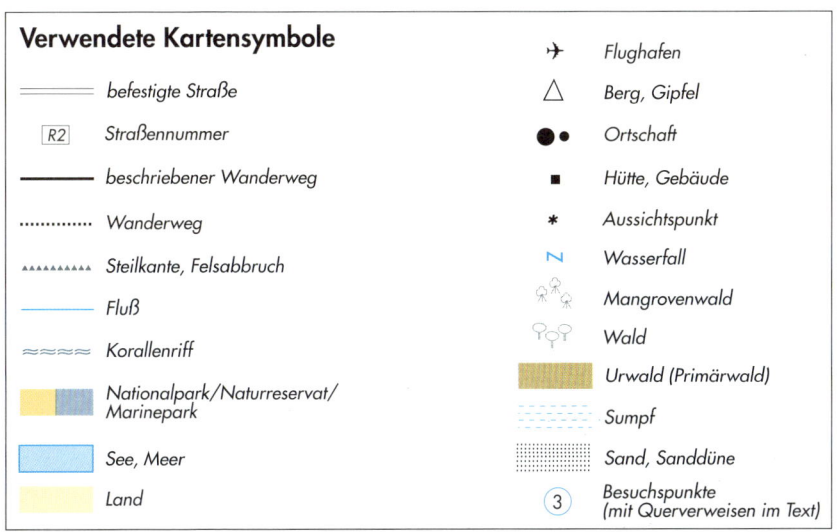

Inselkunde

Entstehung der Inseln

Die hier beschriebenen Inseln (Ausnahme Malediven) liegen im südwestlichen Teil des Indischen Ozeans, in einem Gebiet, das sich von West nach Ost zwischen dem 40. und 65. östlichen Längengrad erstreckt und vom Äquator nach Süden bis zum Südlichen Wendekreis reicht. Es ist rundum von Tiefseebecken umgeben: das Somali- und das Arabische Becken im Norden, das Zentral-indische im Osten, das Madagaskar- im Süden und das Mosambik-Becken im Westen. Mehrere Meeresrücken und -bänke, von denen große Flächen bis dicht unter die Meeresoberfläche reichen, durchziehen diese Region.

Réunion: Der kleine Parasitenkrater Formica Leo entstand im Kraterboden des noch aktiven Piton de La Fournaise.

Es gibt 3 grundverschiedene Inseltypen im Indischen Ozean: hohe, bergige Granitinseln, hohe Vulkaninseln, flache Koralleninseln.

Die **Granitinseln** der **Inneren Seychellen** entstanden, als vor 130 Mio. Jahren der große Südkontinent Gondwanaland auseinanderzubrechen begann. Afrika, Neuseeland und Indien lösten sich, und Indien trieb nach Nordosten auf den Nordkontinent Laurasien zu. Vor 75 Mio. Jahren kam es zu einem erneuten Bruch, der Seychellen-Maskarenen-Rücken löste sich von der indischen Scholle und »strandete« an einer neu entstandenen Ozeanverwerfung.

Indien setzte seinen Weg fort, »verlor« noch den Malediven-Rücken, bevor es vor 40 Mio. Jahren auf die eurasische kontinentale Platte prallte, wobei der Himalaja aufgefaltet wurde.

Der 2500 km lange Maskarenen-Rücken erstreckt sich heute in Nord-Süd-Richtung in einem flachen Bogen von den Seychellen bis Réunion. Aus 4000–5000 m Tiefe steigt er steil bis dicht unter die Meeresoberfläche an. Im Norden liegt eine große Granitbank, deren Spitzen die heutigen Inseln der Inneren Seychellen bilden. Die größte Tiefe zwischen ihnen beträgt nur 60 m. Sie sind damit die Ausnahme von der Regel, die besagt, daß ozeanische Inseln entweder korallinen oder vulkanischen Ursprungs sind.

Im Verlauf dieser und späterer tektonischer Unruhen kam es zu Vulkanausbrüchen, und **Vulkaninseln** entstanden. Viele sind schon wieder versunken, und nur die Korallenatolle von Aldabra und den benachbarten Inseln, die auf Basaltsockeln stehen, zeugen von ihrer früheren Existenz.

Die vulkanischen Ausbrüche, die die Archipele der Maskarenen und der Komoren entstehen ließen, sind jüngeren Datums.

Es handelt sich um ozeanische »Intraplatten«-Vulkane, die nicht durch vulkanische Tätigkeiten an den Rändern der Platten entstanden, sondern über einem »Hot Spot« gebildet wurden.

Hot Spots sind feststehende Gebiete im Ozeanbecken, in denen Magmablasen dicht unter der Oberfläche liegen. Durch hohe Wärmeströmungen im Erdmantel wird die an dieser Stelle dünne Erdkruste eingeschmolzen, Magma steigt auf und bildet Vulkankegel. Mit der Zeit wandert die Platte über dem Hot Spot weiter und mit ihr der entstandene Vulkan, so daß er erlischt. Ein neuer wird über dem Hot Spot aufgebaut, bis eine Kette von Inseln entsteht, deren älteste am weitesten vom Hot Spot entfernt liegt.

Die Komoren liegen auf einer Nordwest-Südost-Achse, und Mayotte, die östlichste, ist mit 3–4 Mio. Jahren die älteste Insel. Anjouan und Mohéli, die mittleren, sind eine halbe bis 2 Mio. Jahre alt, und Grande Comore, die westlichste Insel, ist mit 10 000 Jahren die jüngste. Sie besitzt mit dem Karthala noch einen höchst aktiven Vulkan, der, zusammen mit dem Piton de la Fournaise von Réunion, zu den Vulkanen gehört, die weltweit die meisten Lavamassen produzieren.

Von den 3 Hauptinseln der **Maskarenen** ist Mauritius die älteste, die vor 8 Mio. Jahren als großer Vulkan von einer riesigen vulkanischen Unterwasserplattform emporwuchs.

600 km nordöstlich davon entstand durch unzählige Eruptionen ein Unterwassertafelberg (Guyot) mit einer Fläche von 1200 km². Darauf ereignete sich vor 1,5 Mio. Jahren der letzte große Ausbruch, der Rodri-

Auch Mauritius ist vulkanischen Ursprungs, aber wesentlich älter und dadurch mehr verwittert: Wasserfall bei Chamarel.

guez entstehen ließ. Es erhebt sich als Berg auf der Fläche des Unterwassertafelberges, zehnmal kleiner als sein Untergrund. Réunion ist als isolierter Vulkan vor 3 Mio. Jahren von einer Tiefsee-Ebene emporgewachsen. Die Insel besteht heute aus 2 Vulkanen, einem alten, erloschenen und einem sehr aktiven, jungen.

Koralleninseln kommen nur in tropischen Meeren zwischen den beiden Wendekreisen vor.

Der Untergrund der Koralleninseln besteht aus Kalk, der über Jahrtausende von Korallen aufgebaut wurde.

Der Anfang ist eine Anhäufung von Sand und Korallenschutt, die von Wellen und Strömung auf das Dach eines Korallenriffes gespült wurde und sich dort verfestigt. Siedeln sich Pflanzen an, wird die Sandoberfläche befestigt und widerstandsfähiger gegen Wind und Wellen.

Die unterschiedlichen Formen der Koralleninseln erklären sich aus ihrer Entstehung aus den verschiedenen Typen der Korallenriffe, die in 4 Gruppen eingeteilt werden.

Am häufigsten kommen **Saumriffe** vor. Sie können an Festlandsküsten und um Inseln herum wachsen. Das Riff bildet einen Saum, der parallel zur Küste verläuft und seewärts weiterwächst. Die Granitinseln der Seychellen sind von Saumriffen umgeben, ebenso die vulkanischen Inseln der Maskarenen und Komoren.

Barriereriffe sind der Küste vorgelagert, oft mehrere Kilometer entfernt. Sie wachsen auf einer vorgelagerten Untiefe; zwischen ihnen und der Küste befindet sich eine breite, tiefe Lagune. Im Indischen Ozean sind sie selten, ein kleineres befindet sich im Nordwesten von Madagaskar, und die Komoreninsel Mayotte ist von ihnen umgeben.

Plattformriffe sind nicht an Festland oder Inseln gebunden. Sie können auch mitten im offenen Ozean vorkommen, wenn der Untergrund nicht tiefer als 50 m ist, wie auf der Maskarenenbank und anderen Meeresrücken. Vom festen Untergrund wächst ein Flecken- oder Hügelriff an die Oberfläche. Wird diese erreicht, so kann das Riff nur noch nach außen wachsen, es entsteht eine Plattform. Durch Sandanhäufung kommt es zur Inselbildung, die rund oder länglich sein kann. Sinkt durch Erosion der ältere mittlere Teil des Riffdaches ab, so bildet sich eine Lagune. Ein »Pseudoatoll« entsteht, das äußerlich nicht von einem echten Atoll zu unterscheiden ist. Bird Island und Denis Island, die beiden einzigen Koralleninseln der Inneren Seychellen, entstanden auf Plattformriffen, wie auch viele Inseln der Äußeren Seychellen und die meisten Inseln im Lakkadiven-Archipel.

Atolle, runde oder ovale Riffe, die eine Lagune umschließen, sind die bekanntesten Rifftypen. Es sind Rifformen der offenen See. Ihr Wachstum beginnt als Saumriff um eine gebirgige Insel. Diese sinkt langsam unter den Meeresspiegel, während die sie umgebenden Riffe mit der gleichen Geschwindigkeit aufwärts wachsen. Ist die Insel schließlich vollständig verschwunden, so bleibt ein Ring aus Riffen zurück, der eine Lagune umgibt. Eine oder mehrere Passagen verbinden diese mit dem offenen Meer. Aufgeschütteter Sand und Korallenschutt führen zur Inselbildung, so daß im Idealfall ein Atoll aus einer Perlschnur von Inseln rund um eine Lagune besteht. Von den Äußeren Seychellen bilden Aldabra, Farquhar und Cosmolédo Atolle. Die eindrucksvollsten Atolle besitzen die Malediven.

Klima

Inseln im Ozean haben in der Regel durch die geringen jahreszeitlichen Schwankungen der Wassertemperaturen ein ausgeglichenes Klima. Doch durch die Besonderheiten des Indischen Ozeans unterscheiden sich die Klimabedingungen der Seychellen, Komoren und Maskarenen stark voneinander.
Allen gemeinsam ist, daß es im Südwinter-Halbjahr von April bis Oktober trockener und kühler ist als im Südsommer-Halbjahr von November bis März, das als Regenzeit gilt.
Die Windsysteme des Indischen Ozeans sind durch seine geographischen Besonderheiten komplexer als die der anderen Ozeane. Es gibt Passat- und Monsunwinde sowie heftige tropische Wirbelstürme, die Zyklone.

Passatwinde

Passatwinde sind gleichmäßig wehende, tropische Winde, die auf allen Ozeanen in einem breiten Gürtel zwischen den beiden Wendekreisen wehen. Sie entstehen durch die stärkere Erwärmung der Luft im Äquatorbereich, die in die Höhe steigt und dadurch an der Meeresoberfläche ein Tiefdruckgebiet erzeugt, in das kühlere Luftmassen aus den Hochdruckgebieten (subtropischer Hochdruckgürtel zwischen dem 25. und 35. Breitengrad) einströmen.
Es herrscht also eine ständige Windströmung zum Äquator hin, sowohl von Norden wie auch von Süden. Durch die Erddrehung und die ablenkende Wirkung

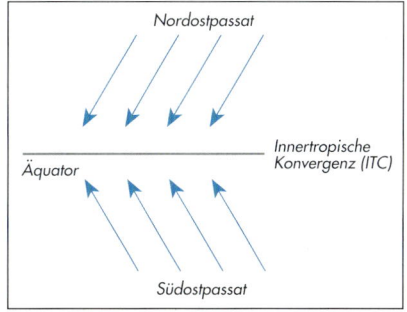

Die Windsysteme des Indischen Ozeans ändern im halbjährlichen Wechsel ihre Richtung.

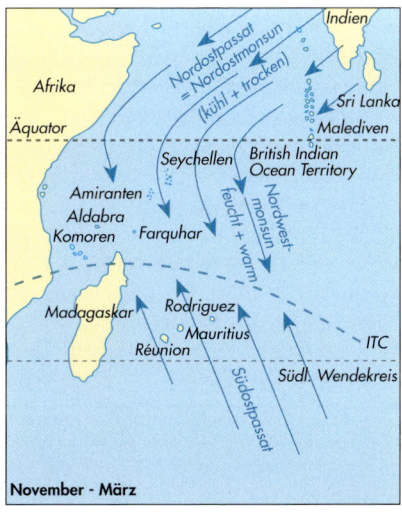

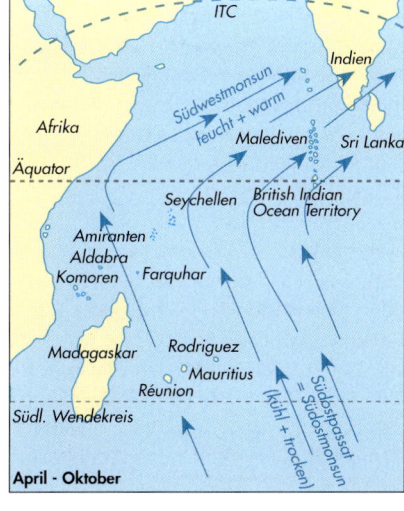

Die auffälligen Blüten der Bauhinie ähneln einer Orchidee; die zweilappigen Blätter haben die Form eines Kamelhufes.

der Corioliskraft werden diese Luftströme nach Westen abgelenkt und wehen auf der Nordhalbkugel als stetiger Nordostpassat, auf der Südhalbkugel als Südostpassat (vgl. Abb. S. 13 Mitte).
Im Atlantik wehen sie mit einer Häufigkeit von mehr als 90 %; kein Wunder, daß sie zur Zeit der Segelschiffahrt als die »trade winds« größte Wertschätzung genossen (von »to blow trade« = immer in dieselbe Richtung wehen; genauso wie Passat aus dem niederländischen »passade wind« = Überfahrtswind entstand).
Die Zone, in der die Passatwinde aufeinandertreffen und die erwärmte Luft aufsteigt, ist die Äquatoriale Tiefdruckrinne oder **Innertropische Konvergenz (ITC)**. Diese ist keineswegs konstant, sondern verschiebt sich mit den Jahreszeiten. Da die Sonne im Nordsommer (Juni) bis zum nördlichen Wendekreis wandert, verschiebt sich die ITC-Zone nach Norden. Umgekehrt rutscht sie im Südsommer (Dezember), wenn die Sonnenbahn zum südlichen Wendekreis zieht, nach Süden.

Monsunwinde

Da der Indische Ozean, anders als Atlantik und Pazifik, nach Norden von einer riesigen Landmasse begrenzt wird, verändern sich die Windverhältnisse, und es kommt zur Monsunbildung.
Monsune (von arabisch »mausim« = für die Seefahrt geeignete Jahreszeit) sind beständig wehende Luftströme, die im Halbjahreswechsel ihre Richtung so ändern, daß sie genau entgegengesetzt blasen. Dieser Richtungswechsel wird durch die jahreszeitliche Verlagerung der ITC hervorgerufen. Im Nordsommer erwärmt sich die große Landmasse des asiatischen Kontinents viel stärker als die Wasserfläche, und die ITC-Zone rückt weit nach Norden auf das asiatische Festland. Der Südostpassat der Südhalbkugel weht als stetiger, kühler, trockener Wind zum Äquator und wird dort durch die mit der Erddrehung zusammenhängende Corioliskraft nach Nordosten umgelenkt. Er hat sich inzwischen erwärmt und auf seinem langen Weg über die große Wasserfläche mit Feuchtigkeit angereichert und bringt als Südwestmonsun Indien und Südostasien den lebensnotwendigen Monsunregen (vgl. Abb. S. 13).
Im Nordwinter, wenn das asiatische Festland stark abkühlt, die Wasserfläche jedoch warm bleibt, wandert die ITC-Zone bis nach Madagaskar in den Süden. Verstärkt wird der weite Südrutsch noch dadurch, daß im Indischen Ozean ein kalter, nordwärts ziehender Meeresstrom fehlt.
Der Nordostmonsun, der kalt und trocken vom asiatischen Festland kommt, wird am Äquator umgelenkt, erwärmt sich, reichert sich mit Feuchtigkeit an und bringt als Nordwestmonsun den Inseln Wärme und Regen.

In dieser Zeit liegen die **Seychellen** und **Komoren** nördlich der ITC-Zone, sie haben 2 Jahreszeiten mit wechselnden Monsunwinden. Von April bis Oktober ist es während des Südostmonsuns kühl und trocken, der Wind weht ständig, das Meer ist unruhig, der Seegang kann hoch gehen. Von November bis März herrscht Regenzeit, der Nordwestmonsun bläst unregelmäßig, das Meer ist ruhig, es ist heiß und feucht.

Ganz anders ist es auf **Réunion, Mauritius** und **Rodriguez**. Dort weht das ganze Jahr über der Südostpassat, weil sie ganzjährig südlich der ITC-Zone liegen. Trotzdem gibt es eine Regen- und eine Trockenzeit. Die Höhe der Niederschläge hängt vom Relief der Inseln ab. Während des ganzen Jahres trifft der mit Feuchtigkeit beladene Südostpassat auf die höheren Gebirgszüge, steigt an deren Süd- und Osthängen empor und kühlt sich dabei ab. Auch in der Trockenzeit im kühleren Südwinter (Apr.– Okt.) fällt dort ein großer Teil der Feuchtigkeit als Steigungsregen. Im Südsommer liegen die Temperaturen wesentlich höher, der Südostpassat ist so schwer mit Feuchtigkeit angereichert, daß trotz des Regens an den Südosthängen auch die West- und Nordseiten Niederschläge erhalten.

Die Maskarenen liegen innerhalb des Zyklongürtels, aus dem zwischen Dezember

Der Vergleich mit der heutigen Vegetation zeigt die starken Veränderungen:
Die lichte Palmensavanne und der halbtrockene Wald mußten nach der Besiedlung den Zuckerrohrfeldern weichen, der farbige Höhenwald den Geranienkulturen.

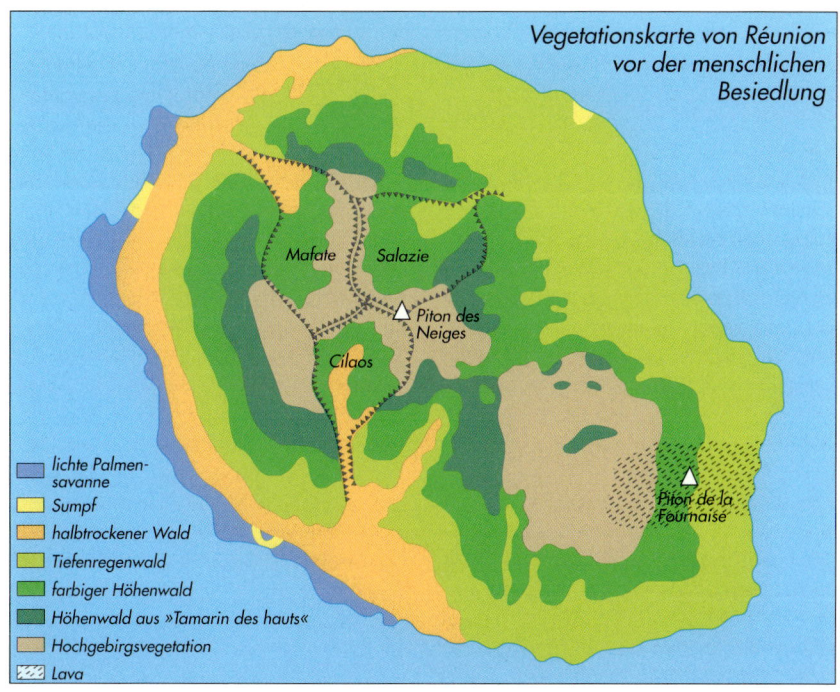

und Mai heftige Wirbelstürme entstehen können.

Zyklone

Tropische Wirbelstürme gehören zu den größten Wetterkatastrophen, die die Erde kennt. Es sind schon Windgeschwindigkeiten von mehr als 60 m/sec gemessen worden, das entspricht der doppelten Geschwindigkeit von Windstärke 12 mit der vierfachen Zerstörungskraft (der Winddruck nimmt mit dem Quadrat der Geschwindigkeit zu).

Ihre Entstehung ist ein sehr komplexer Vorgang, bei dem mehrere Vorbedingungen zusammentreffen müssen:

1. Die ITC muß im Südsommer weit polwärts verschoben sein.
2. Die Entfernung muß mindestens 8 Breitengrade vom Äquator betragen, weil erst dort die Corioliskraft für die Entstehung umlaufender Wirbel groß genug ist.
3. Die Wassertemperatur großer Ozeanflächen muß 27 °C überschreiten, damit genügend Wasserdampf geliefert werden kann.

Durch Wirbel ausgelöst, strömen in ein schwaches Tief über der Wasseroberfläche Luftmassen spiralförmig ein, die über dem warmen Wasser große Mengen Wasserdampf aufgenommen haben. Im Zentrum des Tiefs steigt die Luft auf und kondensiert in der Höhe, wobei die im Wasserdampf enthaltene Wärme frei wird. Dadurch wird die Aufwärtsbewegung verstärkt, so daß immer neue Luftmassen angesogen werden, bis schließlich in einem weiten, kreisförmigen Gebiet feuchte Luft aufwärts strömt. Der Durchmesser kann 60–200 km aufweisen. Sobald sich ein solcher Wirbel entwickelt hat, zieht er mit der vorherrschenden Windströmung weiter, im südlichen Indischen Ozean erst einmal mit einer Geschwindigkeit von 16–24 km/h nach Nordwesten, um später meistens südwärts umzubiegen und schließlich sogar in die Westwinddrift einzumünden.

Die Lebensdauer der Zyklone beträgt im allgemeinen 2–5 Tage. Über Land büßen sie wegen der starken Reibung und der fehlenden »Warmwasserheizung« erheblich an Energie ein, wobei ihre Kraft aber noch so groß ist, daß sie ungeheure Schäden anrichten können. Über dem Wasser ersterben sie, sobald sie auf kühlere Wassertemperaturen stoßen.

Das Entstehungsgebiet der Zyklone im südlichen Indischen Ozean liegt südlich von Mauritius (Mauritius-Orkane). Durchschnittlich werden in der Zyklonsaison von Dezember bis Mai 6 Wirbelstürme gebildet. Die meisten verlaufen sich über dem Ozean, einige können aber auch mit zerstörerischer Wucht auf Réunion, Mauritius, Rodriguez, Madagaskar und manchmal auch noch auf die Komoren treffen.

Meeresströmungen

Winde sind die treibenden Kräfte der Oberflächenströmungen der Ozeane. Im Indischen Ozean ist die beherrschende Strömung der Südäquatorialstrom, der unter dem Einfluß des Südostpassats als ein breiter Strom unterhalb des Äquators nach Westen fließt. Er ist im August stärker als im Februar, wie auch die Winde, die ihn treiben. Stößt er auf Madagaskar, so spaltet er sich. Ein Teil fließt an der Ostküste Madagaskars nach Süden, der größte Teil strömt nördlich an Madagaskar vorbei und teilt sich vor Afrikas Küste. Davon fließt ein kleiner Strom nach Norden zum Äquator hin, der größte biegt nach Süden in die Straße von Mosambik ein und fließt als warmer Agulhas-Strom (Nadelkap-Strom) vor der Ostküste Südafrikas nach Süden.

Im äquatorialen und nördlichen Indischen Ozean wird durch die jahreszeitlich wechselnden Winde die Richtung der Meeresströme nahezu völlig umgekehrt. Während des Nordostmonsuns im Nordwinter fließt vor der Küste Somalias der Somali-Strom nach Süden. Er vereinigt sich mit dem nach Norden fließenden Teil des Südäquatorialstromes und bildet den Äquatorialen Gegenstrom, der zwischen Äquator und 10° südlicher Breite nach Osten fließt.

Mit dem Übergang zum Südwestmonsun im April ändert sich die Strömungsrichtung drastisch. Der starke Südostpassat drückt einen großen Teil des Südäquatorialstromes auf die Nordhalbkugel und bewirkt die Umkehrung des Somali-Stromes. Dieser fließt jetzt nordwärts und bildet nördlich des Äquators den Monsunstrom, der vom Südwestmonsun nach Osten getrieben wird.

Zur Regenzeit treten in tropischen Zonen kurze, heftige Regengüsse auf.

Pflanzen- und Tierwelt

Besiedlung von Inseln

Im Gegensatz zu der Fülle von Pflanzen- und Tierarten der sie umgebenden Kontinente fallen ozeanische Inseln durch ihre Artenarmut auf, die zudem noch recht unausgewogen erscheint. Dies ist ein Ergebnis der zufälligen Besiedlung.

Das umgebende Meer stellt eine gewaltige Sperre dar, die auf verschiedenen Wegen überwunden werden kann: entweder mit eigener Kraft oder durch passiven Transport. Letzteres geschieht durch Meeresströmungen, Winde oder »Flugpassage« im Gefieder oder an den Füßen von Vögeln.

Die erfolgreiche Ansiedlung hängt von vielen verschiedenen Faktoren ab, nicht nur vom bloßen Erreichen einer Insel. Ein passender Lebensraum muß gefunden werden und die Fortpflanzung gesichert sein. Vorteile haben dabei einhäusige Pflanzen, die vom Wind bestäubt werden, und Schwarmvögel wie Papageien, Brillenvögel und Weber, die zu mehreren verdriftet werden.

Unabhängig von der Reihenfolge der Ankunft möglicher Siedler erfolgt eine schrittweise Besiedlung. Nur wer zum »richtigen Zeitpunkt« eintrifft, hat eine Überlebenschance. Da die Besiedlung rein zufällig erfolgt, ist die Entstehung der Lebensgemeinschaften von Pflanzen und Tieren von Insel zu Insel ganz unterschiedlich.

Auf Inseln laufen Evolutionsprozesse besonders schnell ab. Mutationen können sich in kleinen, isolierten Gesellschaften sehr rasch durchsetzen. Es entstehen neue Arten, die sonst nirgendwo vorkommen, sie sind endemisch für dieses Gebiet. Insel-endemisch nennt man Arten, die nur auf einer Insel vorkommen. Die Inseln im Indischen Ozean zeichnen sich durch eine sehr hohe Endemismus-Rate aus.

Inseln sind immer beschränkte Lebensräume, deren biologisches Gleichgewicht gegen Störungen stark anfällig ist. Es ist daher kaum verwunderlich, daß gerade Inseln durch den Menschen so stark geschädigt wurden.

Die Zerstörung des Insellebens im Indischen Ozean erfolgte in mehreren Wellen. Die ersten starken Schäden verursachten Seefahrer, die durch ihren Bedarf an Frischfleisch große Seevogelkolonien, Riesenschildkröten, Dronten, Tauben und Papageien ausrotteten. Ein Chronist schrieb: »10 Mann hatten in kurzer Zeit so viele Tauben und Papageien erschlagen, daß 40 Männer davon versorgt werden konnten«. Die nächste Welle erfolgte durch das Vernichten des natürlichen Lebensraumes und durch das Ansiedeln von fremden Tieren und Pflanzen. Damals war es üblich, auf Seereisen Tiere mitzunehmen und sie auf Inseln auszusetzen, damit man sich später immer wieder mit Frischfleisch versorgen konnte. So kamen sowohl Schafe, Ziegen, Schweine auf die Inseln als auch – unbeabsichtigt – Ratten und Mäuse, die die Schiffe verließen. Der Zustrom fremder Arten verstärkte sich, als die ersten Siedler begannen, vertraute Tiere und Pflanzen anzusiedeln. Die Inseltierwelt stand diesen Eindringlingen hilflos gegenüber.

Flora und Fauna

Die wechselnden Richtungen der Wind- und Meeresströmungen bieten die Erklärung für die verwandtschaftlichen Beziehungen der Pflanzen- und Tierwelt zu Afrika und Madagaskar einerseits, Indien, Asien und Australien andererseits.

Tiergeographisch bilden die Inseln die westliche Grenze der Orientalischen Region, gleichzeitig die östliche Grenze der Äthiopischen Region.

Pflanzen

Die Pflanzenwelt der Inselgruppen unterscheidet sich stark voneinander, so sind z. B. 500 Blütenpflanzen endemisch für die Maskarenen. Um so mehr fällt es auf, daß überall die gleichen **Küstenpflanzen** wachsen. Ihre Samen sind mit Schwimmgewebe und speziellem Salzwasserschutz ausgestattet und können durch Meeresströmungen leicht verbreitet werden. So wundert es nicht, daß es nur eine endemische Küstenpflanze gibt, den Balfour-Schraubenbaum der Seychellen.

Die endemische »Coco marron« der Seychellen sieht jungen Palmpflanzen ähnlich, ist aber nicht mit ihnen verwandt.

Alle Küstenpflanzen müssen extrem salz- und sandtolerant sein. An Sandstränden bilden Strandwinden lange Ausläufer. *Scaevola*- (S. 88) und *Tournefortia*-Büsche (S. 81), Strandmalve, Lindenblättriger Eibisch (S. 42) und der wuchernde Schmetterlingsblütler *Canavalia* schließen sich an. Die felsigen Küsten sind von Mexikanischem Knöterich, Schraubenbäumen und Pemphissträuchern besiedelt.

Takama (S. 60), Barringtonia (S. 80), Indischer Mandelbaum (S. 61), »Gayac« Heritiera und Hernandia gehören zum heimischen Küstenwald. Den häufigen Takamaka gibt es sonderbarerweise nicht an Ostafrikas Küsten. Kasuarinen (S. 137) und Kokospalmen wurden schon sehr früh angesiedelt und gehören heute zu den häufigsten Küstenpflanzen.

Charakteristisch für die Inselgruppen des Indischen Ozeans sind die vielen verschiedenen endemischen **Palmenarten**. Die meisten schützen sich mit langen Stacheln gegen den Appetit der pflanzenweidenden Riesenschildkröten, die die Inseln bevölkerten. Auf den Seychellen, die schon lange vor den anderen Inseln mit Reptilien besiedelt waren, haben **alle** endemischen Palmen in ihrer Jugendform Stacheldickichte ausgebildet. Auf den jüngeren Maskarenen sind es *Acanthophenix rubra* und *Tectifiala ferax*, aber anders als die Seychellenpalmen auch im Erwachsenenalter. Unter den Hyophorben auf Mauritius ist *H. vaughanii* im Jugendstadium sehr stachelig. *H. indica* auf Réunion und *H. verschaffeltii* auf Rodriguez haben einen anderen Schutzmechanismus ausgebildet; sie schützen sich chemisch und verdienen ihren Namen »Palmiste poison« = giftige Palme.

Insekten

Die Zusammensetzung der Insektenwelt ist sehr instabil. Die meisten Insekten oder deren Larven sind an bestimmte Nahrungspflanzen gebunden, und gerade die Pflanzenwelt änderte sich seit der Ankunft der Menschen vor 200 Jahren drastisch und ändert sich auch heute noch. Überleben können nur die Arten, die fähig sind, sich auf neue Futterpflanzen einzustellen. An den farbenprächtigen, auffällig gemusterten Schmetterlingen lassen sich die Inselunterschiede am deutlichsten erkennen. Der Bourbonen-Fleckenfalter, dessen schwarze, borstige Raupe an Brennesselarten lebt, hat unregelmäßig geformte rote

Die Dronte

Jede der Maskareneninseln hatte ihre eigene Drontenart: Mauritius die Dronte, Réunion die Réuniondronte und Rodriguez den Einsiedler. Es waren große, flugunfähige Vögel von so bizarrem Äußeren, daß sie schnell beliebte Objekte von holländischen und deutschen Tiermalern wurden, als sie in den Menagerien Europas auftauchten.

Zum Glück, denn ohne die Gemälde und Radierungen fiele es uns schwer, die Vögel zu rekonstruieren. Außer Knochenfunden ist ein Kopf und ein einziger Fuß alles, was von den Dronten (oder Dodos) übriggeblieben ist. Im Oxforder Museum wurde 1775 der verstaubte, miserabel aussehende Balg der einzig erhalten gebliebenen Dronte weggeworfen. Der zuständige Kustos rettete die noch gut aussehenden Teile, den Kopf und einen Fuß, vor der Vernichtung.

Das Schicksal der Drontenvögel, die ein Jahrhundert nach ihrer Entdeckung schon ausgerottet waren, kann als das Paradebeispiel für das Aussterben von Inselformen angesehen werden. Ihre Lebensweise hatte sich in einer Jahrtausende dauernden isolierten Entwicklung so spezialisiert, daß sie nicht mehr in der Lage waren, sich Umweltveränderungen anzupassen. So traf es die flugunfähigen Vögel mit voller Härte, als sie nicht nur vom Menschen, sondern auch von mitgebrachten Schweinen, Hunden, Katzen und Ratten verfolgt wurden.

Alle drei Arten kamen in den dichten Buschwäldern ihrer Heimatinseln vor und sollen sich von Sämereien und Pflanzen ernährt haben. Sie lebten einzeln oder zur Brutzeit paarweise, wobei jedes Paar sein Territorium heftig gegen Artgenossen verteidigte.

Die Dronte von Mauritius war etwa schwanengroß und wurde zu gewissen Zeiten, besonders am Hinterleib, sehr fett. Auffällig war ihr gewaltiger Haken-

Dronte (*Raphus cucullatus*; im 18. Jahrhundert ausgerotteter Vogel auf der Insel Mauritius). Gemälde, 1759, von George Edwards (1694–1773). London, British Museum.

schnabel im nackten Gesicht, das Gefieder des Kopfes begann erst oberhalb der Stirn. Es bestand aus schwarzgrauen, kurzen, dichten, flaumartigen Federn. Am Körperende kräuselte sich ein kurioses Federbüschel, von dem nicht bekannt ist, ob es sich um Schwanz- oder Schwanzdeckenfedern handelte.
Der Einsiedler von Rodriguez überlebte etwas länger. Er hatte im Gegensatz zur Dronte gut ausgebildete Federn. Es kamen weiße und braungraue Vögel vor, vielleicht waren Männchen und Weibchen unterschiedlich gefärbt, denn es sollen auch beträchtliche Größenunterschiede zwischen beiden bestanden haben. Bei den Balztänzen drehten sich die Vögel unter heftigem Flügelrasseln um sich selbst, und bei Balzkämpfen sprangen sich die Rivalen an und schlugen sich mit den Flügelstummeln, an deren Bug sich eine kugelförmige Knochenverdickung befand.
Die Réuniondronte war weiß bis gelblich befiedert und ähnelte mehr der plumpen Dronte als dem schlanken Einsiedler. Ihre Existenz ist trotz übereinstimmender Beschreibungen und Abbildungen ein Rätsel. Obwohl auf Réunion intensiv nach Knochen gesucht wurde, ist bisher kein einziger aufgetaucht.
Man fand bisher nur Knochen eines flugunfähigen Ibis! Genanalysen zeigten, daß die Mauritiusdronte und der Rodriguez-Einsiedler eng mit den Tauben verwandt sind.
Das Schicksal der Dronten ist ein Sinnbild für den sinnlosen und unverantwortlichen Umgang mit der Natur. Im Englischen nennt man etwas, das unwiderruflich vorbei ist, »as dead as a Dodo«.

Flecken auf den schwarzen Vorder- und Hinterflügeln. Diese unterscheiden sich zwischen den Inselformen, es gibt also verschiedene Inselrassen.
Werden diese Unterschiede stärker, entstehen neue Arten. So gibt es je eine endemische Schwalbenschwanzart auf Grande Comore, Mauritius und Réunion, die sich in Aussehen und Verhalten unterscheiden und sich an verschiedene Futterpflanzen angepaßt haben.
Heutzutage kommen infolge der Aktivitäten der Menschen durch Transporte, Umzüge und eingeführte Haustiere und Nutzpflanzen ständig neue Insekten auf die Inseln. Etliche kleine Laufkäferarten und Spinnen haben sich inzwischen gut eingelebt. Einige der auffälligsten afrikanischen Schmetterlinge, z. B. der große, schwarz-weiße Zitrus-Schwalbenschwanz, wurden zur Zierde auf Réunion eingebürgert.

Amphibien

Ein großes Rätsel für Wissenschaftler ist die Anwesenheit der endemischen Amphibien auf den Seychellen. Wieso gibt es auf Inseln, die über 1000 km vom nächsten Festland entfernt sind, Frösche und Blindwühlen? Keine andere Insel konnte von Amphibien besiedelt werden. Eine Theorie sagt, daß die Vorfahren der heutigen Amphibien das mehrere Mio. Jahre dauernde Abdriften und Stranden der Landmasse überlebten.
2 Amphibienarten wurden aus Afrika auf einigen Inseln eingeführt. Die Südafrikanische Kröte (S. 107) als Freßfeind eines Zuckerrohrkäfers und der Maskarenenfrosch aus kulinarischen Gründen.

Reptilien

Reptilien sind auf allen Inseln im Indischen Ozean zu finden, selbst auf kleinen Koralleninseln.

Die schlanke, glänzend bronzefarbene Seychellen-Mabuye ernährt sich hauptsächlich von Insekten.

Das eingeführte Pantherchamäleon lebte sich auf Réunion gut ein, ohne einer anderen Tierart zu schaden.

Riesenschildkröten (S. 96/97) existierten mit speziellen Inselarten auf Madagaskar, den Komoren, Réunion, Mauritius, Rodriguez, Aldabra und den Seychellen. Sie wurden innerhalb kurzer Zeit nach ihrer Entdeckung ausgerottet, nur auf Aldabra überlebten sie. Die Riesenschildkröten, die heute auf den Seychellen, Mauritius und Réunion vorkommen, wurden von Aldabra geholt (S. 95, 96).

Von den **Meeresschildkröten** kommen Grüne Meeresschildkröten (S. 160) und Echte Karettschildkröten regelmäßig zur Eiablage an die Sandstrände. Aus dem schön braungelb geflammten Panzer der Karettschildkröte wurde, und wird leider immer noch, Schildpatt hergestellt. Dem-

Riesenschildkröten sind Überlebende der Urzeit.

entsprechend selten sind sie geworden. Neben den nachtaktiven **Geckos**, die in den Häusern zu finden sind, beherbergen die Inseln des Indischen Ozeans eine bemerkenswerte Geckogruppe, die Taggeckos (S. 40). Sie sind tagaktiv und sehr farbenprächtig. Ihr leuchtend grüner Körper ist mit unterschiedlichen roten und orangenen Punkten und Strichen gezeichnet. Jede Insel hat ihre eigene Art, die sich in Muster und Größe unterscheidet. Ausgangsort der Verbreitung war Madagaskar. Trotz der Fülle von **Chamäleon-Arten** auf Madagaskar gibt es nur 2 endemische Arten auf den Komoren und eine endemische Art auf den Seychellen. Das Tigerchamäleon der Seychellen soll näher mit afrikanischen Arten als mit madegassischen verwandt sein. Von Madagaskar wurde das Pantherchamäleon nach Réunion gebracht. Mit »Caméléon« wird auf Mauritius und Réunion die Indische Schönechse (S. 130) bezeichnet. Sie wurde mit Zuckerrohrpflanzen aus Java eingeschleppt.

Auf allen Inseln leben verschiedene **Glattechsen** (Scincidae): die Mabuyen (S. 22, 72), die *Leiolopisma*-Skinke und die *Scelotis*-Skinke.

Interessant ist, daß es **Boas** und **Leguane** auf einigen Inseln gibt, den Seba-Leguan

Der Regenbrachvogel zieht wie viele Watvögel im Nordwinter an die nahrungsreichen Küsten tropischer Inseln.

Der eingeführte Halsbandsittich verdrängte auf Mauritius den ähnlich aussehenden endemischen Mauritiussittich.

auf den Komoren und 2 Boa-Arten auf Round Island, einer Insel vor Mauritius. Ihre nächsten Verwandten sind nur in Südamerika und nicht in Afrika heimisch. Die gemeinsamen Vorfahren gehörten zur Gondwanalandfauna und wurden später in Afrika und Asien von den »moderneren« Pythons verdrängt.

Es gibt noch weitere, ebenfalls ungiftige, Schlangen auf den Inseln, die Gewöhnliche Blindschlange und verschiedene Wolfzahnnattern.

Vögel

Vögel sind auf Inseln im Vergleich zu anderen Tierarten überproportional vertreten, denn selbst schlechte Flieger haben geringere Probleme, diese zu erreichen, als z. B. Landsäugetiere.

Meeresvögel schätzen unbesiedelte Inseln und brüten dort zu Tausenden. Obwohl der Krach, der Geruch und die Massen unbeschreiblich eindrucksvoll sind, gibt es auch unauffälligere Kostbarkeiten. Nur auf Réunion brütet der Barausturmvogel und auf einer Insel vor Mauritius der Trinidadsturmvogel, den es sonst nur noch auf Südtrinidad gibt. Und überall auf ungestörten Inseln, aber nirgends besonders häufig, ist der Rotschwanz-Tropikvogel (S. 65) zu finden.

Für überwinternde und durchziehende **Zugvögel** aus der Arktis sind die Inseln im Indischen Ozean wichtige Raststätten.

Weißschwanz-Tropikvögel nisten auf dem Boden unter Büschen oder an geschützten Baumwurzeln.

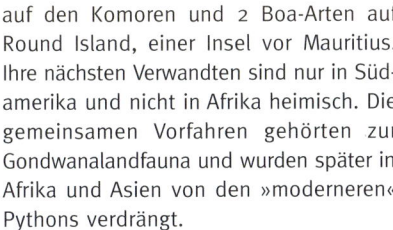

Das einzige Tropikvogelküken muß sich vor räuberischen Landkrabben hüten.

Die früchteverzehrenden Flughunde unterscheiden sich von Insel zu Insel, hier ein Mauritius-Flughund.

Landvögel sind um so isolierter, je weiter die Insel vom nächsten Festland entfernt ist.
Es kommt zu einigen gesetzmäßigen Inselanpassungen. Die auffälligsten sind die geringere Eizahl, das dunklere, weniger auffällige Gefieder und der einfachere Gesang; außerdem besteht eine Tendenz zur Flugunfähigkeit.
Die berühmtesten der flugunfähigen Inselbewohner lebten einst auf den Maskarenen, die Dronten auf Mauritius und Réunion und die Einsiedler auf Rodriguez. Eine einzige flugunfähige Vogelart hat im Indischen Ozean überlebt, die Cuvierralle (S. 94) auf Aldabra.

Säuger
Gute Flieger unter den Säugetieren, Flughunde und Fledermäuse, sind die einzigen Landsäuger, die sich aus eigener Kraft auf den Inseln ansiedeln konnten.
Von den Meeressäugern kommen die Dugongs (Gabelschwanz-Seekühe) in den Küstengewässern vor, und über 50 Walarten sind in den Gewässern gesichtet worden. 1832 wurde eine Walfängerbasis auf Ste. Anne (Seychellen) eingerichtet. Es wurden damals hauptsächlich Pottwale gejagt.
Im Laufe der menschlichen Besiedlung wurden Säugetiere auf den Inseln ausgesetzt oder angesiedelt. Besonders katastrophal für Inselpopulationen wirkten sich die Ratten aus, die schon mit den ersten Schiffen eingeschleppt wurden und durch Schiffsunglücke sogar weit abgelegene, unbesiedelte Inseln erreichten. Um der Rattenplage Herr zu werden – sie sollen der Hauptgrund für die Aufgabe der holländischen Besiedlung auf Mauritius gewesen sein – wurden ihre natürlichen Feinde wie Katzen, Schleiereulen, Mungos und Schleichkatzen ausgesetzt. Diese jagten aber die leichter zu erbeutenden heimischen Reptilien und Vögel, so daß deren Bedrohung nur verstärkt wurde.
Von Madagaskar aus wurden Tanreks (Borstenigel; S. 155) auf die Komoren und nach Mauritius gebracht, von dort weiter nach Réunion und auf die Seychellen.
Außerdem wurden 2 Lemurenarten, der Mongozmaki und der Braune Lemur, schon sehr früh zu einem unbekannten Zeitpunkt auf die Komoren gebracht.

Korallenriffe
Korallenriffe übertreffen an Farbenpracht und Üppigkeit jeden anderen Lebensraum. Sie wachsen in tropischen Meeren zwischen den beiden Wendekreisen, die Wassertemperatur muß mindestens 20 °C erreichen. Die größten Bauwerke, die jemals von lebenden Wesen auf der Erde

Pflanzen- und Tierwelt 25

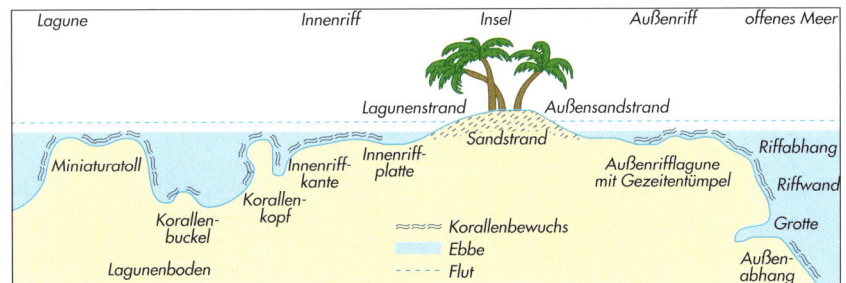

Querschnitt durch ein Atoll von der Mitte der Lagune bis nach außen ins offene Meer.

hervorgebracht wurden, konnten nur durch die Symbiose der riffbildenden Steinkorallen mit kleinen Algen, den Zooxanthellen, entstehen.

Die in den Körperwänden der Korallenpolypen lebenden Zooxanthellen betreiben Photosynthese, und erst der damit gekoppelte ständige Verbrauch von Kohlendioxid fördert die Abscheidung kristallinen Kalks. Diese Partnerschaft erklärt auch, warum Korallenriffe nur in seichtem, klarem Wasser wachsen, wo genügend Sonnenlicht einfällt.

Die riffbildenden Korallen gehören zu den **Steinkorallen**. Die Einzelpolypen sind klein (0,5 bis 1 cm). Sie scheiden den Kalk an der Unterseite ab und bilden einen Sockel, auf dem sie langsam in die Höhe wachsen. Sie vermehren sich hauptsächlich durch Knospung, wobei es zu den arttypischen Mustern in der Verzweigung und Stockbildung kommt (S. 86).

Die Wuchsformen variieren stark, am auffälligsten sind verästelte Geweihkorallen, flach ausgebreitete Tischkorallen und kugelförmige Hirnkorallen. Nicht alle Steinkorallen bilden Kolonien, es gibt auch einzeln lebende Pilzkorallen.

Jeder größere Korallenstock ist eine Welt für sich und bildet ein Ökosystem von verblüffender Vielfalt. Nicht riffbildende Feuer-, Horn-, Weichkorallen und andere seßhafte Tiere siedeln sich darauf an. Eine Vielzahl von Strudelwürmern, Weichtieren, Stachelhäutern, Krebsen und Fischen finden auf und in solch einem Block Nahrung und Schutz. Die Zusammensetzung wird durch Wassertemperatur, Brandung, Strömung, Planktonangebot und Algenbewuchs beeinflußt.

An einem Außenriff leben andere Tiere als am ruhigeren Innenriff, an der Riffkante andere als in der Tiefe. Auf Sand- und Geröllböden gibt es spezialisierte Bewohner, andere im freien Wasser (s. S. 102, S. 173). Das gleiche Riff bietet tags und nachts zwei völlig verschiedene Welten. Die tagaktiven Tiere ziehen sich nachts in ihre Verstecke zurück und die nachtaktiven entfalten sich oder schwärmen aus und bevölkern das Riff.

Im farbigen Mantel der Riesenmuschel erkennt man Ein- und Ausströmöffnungen.

Entdeckung und Besiedlung durch den Menschen

Seychellen, Maskarenen, Komoren

»Inseln des Überflusses« nannten die Franzosen die Seychellen, und die Holländer berichteten von Mauritius, daß die Edelhölzer nicht zu erschöpfen seien, selbst wenn 2000 Mann sie ununterbrochen 200 Jahre lang kahlschlagen würden. Die ersten Siedler kamen in ein tropisches Paradies mit einer Fülle von Nutzhölzern, fruchtbaren Böden und schmackhaften Tieren, die zudem zutraulich und wehrlos waren.

Die Inseln konnten sich in Jahrmillionen ungestört vom Menschen so üppig entwickeln. Es gab keine Ureinwohner, und vor der Ankunft der ersten Europäer im 16. Jh. sind sie auch nicht besiedelt gewesen. Sie waren jedoch schon lange bekannt, ägyptische und phönizische Handelsschiffe nutzten sogar die Monsune dieser Region für ihre Seereisen aus.

Um Christi Geburt begannen die Einwanderungen malaiisch-polynesischer Seefahrer aus dem indonesischen Raum, die über die nächsten Jahrhunderte in mehreren Wellen erschienen und Madagaskar besiedelten. Ausgrabungen zeigen, daß sie auch die anderen Inseln im Indischen Ozean anliefen, dort jedoch nicht für länger blieben.

Im 9. und 10. Jh. befuhren arabische Kaufleute den Indischen Ozean und gründeten Handelsniederlassungen an Ostafrikas Küste und auf den Komoren und Madagaskar. Sie fuhren auch zu den Seychellen, Aldabra und den 3 Maskareneninseln, siedelten dort jedoch nicht dauerhaft.

1498 umschiffte Vasco da Gama das Kap der Guten Hoffnung und erschloß damit den Portugiesen die Herrschaft über den Indischen Ozean. Diese nutzten die Inseln jedoch nicht zum Siedeln, sondern liefen sie nur zu Versorgungszwecken auf ihren Handelsfahrten nach Asien an. Hauptbasis wurde das heutige Mauritius.

Ende des 16. Jh. war es einem Holländer gelungen, die geheimgehaltenen portugiesischen Schiffahrtsrouten nach Asien auszuspionieren, und damit wurde den holländischen Handelsschiffen der Weg nach Java eröffnet. Die Holländer errichteten 1598 einen festen Stützpunkt auf Mauritius und versuchten zweimal, Siedlungen aufzubauen, gaben aber ihre Niederlassungen 1710 zugunsten ihrer Kolonie am Kap der Guten Hoffnung auf. Sie ließen ein vollkommen verändertes Mauritius zurück. Wälder waren abgeholzt, Edelhölzer fast vollständig verschwunden. Viele neue Nutzpflanzen waren eingeführt worden: Kokospalmen, Zuckerrohr, Tabak, Baumwolle, Ananas, Bananen. Auch in der

Die Blüten des australischen Zylinderputzers wurden von den Brillenvögeln als Nektarspender angenommen.

Tierwelt sah es nicht anders aus, Dronten und Riesenschildkröten waren ausgerottet, Hirsche und Makaken aus Java sowie Kaninchen ausgesetzt.

Die Franzosen hatten seit 1654 die Nachbarinseln Réunion und Rodriguez in ihren Besitz gebracht und übernahmen später auch die verlassene Insel Mauritius. Von dort wurden Erkundungsfahrten unternommen, bei denen die Seychellen von ihnen entdeckt und besiedelt wurden.

Unter der französischen Ära veränderten sich die Inseln durch die weitere Abholzung der Wälder und durch den Anbau von Baumwolle, Indigo und Zuckerrohr. Elefantengras wurde zu Futterzwecken aus Afrika geholt und Maniok als Hauptnahrung der Sklaven. Zu Jagdzwecken wurden Schwarznackenhasen, Frankoline, Wachteln und Wildhühner ausgesetzt.

Die nierenförmige Cashewnuß sitzt an einem dicken, ebenfalls eßbaren Fruchtstiel.

Unter Lebensgefahr schmuggelte Pierre Poivre Gewürzschößlinge und -samen nach Mauritius, und von dort aus wurden Gewürzplantagen auf Réunion, Ma-

Die flachkronige *Albizia lebbeck* breitet sich unkontrollierbar aus.

dagaskar, den Seychellen und Sansibar angelegt.
1810 übernahmen die Engländer die Vorherrschaft im Indischen Ozean, behielten die Inseln Mauritius, Rodriguez und die Seychellen, gaben aber Réunion an die Franzosen zurück. Um den zerstörerischen Kräften der Zyklone zu entgehen, die 1807 die Plantagen auf Mauritius und Réunion vernichtet hatten, wurde der Zuckerrohranbau gefördert. Heute sind Réunion und Mauritius fast ganz mit Zuckerrohr bedeckt.
1841 verkaufte der Sultan der Komoreninsel Mayotte seine Insel an die Franzosen, und in den nächsten Jahrzehnten annektierte Frankreich auch die restlichen 3 Inseln.
Die englisch regierten Inseln der Seychellen wurden 1976, Mauritius und Rodriguez 1968 selbständig.
Von den Inseln unter französischer Herrschaft blieb Réunion französisch, die Komoren wurden 1974 unabhängig; in einer Volksabstimmung sprach sich jedoch die Bevölkerung einer Komoreninsel, Mayotte, für die Zugehörigkeit zu Frankreich aus.
Sprache: Auf den Seychellen und den Maskarenen wird kreolisch gesprochen, eine Sprache, die sich aus dem Französisch der Siedler und afrikanischen Elementen der Sklaven entwickelte. Auf Mauritius sprechen außerdem die indischen Volksgruppen ihre Sprache. Amtssprache auf den Seychellen ist Englisch und Französisch, auf Réunion Französisch, auf Mauritius Englisch. Auf den Komoren wird Shikomore, eng verwandt mit Suaheli, gesprochen. Amtssprache ist außerdem Französisch.

Malediven

Sie wurden um 500 v. Chr. von den Ureinwohnern Ceylons besiedelt, später wanderten Arier aus dem Hindukusch ein, und arabische und malaiische Seefahrer und Händler blieben auf den Inseln. Diese waren als »Geldinseln« bekannt, weil von dort Kaurischnecken, die damalige Handelswährung, exportiert wurden.
1153 wurden die Malediver islamisiert, aus dem Königreich wurde ein Sultanat. Im frühen 16. Jh. bauten die Portugiesen einen Stützpunkt für ihre Route nach Goa und eroberten die Malediven für 15 Jahre. Danach blieben diese trotz verschiedener Vorstöße unabhängig, wurden jedoch zu Schutzzwecken 1887 Britisches Protektorat. 1963 wurde das Sultanat abgeschafft und die Republik ausgerufen.
Sprache: Das maledivische Dhivehi (Dhives Akuru) entwickelte sich aus dem Altsinghalesischen.

Innere Seychellen

Der Seychellen-Archipel gliedert sich in die Inneren und Äußeren Seychellen. Die Inneren sind die Hauptinseln, die sich aus 29 bergigen Granitinseln und 2 Koralleninseln zusammensetzen. Die Küsten der Granitinseln sind felsig, unterbrochen von kleinen und größeren sandigen Buchten (frz. »Anse«).

Die Hauptstadt Victoria auf Mahé ist das politische und wirtschaftliche Zentrum. 90% aller Einwohner der Seychellen leben auf dieser größten Insel.

Die Granitinseln waren früher ganz mit Wäldern bedeckt, ehe diese für Plantagen gerodet wurden. Der Zusammenbruch der Kokoswirtschaft in den 1980er Jahren beendete die intensive Plantagenarbeit, und einige einheimische Pflanzen breiten sich jetzt wieder aus. Jedoch verdrängen auch viele der eingeführten Pflanzen die heimischen Pflanzen, am stärksten der Zimt (S. 54), der sich überall angesiedelt hat. Seine Früchte werden gern von Vögeln gefressen, dadurch werden die Samen in den Wäldern verbreitet. Zimtrinde und Zimtblätteröl gehörten einst zu den Hauptexportgütern.

Auf Hängen, die durch Raubbau und Feuer kahl waren und erodierten, wurden Zitronengras, Icacopflaumen und Albizias angepflanzt, um den Boden zu festigen. Sie breiteten sich jedoch unkontrollierbar rasend schnell aus und sind zu einem großen Problem in den Schutzgebieten geworden. Heute leuchten selbst in den höchsten Lagen die silbrig-grauen Stämme der dekorativen, flachkronigen Albizias (S. 27).

Eine typische Seychelleninsel mit Granitfelsen und weißen Sandstränden ist Frégate.

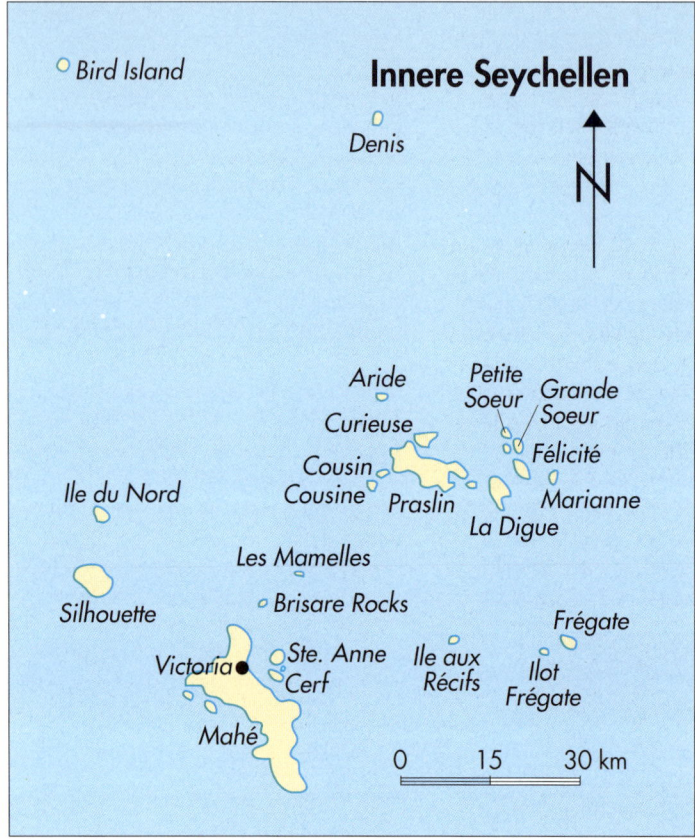

Auch ehemals eingeführte Fruchtbäume, deren Früchte von Flughunden und Vögeln weit verbreitet werden, gedeihen wild in den Wäldern. Am häufigsten Jackfruchtbäume (S. 33) mit ihren dicken, stacheligen Früchten und Aprikosen-Jambosen (S. 34), die zur Fruchtzeit so viele cremefarbene, wohlschmeckende Früchte produzieren, daß der Boden damit bedeckt ist.

Die Vogelwelt der Inneren Seychellen zeigt keine der altertümlichen oder flugunfähigen Formen der Maskarenen, obwohl die Seychellen geologisch sehr viel älter sind. Die meisten der endemischen Landvögel leben nur auf einzelnen Inseln. Durch die geringe Anzahl und geographische Isolation ist ihr Fortbestand höchst gefährdet.

1952 wurden Schleiereulen aus Afrika ausgesetzt, um die Rattenplage einzudämmen. Sie spezialisierten sich jedoch auf Feenseeschwalben (S. 84), die durch ihr weißes Gefieder sehr gut in der Nacht zu sehen sind. Die Folge war, daß diese auf Mahé und Praslin fast ganz ausstarben, auf La Digue sehr selten wurden.

Praktische Tips

Klima/Reisezeit
Die Seychellen liegen in der tropischen Zone, außerhalb des Zyklongürtels. Die Tageslänge ist ganzjährig von 6.30 Uhr bis 18.30 Uhr gleichbleibend. Von April bis Oktober ist es regenarm und relativ kühl mit Durchschnittstemperaturen von 24–30 °C. Von November bis März bringt der Nordwestmonsun heftige Regengüsse und Böen. Es ist wärmer mit Durchschnittstemperaturen von 31–32 °C, die Luftfeuchtigkeit kann 90% erreichen. Im April/Mai und Oktober/November, in den Monaten »zwischen den Winden«, ist es windstill, es wird unangenehm heiß und drückend.

Reisezeit ganzjährig. Die Sicht beim Tauchen ist wegen des ruhigen Meeres während der Übergangsmonate am besten. Für Vogelfreunde ist die Brutzeit der Meeresvögel von Mai bis September am interessantesten, ab Oktober sind jedoch Zugvögel zu erwarten, und Landvögel sind ganzjährig gut zu beobachten.

Anreise
Mahé wird von vielen europäischen Flughäfen und von Nairobi aus direkt angeflogen. Der Nationale Flughafen ist Ausgangspunkt für Flüge zu den anderen Seychelleninseln.

Verkehr
Das Busnetz ist auf Mahé und Praslin sehr gut ausgebaut, man erreicht tagsüber alles bequem mit lokalen Bussen. Problematisch wird es abends und nachts, dafür sollte man ein Taxenarrangement treffen.
Leihwagen gibt es auf Mahé und Praslin. Fahrräder können auf Praslin und La Digue gemietet werden.
ACHTUNG: Auf den Seychellen herrscht Linksverkehr!

Unterkünfte
Auf Mahé, Praslin und La Digue gibt es ein breites Spektrum an Hotelangeboten. Die kleineren Inseln besitzen je eine Hotelanlage. Camping ist nicht erlaubt.

Adressen
- Seychelles Tourism Board (STB)
  P.O. Box 1262, Victoria, Mahé
  Seychelles
  Tel.: +248 - 67 13 00
  Fax: +248 - 62 06 20
  www.seychelles-tourism.com
  www.seychelles.com
- Tourist office
  Independence Ave., Victoria, Mahé
  Tel.: +248 - 61 08 00
  www.seychelles.travel

1 Mahé (Ste.-Anne-Marine-Nationalpark, Victoria, La Reserve)

Ste.-Anne-Marine-Nationalpark mit Korallenformationen; Victoria: Watvögel auf großen Schlammflächen im Hafenbecken, Seychellenfalke; La Reserve: besterhaltener Palmenwald, zahlreiche Orchideen wie Wilde Vanille und *Angraecum*-Arten.

Mahé ist die größte und höchste der Seychelleninseln, ganz gebirgig mit steil abfallenden Hängen zum Meer. Mit 27 km Länge und 8 km Breite bedeckt es eine Fläche von 152 km². Der gesamten Ostseite ist ein Korallenriff vorgelagert. Um die schönsten Korallengebiete zu schützen, wurde schon 1973 der Ste.-Anne-Marine-Nationalpark als erster Nationalpark im Indischen Ozean gegründet. 2 weitere, der Baie-Ternay- und der Port-Launay-Marine-Nationalpark an der Nordwestküste, folgten später.

Der **Ste.-Anne-Marine-Nationalpark** liegt 5 km östlich des Hafens von Victoria und umfaßt ein rund 1,5 ha großes Gebiet, in dem 6 kleine Granitinseln liegen. Auf der größten von ihnen, Ste. Anne, wohnten die ersten Siedler der Seychellen, wahrscheinlich, weil die Mahé umgebenden breiten Mangrovensümpfe und die in ihnen lebenden Krokodile das Landen dort erschwerten.

Victoria, die einzige Stadt der Seychellen, ist eine der kleinsten Hauptstädte der Welt. Im Kirchturm nisten mitten im Zentrum Seychellenfalken. Der bunte Markt (Sir Selwyn Clarke Market) bietet alles, was auf den Seychellen an Gewürzen, Früchten

Sechs kleine Inseln liegen mitten im türkisblauen Wasser des artenreichen Ste.-Anne-Marine-Nationalparkes.

und Gemüse wächst, und alles, was im Meer gefangen werden kann. Auf den Tischen spazieren Kuhreiher nahrungsuchend umher.

La Reserve, ein Waldreservat, in dem noch alle endemischen Palmenarten Mahés wachsen, liegt im hügeligen Innern, am Fuße des Brulée, zwischen 250 und 350 m Höhe.

Pflanzen und Tiere

Bei Ebbe fällt der größte Teil des alten Hafenbeckens von **Victoria** trocken, und ein reges Tierleben beginnt. Unzählige Winkerkrabben (s.S. 167) kommen aus ihren Wohnröhren hervor und verschwinden bei jeder Beunruhigung blitzschnell in ihren Löchern. Die schwarz-weißen hochbeinigen **Reiherläufer** ernähren sich von ihnen. Sie

Die stärkehaltige Frucht des Jackfruchtbaumes wächst direkt aus dem Stamm oder aus dicken Ästen; sie wird bis zu 50 kg schwer und wird roh oder gekocht verzehrt.

Seychellen-Flughunde benutzen die Tagesrast in den Kronen hoher Bäume zum Pflegen ihrer Flughäute.

Die verwilderte Kultur-Vanille klettert im Zickzack die Bäume hinauf, sie hat gelbe dekorative Blüten.

fixieren eine etwas weiter entfernte Krabbe und rennen plötzlich mit hoher Geschwindigkeit los, zielgerichtet auf die angepeilte Krabbe zu, ohne sich von den anderen ablenken zu lassen. Mit ihrem kräftigem Schnabel zerknacken sie den Krabbenpanzer. Sie sind im Nordwinter regelmäßig auf den Seychellen zu sehen. Auch viele andere Watvögel rasten oder überwintern hier, z. B. Regenbrachvogel (S. 23), Pfuhlschnepfe, Grünschenkel, Bruchwasserläufer und Terekwasserläufer aus den Tundren Skandinaviens und Sibiriens. Aus kleinen Gebieten in Nordrußland kommen Sichelstrandläufer, Sanderling und der sibirische Sandregenpfeifer, aus den Wüsten Zentralasiens der Wüstenregenpfeifer.

Bei Hochwasser ziehen sich Watvögel und Seeschwalben in die Marco-Polo-Becken (Roche caiman) zurück. Dort kommen außerdem je nach Jahreszeit verschiedene Reiher, Enten und Möwen vor. Die ursprüngliche Vegetation der Wälder der mittleren Höhenlagen ist im Waldreservat **La Reserve** gut erhalten.

Die häufigste endemische **Seychellenpalme** ist »Latanier feuille«, deren Wedel zum Dachdecken benutzt werden. Die seltenste ist die zierliche »Latanier hauban«, die nur in den höheren Lagen von Mahé und Silhouette zu finden ist. Ihre jungen Blätter sind rot, die älteren sind grün und in breite, unregelmäßige Abschnitte geteilt. Aus der hohen, schlanken »Palmiste« (S. 50) wird der Palmherzen- oder Millionärssalat hergestellt. Sie ist im Jugendstadium an den langen, gelben Stacheln zu erkennen; die anderen Palmen schützen sich mit schwarzen Stacheln.

Die Aprikosen-Jambose bildet aromatische, rosa- oder cremefarbene Früchte, die bei Vögeln sehr beliebt sind.

Sehr selten geworden ist der mit dem Mangobaum verwandte »Bois de montagne«, endemisch für Mahé, und das Seychellen-Ebenholz.

Von den 2 Dutzend heimischen Orchideenarten der Seychellen sind nur einige auffällig. Die schönste endemische Orchideenblüte besitzt die **Wilde Vanille.** Mit ihren fleischigen, grünen, blattlosen Stengeln klettert sie an Bäumen, Felsen oder über Büsche hinauf ins Licht. Die dicken, runden, grünen Schoten eignen sich nicht zur Fermentation.

Die **Kultur-Vanille** wurde 1866 eingeführt und in großen Plantagen angebaut. Sie verwilderte bald und klettert nun in dekorativem Zickzackmuster in den schattigen Wäldern an Baumstämmen und Felsen hinauf. Sie blüht selten und fruchtet nie, da sie keine natürlichen Bestäuber hat. Die Kulturvanille wird per Hand künstlich bestäubt.

Zur Nationalblume wurde die Elfenbein-Angraecum (S. 47) ausgewählt, eine wunderschöne, aber nicht endemische Orchidee. Zwischen langen, schwertförmigen Blättern kommt ein Blütenstand aus mehreren weißen Blüten mit je einem 15 cm langen Sporn hervor.

Der Seychellenfalke war früher sehr viel häufiger als heute. Er ernährt sich hauptsächlich von Geckos und Skinken. Die Zerstörung der Wälder, die durch gleichförmige Kokosplantagen ersetzt wurden, dazu noch die eingedrungene Konkurrenz der Ratten, Katzen und Schleiereulen machen die Nahrungssuche so schwierig, daß jedes Paar ein riesengroßes Territorium zum Überleben braucht.

Im Gebiet unterwegs

Auf kleiner Fläche bietet der **Ste.-Anne-Marine-Nationalpark** ⑤ abwechslungsreiche Unterwasserlebensräume. Es gibt

Reiherläufer überwintern regelmäßig auf den Seychellen.

ein informatives Faltblatt mit Karte und Beschreibungen der Schnorchelplätze. Die 7 interessantesten Gebiete sind durch Bojen markiert und dürfen nur von lizenzierten Glasbodenbooten besucht werden. Besonders beeindruckend sind Fahrten mit Tauchbooten (semi-submersible), in denen die Betrachter im gläsernen Kiel des Bootes sitzen. Die Fahrten starten alle vom alten Hafen aus.

Besucherinseln sind Round, Moyenne und Cerf. Die Inseln Ste. Anne und Cerf haben große Hotelanlagen, auf Long Island wird 2009 ein Luxushotel eröffnet. Die kleine Insel Moyenne kann als Tagesausflug

Die farbenprächtigen Warzenfruchttauben ernähren sich von Früchten. Sie sind still und unauffällig.

36 Reiseziele Innere Seychellen

besucht werden. Sie bietet dem Naturliebhaber am meisten: wunderbares Schnorchelgebiet, viele Riesenschildkröten, einheimische Büsche und Bäume, die beschriftet sind und viele Vögel.

- Maison Moyenne, P.O. Box 577, Victoria, Mahé, Seychellen
  Tel.: 32 24 14, Fax: 32 13 66

Der **Botanische Garten** ② von **Victoria** ist der beste Platz auf Mahé, um Warzenfruchttauben und Seychellen-Flughunde (s. S. 54) zu sehen und zu fotografieren. Die großen Bäume im hinteren, »wilden« Teil des Gartens sind Tagesrastplätze der Flughunde. Warzenfruchttauben sind in den gerade Früchte tragenden Bäumen zu finden, manchmal selbst links und rechts des Hauptweges.

Nördlich des Stadtzentrums liegen der alte **Hafen** und die Union Vale Schlickfläche ①. Zu den **Marco Polo Pools** ③ im neuen Hafengebiet muß man von Victoria aus auf der alten Strandstraße nach Süden fahren. In dem gesamten Aufschüttgebiet (Comblage) können Watvögel, Reiher und Seeschwalben gesehen werden. Am Anfang rechts stehen **Mangobäume** ④, in denen Kuhreiher nisten. Die Straße folgt einem mit Mangroven bewachsenen Gezeitenwasserlauf, in dem Zugvögel zu finden sind. Nach knapp 2 km sind die Marco Polo Pools erreicht.

La Reserve ⑥ wird von Victoria aus auf der Küstenstraße in den Südteil Mahés angesteuert. Am Anse aux Pins muß man rechts in die Montagne Posée Road einbiegen, die die Insel durchquert.

Auf der Hügelkuppe zweigt links eine Straße ab, die zur »Cable and Wireless Station« führt. Am Anfang dieser Straße ist ein kleiner Parkplatz, an dem der ausgeschilderte Wanderweg beginnt. Der Weg ist gut begehbar, einige steilere Stellen sind leicht zu bewältigen. Er führt zu 3 Aussichtspunkten, bis zum ersten Aussichtspunkt benötigt man 2 Stunden, eine weitere bis zum Ende.

Im Nordwesten der Insel liegt der **Morne-Seychellois-Nationalpark.** Er wird mit einigen angrenzenden Gebieten (Verweiszahlen ⑦ bis ⑩ der Karte) im nächsten Kapitel beschrieben.

Kokospalme mit Flasche:
Aus dem Stiel der abgeschnittenen Kokosblüte tropft der Saft in eine Flasche und vergärt zu einem alkoholischen Getränk.

Schlammspringer – Wanderer zwischen Wasser und Land

Auf dem Schlick schlängeln sich zwischen den Mangrovenwurzeln hindurch kleine Fischchen. Naht eine vermeintliche Gefahr, so springen sie mit langen Sätzen davon. Es sind Schlammspringer, eigentlich Meeresbewohner, die sich aber einem Leben anpaßten, das sich teilweise im Wasser und teilweise an Land abspielt.

Auf dem Land atmen die Schlammspringer mit Hilfe von Aussackungen der Mundhöhle und Kiemenkammer, die stark durchblutet sind. Sie werden mit Wasser gefüllt, und sobald der Sauerstoff daraus verbraucht ist, wird der Vorrat erneuert. Ein großer Teil des benötigten Sauerstoffes kann durch die Haut aufgenommen werden, die aber dafür feucht sein muß. So lassen sich Schlammspringer in regelmäßigen Abständen von den Wurzeln und Steinen, auf denen sie sitzen, in den feuchten Schlamm fallen und benetzen sich. Schlammspringer leben räuberisch und jagen Krabben und Insekten. Die Augen liegen wie Kugeln auf der Oberseite des Kopfes, sie sind für ein Sehen über Wasser eingerichtet und können sogar auf nahe Gegenstände eingestellt werden. Die beiden Brustflossen sind armartig verlängert, durch Knochen verstärkt und sehr muskulös. In der Mitte befindet sich ein Gelenk, so daß es aussieht, als ob die Schlammspringer auf den Ellenbogen über den Boden robben. Bei schneller Flucht oder um Beute zu jagen, schnellen sie sich in großen Sprüngen dahin. Dabei wird der Schwanz zur Seite geschlagen und der Körper durch Hebelwirkung vorwärts katapultiert. Sie klettern geschickt an Pfosten und Mangrovenwurzeln empor, wobei sie sich mit ihren verwachsenen Bauchflossen festhalten. Auch die Balz findet außerhalb des Wassers statt. Die beiden langen Rückenflossen des Männchens, die normalerweise flach anliegen, werden hoch aufgerichtet und lassen ihre prächtige blaue und orangene Färbung sehen.

2 Mahé (Morne-Seychellois-Nationalpark, Port Glaud, Glacis-Gebiete, Port Launay)

Alle endemischen Vogelarten von Mahé; davon sind Mahébrillenvogel und Seychelleneule nur hier zu finden; ursprünglicher Nebelwald mit einigen der seltensten Pflanzen der Erde; 5 endemische Palmenarten, 4 Pandanusarten; Port Glaud: größtes noch erhaltenes Mangrovengebiet mit 7 Mangrovenarten; Glacis: verwitterte abgerundete Granitfelsen, in deren Erdtaschen an Trockenheit angepaßte Pflanzen wachsen; Lehmwespen.

Der 30 km² große **Morne-Seychellois-Nationalpark** umfaßt mit dem Zentralmassiv und dem gesamten Nordwesten den wildesten und rauhesten Teil Mahés. In der Mitte liegt der höchste Berg der Seychellen, der Namensgeber Morne Seychellois mit 905 m.

Durch die Höhenunterschiede gibt es im Park viele verschiedene Lebensräume. Flüsse entwässern die Hochlandregion, in der die jährliche Niederschlagsmenge 4000 mm beträgt. Selbst in der trockenen Jahreszeit sind die hohen Gipfel ständig in Wolken gehüllt.

Riesige, abgerundete Granitblöcke bilden Kuppen und Abhänge. Zwischen ihnen liegen glatte, gelbrote Doleritfelsen, ganz unterschiedlich zu dem rauhen, gesprenkelten Granitgestein. An verschiedenen Stellen auf Mahé finden sich diese Doleritlager, die entstanden sind, als Magma in feine Risse im älteren Granitgestein gepreßt wurde. Durch chemische Einflüsse wechselte auf Mahé die Farbe zu gelb und rot, auf Praslin sind die Doleritfelsen schwarz.

Als **Glacis-Gebiete** (frz. »Abhang«) werden größere Flächen nackter Felsblöcke bezeichnet. Die hohen Granitwände und großen Granitblöcke sind ein Teil der ty-

Der Grande Anse von Mahé: An den Sandstränden spenden große Takamakabäume Schatten.

Leuchtendgrüne Taggeckos sind typisch für die Inseln im Indischen Ozean; sie unterscheiden sich von Insel zu Insel durch rote oder goldene Punkte und Streifen.

Das Atemwurzeldickicht der Mangroven hält und festigt den Schlick in der Gezeitenzone.

pischen Landschaftsform der Seychellen. Sie befinden sich in allen Höhenlagen, hoch oben auf Bergkuppen bis hinunter zur Küste, oft bis ins Meer reichend. Jahrmillionenlang der Sonne und dem Regen ausgesetzt, zeigen sie auffällige Verwitterungsformen. Sie sind abgerundet, dicke Schichten »blättern« von der Oberfläche ab, sanfte und tiefe Regenrinnen verlaufen von oben bis unten. In den Zwischenräumen sammelt sich Erde an, und es entstehen kleine, bewachsene Inseln.

Nur noch in **Port Glaud** und Barbaron sind kleine Reste von den undurchdringlichen Mangrovesümpfen rund um die Küste übriggeblieben.

Pflanzen und Tiere

Der ursprüngliche Wald der tieferen Lagen im Morne-Seychellois-Nationalpark ist abgeholzt worden und durch reine Mahagoni- und gemischte Edelholzplantagen ersetzt.

Mahagonibäume sind bereits nach 25-35 Jahren, sehr kurz für tropisches Edelholz, reif zum Fällen.

In den Edelholzplantagen wachsen heimische Takamaka- (S. 60), Drachenblut-, Ipé- (S. 81) und Paternosterbäume. Sie sind unter guten Bedingungen nach 40 Jahren schlagreif. Im Gegensatz zu den Mahagoniplantagen gedeiht der Unterwuchs sehr üppig, und viele endemische Kräuter und Büsche siedeln sich wieder an.

Die Hänge der höheren Lagen zwischen 400 und 700 m sind wolkenbedeckt und ständig feucht. Sie sind mit hohen einheimischen Bäumen bewachsen, viele von ihnen endemisch, einige so selten, daß sie auf der Roten Liste der gefährdeten Pflanzenarten stehen. Der seltenste ist der Ostindische Kapalbaum. Sein sehr hartes und haltbares Holz fand im Segelschiffbau Verwendung. Es blieben nicht mehr als ein

Dutzend Bäume übrig, die im Nationalpark streng geschützt sind.

Der »Bois méduse« galt seit 1908 als ausgestorben; es war eine botanische Sensation, als er 1970 wiederentdeckt wurde. Der kleine, 10 m hohe Baum ist einzigartig auf der Welt; er scheint eine sehr primitive Blütenpflanze zu sein, die keiner anderen Pflanze ähnelt. Seine weißlila Blütenbüschel wachsen zu braunen, runden, gerillten Kapseln heran, die – wenn sie sich öffnen – einer kleinen Qualle ähnlich sehen. Eine neue Familie, die Medusagynaceae, mußte für ihn aufgestellt werden.

An offenen Stellen, über denen feuchte Luft hochsteigt, wuchert die Klippen und Büsche überwachsende **Kannenpflanze.** Ihre Kannen sind insektenfangende Fallgruben. Die durch Nektar angelockten Insekten rutschen von dem spiegelglatten Rand in die mit Verdauungsflüssigkeit gefüllten Kannen. Diese können sogar den kleinen Seychellenfröschen zum Verhängnis werden. Überraschenderweise gibt es eine Mückenart, deren Larven sich in den Kannen entwickeln können, ohne verdaut zu werden. Kannenpflanzen wachsen in Gemeinschaft mit endemischen Randiabäumen, die die schönsten Blüten aller einheimischen Pflanzen hervorbringen. Zur Blütezeit ist der ganze Baum mit Büscheln aus kleinen, zierlichen, röhrenförmigen, cremeweißen Blüten überladen, deren Duft weit trägt.

Ab 700 m beginnt der Moos-Wald, ein ständig wolkenverhangener **Nebelwald,** in dem Pilze, Moose, Farne und Epiphyten die Felsen, Baumstämme und Äste überziehen. Zwischen ihnen wachsen zahlreiche kleine, heimische Erdorchideen, von denen die Weichorchis mit kleinen, gelbgrünen Blüten die häufigste ist.

Der ständig feuchte Nebelwald ist ein idea-

Die Seycheleneule ernährt sich hauptsächlich von nachtaktiven Insekten.

ler Lebensraum für die winzigen endemischen Frösche, die in der verrottenden Laubschicht am Boden leben. Der Körperbau des **Seychellenfrosches** (2,5 cm groß) und des Gardiners Seychellenfrosches (1–1,5 cm) ist schlank und elegant, während der größere und seltenere Thomassets Seychellenfrosch gedrungener, krötenähnlicher ist. Ihre hohen Pieptöne, die wie zarte Vogelrufe klingen, ertönen in dem sonst ganz ruhigen Wald.

Ihre Entwicklungsbiologie ist einzigartig. Da stehende Gewässer in den hohen Bergen fehlen, werden die dotterreichen Eier des Seychellenfrosches auf dem Boden abgelegt und vom Männchen bewacht. Die schlüpfenden Kaulquappen kriechen auf seinen Rücken, wo sie sich, ohne Nahrung aufzunehmen, zu kleinen Fröschen weiterentwickeln. Beim Gardiners Seychellenfrosch wird sogar das Kaulquappenstadium übersprungen. Die gesamte Entwicklung erfolgt im Ei, aus dem ein winziges, fertiges Fröschlein kriecht.

Andere Amphibien sind die **Erdwühlen,** die zu der Ordnung der Blindwühlen (Schleichenlurche) gezählt werden und zu den am wenigsten bekannten Wirbeltieren gehören. Es sind wurmähnliche Lurche ohne Gliedmaßen, die im sumpfigen Erdreich, in morschen Baumstämmen, in der vermodernden Laubschicht oder in Gewässern leben. Die Erdwühlen im Hochwald von Mahé ernähren sich von den kleinen Seychellenfröschen, andere von Ameisen, Termiten, Regenwürmern und kleinen Wirbeltieren.

2 endemische Vogelarten sind nur im mittleren Hochland (300–600 m) von Mahé zu finden, der Mahébrillenvogel und die Seycheleneule. Beide galten jahrzehntelang als ausgestorben, ehe sie Anfang der 1960er Jahre wiederentdeckt wurden. Vom Mahébrillenvogel gibt es weniger als 20 Paare. Es sind kleine, graubraune Vögel mit weißem Augenring, die hoch oben in der Krone von hohen Bäumen lebhaft auf Insektenfang hin und her huschen. Ihr Gesang, durch den man am ehesten auf sie aufmerksam wird, ist ein klarer melodischer Triller.

Den gleichen Lebensraum, bewaldete Täler mit Geröllblöcken durchsetzt, bevorzugt auch die Seycheleneule (S. 41), von der es noch ungefähr 80 Paare gibt. Ihr erstaunlicher Ruf, der in der Dunkelheit ertönt, klingt, als ob Holz gesägt wird, oder wie ein lautes, gleichmäßiges Schnarchen. Dickschnabelbülbüls (Seychellenbülbül) begleiten neugierig und lautstark den Wanderer.

In den **Glacis-Gebieten** sind die Pflanzen Wind und Wetter ausgesetzt, müssen mit wenig Erde und Nahrung und auch mit wenig Wasser auskommen, denn die kleinen Bodentaschen können das Wasser nicht

Die Blüten des Lindenblättrigen Eibischs blühen nur einen Vormittag ehe sie rötlich verfärbt abfallen.

lange speichern. Die meisten bilden als Anpassung dicke, harte Blätter mit einer glänzenden Wachsoberfläche aus, um die Verdunstung gering zu halten.

Einige der heimischen Edelhölzer der Tiefland-Urwälder konnten an diesen unzulänglichen Stellen überleben, sind jedoch durch den kargen Boden kleinwüchsig geblieben. Dazu gehören: *Mimusops sechellensis*, der stark nach Moschus duftet, wenn sich die rostbraunen, pelzigen Knospen öffnen; »Gayac«, der an der blaßgrauen Rinde und den ovalen, leicht gebogenen Blättern zu erkennen ist; und »Bois dur«, der als Busch mit horizontalen Ästen wächst; seine gegenständigen 10 cm langen Blätter besitzen eine rote Mittelrippe.

Viele Pflanzen dieser Gebiete, hauptsächlich Drachenbäume und verschiedene Wolfsmilchgewächse, werden auch heute noch medizinisch genutzt.

Unter geschützten Felsüberhängen bauen die großen, aber grazilen Grabwespen ihre Lehmbauten. Das Weibchen formt aus Lehmkügelchen eine ovale Kammer, füllt diese mit mehreren kleinen, durch Stiche gelähmten Spinnen, legt ein Ei zwischen sie und verschließt die Zelle. Direkt daneben beginnt der Bau der nächsten Kammer. Da mehrere Weibchen am selben Ort bauen und guterhaltene Kammern wieder genutzt werden, können Bauten bis zu mehreren Quadratmetern entstehen.

Die handtellergroßen Weibchen der Seidenspinnen weben Netze, die von der Spitze eines Telegrafenmastes bis zur Erde reichen. Sie sehen erschreckend aus, sind aber vollkommen harmlos. Durch ihre Größe sind die Spinndrüsen, die an der Unterseite am Ende des ungegliederten Hinterleibes sitzen, mit bloßem Auge gut zu erkennen (S. 138). Die kleinen, nur einige Millimeter großen Spinnen, die sich

Die unregelmäßigen Samen der Puzzle-Nuß können mit viel Geduld wieder zu einem Ball zusammengefügt werden.

mit im Netz befinden, sind Männchen. Die gesponnene Seide des Riesennetzes ist so stark und haltbar, daß öfters Weibchen des Seychellennektarvogels, die die Fäden zum Nestbau verwenden, im Netz gefangen werden und sich nicht mehr befreien können.

In Port Glaud wachsen die 7 verschiedenen **Mangrovenarten** der Seychellen. Obwohl sie sich ähneln und die gleichen Anpassungen an ihren extremen Lebensraum ausgebildet haben, gehören sie 5 verschiedenen Pflanzenfamilien an. Sie wachsen innerhalb der Gezeitenzone, wo sie sich mit Stelzwurzeln fest im Schlick verankern. Ihr Wurzelsystem bildet in die Luft ragende Fortsätze aus, die bei Niedrigwasser Sauerstoff aus der Luft aufnehmen können. Mit der hohen Salzkonzentration des Meerwassers werden sie auf verschiedene Art fertig: durch Salzdrüsen in den Blättern, durch Filter in den Wurzeln oder durch Salzspeicher in den Blättern.

Die auffälligste Mangrove ist die Blütenmangrove, deren große, runde Blüten sich nachts öffnen und von Flughunden be-

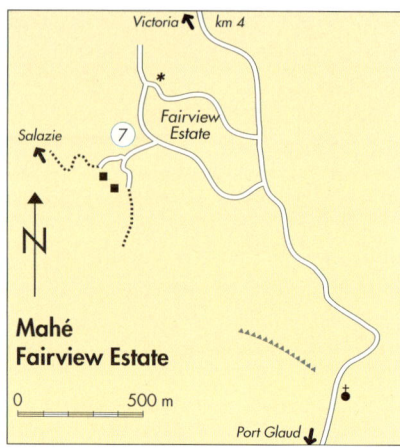

Im Gebiet unterwegs

Eine Rundfahrt, die alles Wichtige im Morne-Seychellois-Nationalpark und Port Glaud abdeckt, führt von Victoria über die La-Misère-Straße zur Westküste zum Grande Anse bis nach Port Glaud, zurück über die Sans-Souci-Straße nach Victoria (s. hierzu die Karte auf S. 36).

Von Victoria Richtung La Misère – Grande Anse liegt am Kilometerstein 2 der **La-Misère-Aussichtspunkt.** 500 m hinter dem Kilometerstein 4 biegt nach rechts eine Straße ab ⑦. Obwohl mit »Fairview Estate-Private Road« ausgeschildert, ist sie öffentlich befahrbar. Sie führt in einer Schleife wieder auf die La-Misère-Route. An ihr befindet sich ein weiterer Aussichtspunkt. In den frühen Morgenstunden und am Nachmittag hat man hier eine gute Chance, in den hohen Bäumen Mahébrillenvögel zu finden.

Die Hauptstraße führt weiter zur Westküste und dann nordwestlich nach **Port Glaud** ⑧ ins Mangrovegebiet links und rechts der Straße. Fährt man sie weiter nach Norden, erreicht man den **Port-Launay-Marine-Nationalpark** ⑨, der am westlichsten Punkt der Insel liegt. Er kann auch mit dem Boot erreicht werden. Bei Tauch- und Schnorchelanbietern können Bootstouren zur Walhaibeobachtung gebucht werden. Die Sans-Souci-Straße ist ausgeschildert mit Sans-Souci und Victoria. Sie führt in vielen Kurven aufwärts, bis an der rechten Seite eine kleine Teefabrik und eine Teeplantage liegen. Folgt man einem Trampelpfad am Beginn der Teeplantage, der nach rechts aufwärts führt, so erreicht man schon nach 5 Minuten ein Gebiet, in dem die Kannenpflanzen und viele andere endemische Pflanzen wie »Coco marron« (S. 19) und Schraubenbaumarten wachsen.

stäubt werden. Ihre senkrecht aus dem Schlick herausragenden Atemwurzeln enden mit einer kugeligen Verdickung.

Brettwurzeln mit Fransen zum Atmen stützen die Puzzle-Nuß (ein Zedrachgewächs), deren runde, mehrteilige Früchte bei Kindern und Erwachsenen als Geduldsspiel sehr beliebt sind.

Mangrovengürtel bilden einen wichtigen Lebensraum für viele Tierarten, der Schlamm bietet ein überaus reiches Nahrungsangebot.

Der **Port-Launay-Marine-Nationalpark** ist der beste Platz um Walhaie zu beobachten. Die Ternay-Wasserstraße, die zwischen dem Nationalpark und der Insel Conception liegt, bringt in ihrer Strömung sehr viel Plankton mit und ist damit ein idealer Futterplatz für die riesigen, harmlosen Planktonfilterer. Walhaie sind mit 10-18 m weltweit die größten Fische. Ihr Kopf endet in einem sehr breiten Maul, mit dem sie planktonhaltiges Wasser ansaugen. Das Plankton, kleinere Fische, Weichtiere und Kopffüßer werden herausgefiltert, und das Wasser strömt durch die Kiemenöffnungen wieder heraus.

Mahé (Morne-Seychellois-Nationalpark, Port Glaud, Glacis-Gebiete, Port Launay)

Die nachtaktiven Seychellen-Laubfrösche brauchen Bergbäche zur Entwicklung ihrer Kaulquappen.

Die Insektenfallen der Kannenpflanzen bilden sich als Fortsätze der Blätter aus; die Blüten sind unscheinbare Rispen.

Riesige, abgerundete Granitfelsen überragen die Bergwälder, die noch weitgehend unberührt geblieben sind.

Einen halben Kilometer hinter Kilometerstein 8 ist links der Aussichtspunkt der »Mission Lodge«. Eine eindrucksvolle Allee aus großen Drachenblutbäumen wurde als Denkmal der Freiheit gepflanzt, als eine englische Missionsgesellschaft 1875 hier eine Schule für die Kinder der befreiten Sklaven baute. Ruinenreste, nun überwachsen mit Moosen und Farnen, sind noch zu erkennen. Die riesigen Drachenblutbäume, von kräftigen Brettwurzeln gestützt, sind mit Moosen und Epiphyten bewachsen. Leider sind sie seit einiger Zeit von einer Krankheit befallen.

Das leise, melodische Piepen sind die Rufe der Seychellenfrösche! 300 m weiter auf der Hauptstraße führt rechts eine Straße zur Salazie-Teeplantage. Das ist noch ein guter Platz, um in der Dämmerung die Rufe der Seychelleneule (S. 41) zu hören. Die Rundfahrt endet wieder in Victoria.

Um in die interessantesten **Glacis-Gebiete** zu gelangen, fährt man von Victoria die Straße nach Beau Vallon, links nach Bel Ombre, immer an der Küste entlang bis nach Danzil (Danzilles) ⑩. Dort beginnt der ausgeschilderte Natur-Wanderweg »Danzil – Anse Major«. Er führt in etwa 1 1/2 Stunden zu dem wunderhübschen kleinen Strand Anse Major.

Wanderwege

Es gibt viele schöne Wandermöglichkeiten auf den Seychellen, jedoch sind die wenigsten markiert. Das Ministerium für Tourismus hat im Morne-Seychellois-Nationalpark 8 Wanderwege in den verschiedenen Regionen eingerichtet und gibt auch Broschüren heraus, in denen die Wege gut erklärt und Pflanzen und Tiere beschrieben sind. Sie werden im Tourist Office (s.S. 31), im Botanischen Garten und in der Buchhandlung Antigone in Victoria verkauft.

1. **Vom Fairview Estate zur Salazie-Teeplantage** (2–3 Stunden). Dieser Weg verbindet die La-Misère-Straße mit der Sans-Souci-Straße. Ausgangspunkt ist die Fairview Estate-Private Road ⑦. Nahe der Sans-Souci-Straße rauscht rechts unter hohen Bäumen ein kleiner Wasserfall herunter. Dies ist auch ein guter Ort, um die Seychelleneule zu hören.

Alle anderen Wanderwege gehen von der Sans-Souci-Straße aus.

2. Zum Gipfel des 667 m hohen **Morne Blanc.** Von der Sans-Souci-Straße von Port Glaud Richtung Victoria liegt die Teefabrik rechts. Von der Hauptstraße, 250 m vom

Zum Aussichtspunkt der Mission Lodge führt eine eindrucksvolle Allee aus alten Drachenblutbäumen.

Parkplatz aufwärts, biegt links der mit gelben Punkten markierte Wanderweg zum Gipfel des Morne Blanc ab (oder 300 m hinter Kilometerstein 10). Gleich am Anfang ist eine kurze, steile Strecke zu bewältigen, später steigt der Weg gleichmäßig an. Bis zum Gipfel sind 250 Höhenmeter zu überwinden, die bequem in einer Stunde zu schaffen sind. Es geht den gleichen Weg wieder zurück. Im feuchten Bergwald, der der Lebensraum für die Dickschnabelbülbüls und Nektarvögel ist, stehen viele mächtige Jackfruchtbäume. Vom Gipfel hat man einen wunderschönen Ausblick auf die Westküsten. Weißschwanz-Tropikvögel und Salanganen segeln an den Hängen.

Nur der Rüssel einiger Schwärmer ist lang genug, um an den Nektar im Sporn der Elfenbein-Angraecum zu gelangen.

3. **Congo rouge:** 500 m hinter Kilometerstein 9 macht die Straße eine scharfe Rechtskurve und führt über den Grand Bois River. An dieser Stelle geht der Fußweg nach links ab, leider nicht ausgeschildert. Um einen richtigen Eindruck vom ursprünglichen Nebelwald zu bekommen, ist dies der beste Wanderweg auf ganz Mahé. Gleich am Beginn stehen *Northea*- und Rosenapfelbäume (s.S.53), bedeckt mit Moosen und Farnen; dann folgt ein vollkommen mit Kannenpflanzen überwuchertes Gebiet. Baumfarne und »Coco marron« (S.19) wachsen zwischen Felsen, und viele der unscheinbaren Orchideen sitzen als Epiphyten auf Bäumen und Felsen. Man muß auf dem gleichen Weg wieder zurückgehen. Der Pfad führt zwar weiter bis Le Niol, diese Tour sollte man aber nicht ohne Führer machen.

4. **Morne Seychellois:** Auch die Besteigung des Morne Seychellois sollte nicht ohne Führer gemacht werden. Es gibt kaum Markierungen, und man kann sich leicht verlaufen. Der ausgeschilderte Wanderweg führt zum ersten Gipfel der Trois Frères. Der Weg selber führt weiter und mündet in die Le-Niol-Straße oberhalb von Beau Vallon, dem nördlichen Ende des Nationalparks.

5. **Trois Frères:** Der Weg zum 699 m hohen Gipfel der Trois Frères ist nicht viel länger als 1 km, aber der Höhenunterschied beträgt 470 m. Es sind einige felsige und steile Strecken zu bewältigen, mit 2 Stunden für den Hinweg und eine für zurück sollte gerechnet werden. Der Weg durch den Nebelurwald und der Blick vom Gipfel lohnt alle Mühe! Der ausgeschilderte Wanderweg beginnt bei der Forststation an der Sans-Souci-Straße, 4 km hinter Victoria rechts. Hinter der Forststation liegt der Parkplatz, von dem der mit gelben Punkten gekennzeichnete Fußweg abgeht.

6. **Copolia**: Von der Sans-Souci-Straße geht 5 km hinter Victoria (Nature's Own Garden) der Wanderweg (1 km) links ab, der durch natürlichen Wald bis zum Gipfel des Copolias (497 m hoch) führt. Der Gipfel besteht aus riesigen abgerundeten Granitblöcken und -platten, zwischen denen große Flächen von Kannenpflanzen (S.45) überwachsen sind. Der Ausblick auf Victoria, den Ste.-Anne-

Marine-Nationalpark und die weiter entfernten Granitinseln ist beeindruckend. Der gleiche Weg führt zurück, eine Stunde für jeden Weg.

7. **Cassedent**: Ein langer Wanderweg von 3,5 Stunden (jeder Weg) führt durch Palmensümpfe, dichte Schraubenbaumdikkichte und einheimische Bäume und endet an einem natürlichen Wasserfall. Schwierige Stellen wurden mit Holzstufen befestigt und Sümpfe mit Holzplattformen bedeckt. Von der Sans-Souci-Straße Richtung Port Glaud beginnt der Weg an einer Rechtskurve, ungefähr 400 m hinter der »Mission Lodge«, gekennzeichnet durch eine Ansichtstafel.

Praktische Tips

Blick in die Umgebung

Silhouette liegt 19 km nordwestlich von Mahé. Durch ein Korallenriff geschützt, war sie früher schwierig zu erreichen und durch ihre steilen Hänge schwierig zu besiedeln. Darum ist sie noch relativ unberührt erhalten geblieben. Der Mont Dauban ist mit 740 m Höhe der zweithöchste Gipfel der Seychellen. Durch die Höhe ist Silhouette neben Mahé als einzige Insel mit Nebelwald bewachsen. Die Pflanzengesellschaft ist jedoch stark unterschiedlich.Die Hänge des Mont Daubans und des Mont Pot à Eau haben den größten Bestand an Kannenpflanzen und Randiabäumen auf den Seychellen. Die vorherrschende Baumart ist eine neuentdeckte Pisoniaart, *Pisonia umbellifora*, die außer auf Silhouette nur noch auf Mauritius zu finden ist. Sie gehört zu den Wunderblumengewächsen. Die Bäume werden 10–15 m hoch, der Stamm kann einen Meter Durchmesser haben. Das Holz ist weich und saugt sich mit Wasser voll. Die 30 cm langen, ovalen Blätter stehen in Quirlen angeordnet.

Die Stämme und Äste sind mit Orchideen, Nestfarnen, Flechten und Moosen bedeckt. Im dichten Unterwuchs stehen einige botanische Kostbarkeiten; es wurden in letzter Zeit fünf neue Arten entdeckt, die nur auf Silhouette vorkommen. Wahrscheinlich sind noch weitere zu entdecken.

Die steilen Hänge, Flächen aus unwegsamen Granitfelsen und undurchdringlicher Unterwuchs haben die urtümliche Vegetation vor Zerstörung bewahrt.

Wanderwege führen zum Gipfel des Mont Pot à Eau und durchqueren die Insel von Ost nach West.

Anreise mit dem Hubschrauber (15 min) oder mit dem Schnellboot (45 min) von Victoria aus. Unterkunft im 5-Sterne-Hotel Labriz, www.labriz-seychelles.com. Tagesausflüge sind nur über NPTS (Nature Protection Trust of Seychelles) möglich. Diese private Naturschutzorganisation betreibt eine Aufzuchtstation für die »wiederentdeckte« Seychellen-Riesenschildkröte (S. 96).

- The Nature Protection Trust of Seychelles, Victoria, Seychelles
  Tel.: +248 - 32 37 11
  E-Mail: npts@seychelles.net

3 Praslin

Vallée de Mai mit einem Wald aus Seychellennußpalmen; Seychellen-Flughunde; einziges Vorkommen des Rabenpapageis; Seychellenbülbül, Seychellenfalke; schwarze Doleritfelsen; ausgezeichnete Schnorchelgebiete, kilometerlange Sandstrände, Ausgangspunkt für Bootsfahrten nach Cousin, Aride, La Digue und Curieuse.

Praslin ist eine der abwechslungsreichsten Inseln der Seychellen. Sie liegt 45 km nordöstlich von Mahé und ist nach dieser mit 27 km² die zweitgrößte Granitinsel. Von der Nordwest- bis zur Südostspitze ist sie 12 km lang, die breiteste Querverbindung beträgt 5 km. Sie ist nicht so gebirgig wie Mahé, die höchste Kuppe, der Fond Azore, erhebt sich im Südosten zu 367 m Höhe, im Nordwesten erreicht der Grand Fond 340 m. Herrliche kilometerlange, weiße Sandstrände umgeben die Insel. Mehrere Flüsse kommen aus dem bergigen Inneren, an ihren Mündungen bilden sich Brackwasser-Lagunen, Sümpfe und feuchte Niederungen, die mit Küstenwald bewachsen sind.

Geologisch besonders interessant sind glatte, schwarze Doleritfelsen, die in den Flüssen liegen. Ein breites Korallenriff umgibt die Insel im Süden, Osten und Nord-osten. Die Nordküste ist Teil des Curieuse-Marine-Nationalparks.

Pflanzen und Tiere

Einzigartig auf den Seychellen ist der auf Praslin wachsende **Palmenwald;** ein Wald, in dem alle 6 endemischen Palmenarten,

Das Inselchen Chauve Sourie liegt direkt vor Praslins Nordostküste, an der Grenze des Marine-Nationalparkes.

Der Urwald des Vallée de Mai ist dicht mit Palmen bewachsen, im Vordergrund die elegante »Palmiste«.

Seychellennuß – kostbarer als Gold

Es gibt keine Frucht, die geheimnisvoller und kostbarer war als die Seychellennuß. Jahrhundertelang rätselte man über den Baum, der diese Früchte hervorbrachte. Selten nur wurde sie an den Küsten der Malediven, Indiens und Ceylons angeschwemmt. Auf den Malediven gehörte jede gefundene Nuß dem König, einem unehrlichen Finder wurde die Hand abgehackt. Auf Ceylon galt der Finder als von Gott begünstigt, durfte die safrangelbe Robe tragen und die Hälfte der gefundenen Nuß als Bettelschale benutzen.

Nach Europa gelangte die Nuß Mitte des 16. Jh. durch portugiesische Entdecker. Der deutsche Kaiser Rudolf II. bot vergeblich 4000 Gulden, das entsprach 122 kg Gold, für ein Trinkgefäß, das aus einer Meereskokosnuß geschnitzt war. Die Nuß sollte wahrhaft Wunder vollbringen, sie galt als Aphrodisiakum, und außerdem hieß es, sie mache alle Gifte unwirksam und heile Gehirnerweichung und Fallsucht. Ein holländischer Arzt widmete in einem medizinischen Werk von 1634 allein 57 Seiten der Heilkraft der Meereskokosnuß.

Da niemand die Bäume mit den Wunderfrüchten gesehen hatte, glaubte man, sie

hauptsächlich die berühmte Seychellennußpalme, zusammen mit verschiedenen Schraubenbäumen vorkommen. Reste dieses Waldes stehen im Vallée de Mai und Fond Ferdinand. Das Vallée de Mai ist ein Teil des Praslin-Nationalparks; 1983 erhielt es den Status Welterbe der UNESCO (World Heritage Site).

Bis 1930 war das Tal völlig unberührt von menschlichen Eingriffen, danach wurden Fruchtbäume, Nutz- und Schmuckpflanzen angepflanzt. Heute wird versucht, den Wald wieder in seinen natürlichen Zustand zu bringen und die eingeführten Pflanzen so vorsichtig und sorgfältig zu entfernen, daß das natürliche Gleichgewicht nicht zu sehr gestört wird.

Hauptanziehungspunkt sind die 6000 **Seychellennußpalmen**. Die männlichen sind an

Seychellennuß, ein Symbol der Fruchtbarkeit.

Nur aus einigen der weiblichen Blüten in ihren hölzernen Kapseln entwickeln sich Nüsse.

stammten von Palmen auf dem Meeresgrund, die nur zur Blüte- und Fruchtzeit über die Meeresoberfläche hinauswuchsen; daher der Name Meereskokosnuß oder »Coco de Mer«.

Erst 1768 stand der französische Forscher Barré fassungslos im Vallée de Mai auf Praslin vor den seltenen Palmen. Er brachte 30 Nüsse nach Mauritius, danach Hunderte nach Indien, mit dem Ergebnis, daß der gesamte Markt zusammenbrach. Obwohl jetzt bekannt war, daß die Pflanze von den Seychellen stammt, mußte sie den irreführenden wissenschaftlichen Namen *Lodoicea maledivica* »Maledivenkokosnuß« wegen der Nomenklaturregeln behalten.

Auf den Seychellen geht die Sage, daß sich in stürmischen Nächten die männlichen und die weiblichen Palmen treffen und sich paaren. Erblickt ein Mensch dieses Schauspiel, so muß er sterben.

1881 besuchte General Charles Gordon, der spätere Held von Khartoum (Gordon Pascha), Praslin und war so beeindruckt, daß er seine Theorie veröffentlichte, Praslin müsse der Garten Eden mit der Seychellennußpalme als Baum der Erkenntnis gewesen sein. Inspiriert wurde er von der männlichen, phallusähnlichen Blüte und den herzförmigen Früchten, die einen Samen wie ein weibliches Becken ausgebildet haben.

Die Blütchen des männlichen Blütenstandes sind begehrte Nahrung für Nacktschnecken, Insekten und Taggeckos.

Die von Insekten zerfressenen 40 cm langen Blätter des Rosenapfelbaumes sind auf der Unterseite mit braunen Härchen bedeckt.

Die Spitzen der Fruchtsegmente des Schraubenbaumes werden gerne von Flughunden ausgelutscht.

den 2 m langen Blütenständen zu erkennen, die mit braunen Schuppen bedeckt sind, zwischen denen die kleinen, sternchenartigen gelben Blüten hervorkommen. Die weiblichen Blüten sind fast ganz von einer runden, holzigen Kapsel eingeschlossen. Die Frucht braucht 6–8 Jahre, um reif zu werden. Das Innere ist erst geleeartig, später wird es steinhart und füllt die Nuß vollkommen aus. Mit 20 kg ist es der größte und schwerste Samen der Erde.

Fällt eine Nuß zu Boden, so erscheint nach einem halben Jahr ein Strang, der oft mehr als 10 m am Boden entlangwächst, bis eine Stelle mit genügend Erde erreicht ist, in die er sich versenkt. Die angeschwollene Strangspitze enthält die Keimanlage, von hier wächst die neue Pflanze, nicht von der Nuß aus. Als erstes werden Wurzeln ausgebildet, und erst ein gutes Jahr später erscheint das erste Blatt. Noch weitere 2 Jahre lang wird die junge Pflanze von der Nuß ernährt, danach vertrocknet der »Nabelstrang«. Pro Jahr wachsen 3–4 Blätter, die 14 m lang und 5 m breit werden können. Erst nach 15 Jahren erscheint der Stamm und schiebt die Krone in die Höhe.

Palmen haben kein sekundäres Dickenwachstum, der Stamm wächst nur in die Höhe, nicht in die Breite. Männliche Palmen erreichen 30 m Höhe, weibliche sind mit 24 m etwas kleiner. Erst mit 20–40 Jahren werden sie geschlechtsreif, ihr Lebensalter beträgt 200–400 Jahre.

Zwischen den Seychellennußpalmen wachsen andere endemische **Palmenarten** und **Schraubenbäume.**

Bläst der Wind durch die langen, feingefiederten Wedel der schlanken »Latanier mille-pattes«, soll es so aussehen, als bewegten sich die vielen Beine eines Tausendfüßers (»Millepattes«).

»Latanier latte« ist leicht an ihren Stelzwurzeln an der Basis des Stammes zu erkennen. Es ist eine schlanke Palme mit dunkelgrünen, ungeteilten, am Rand ausgefransten Blättern.

Alle jungen Pflanzen der 6 endemischen Palmen sind mit langen Stacheln bewehrt, wahrscheinlich ein Schutz gegen die pflanzenessenden Seychellen-Riesenschildkröten, die früher in großer Zahl die Inseln bevölkerten.

Hornes-Schraubenbaum bildet an der Basis des schlanken Stammes einen Kegel von gleichförmigen Stelzwurzeln aus, die Krone wird aus Schöpfen von lang herabhängenden Blättern gebildet, die am Ende der mehrfach dreigeteilten Äste sitzen. Die weiblichen Pflanzen bilden große, orangefarbene, zusammengesetzte Früchte aus, die männlichen große, cremeweiße, flaumige Blütenstände.

Die Stelzwurzeln des Seychellen-Schraubenbaumes wachsen direkt unterhalb der Krone aus dem Stamm heraus und können riesige »Stelzwurzeldickichte« bilden, die bis tief zwischen den Felsen in die Schluchten hinabwachsen. Mancherlei Aberglauben und unzählige Legenden sind über die herabwachsenden Spitzen, die einem Phallussymbol ähneln, im Umlauf.

An den Hängen stehen *Northea*-Bäume, deren lange, schmale Blätter rostigbraun und an der Unterseite behaart sind. Die eiförmige Frucht enthält einen einzigen großen braunen Samen, der im Aussehen an einen mit einer Kapuze bedeckten Mönchskopf erinnert (»Capucin«).

Auffällig ist, daß die großen ovalen, kräftig gerippten Blätter des Rosenapfelbaumes (»Bois rouge«) immer zerfressen sind. Beide Bäume waren früher weitverbreitet, aber da ihr haltbares Holz sehr wertvoll ist, findet man sie außerhalb der geschützten Gebiete sehr selten.

Einige endemische Gehäuseschnecken leben nur im Vallée de Mai in enger Gemeinschaft mit den Seychellennußpalmen. Die weiße Nacktschnecke weidet auf den männlichen Blütenständen die gelben Blütchen ab.

Im Vallée de Mai überlebte ein Restbestand des **Rabenpapageis.** Im Gegensatz zu den meist bunten Verwandten ist er einfarbig dunkel, scheu, still und heimlich. Er sucht hoch oben in fruchtenden Bäumen seine Nahrung, benutzt dazu Füße und Schnabel zum Klettern und hängt oft kopfüber an den Fruchtständen. HINWEIS: Das Geräusch der fallenden Kerne ist oft hilfreich bei der Suche! Die Papageien ver-

Schraubenbäume stützen sich auf Stelzwurzeln, ihre Blätter sind schraubenförmig um den Stamm angeordnet.

Früchte der Schraubenbäume setzen sich aus vielen kegelförmigen Segmenten zusammen.

Der Lebensraum des dunkelgrauen Rabenpapageis verschwand mit dem Abholzen der Palmwälder.

Die glänzenden, steifen Blätter des Zimtbaumes sind leuchtend rot, wenn sie jung sind.

Die Samen der Zimtfrüchte werden von Vögeln verbreitet. Aus der Rinde wird Zimt gemahlen, aus den Blättern Zimtöl destilliert.

ständigen sich untereinander mit hohen, durchdringenden Pfiffen. Es gibt noch ungefähr 90 von ihnen, die im Moment zwar nicht gefährdet sind, jedoch Brutplatzprobleme haben.

Für Verwirrung können Hirtenmainas und Dickschnabelbülbüls sorgen, die die Papageienpfiffe hervorragend nachahmen.

Seychellen-Flughunde (S. 33) fliegen in der Dämmerung oder bei bedecktem Himmel auch tagsüber mit langsamen Flügelschlägen von ihren Schlafplätzen auf Nahrungssuche. Ihr ausgezeichneter Geruchssinn leitet sie zu aromatisch duftenden Früchten, deren Fruchtfleisch sie auslutschen.

Tagsüber hängen sie in den Spitzen hoher Bäume, allen Witterungseinflüssen ausgesetzt. Bei kühlem Wetter und Regen schlagen sie die Flughäute wie einen Mantel fest um den Körper, bei Sonnenschein werden sie gelüftet, und bei ganz praller Sonne fächeln sie sich damit Luft zu. Die dünnen Flughäute müssen gut gepflegt werden; sie werden beleckt und eingeölt, um elastisch zu bleiben.

Eigentlich nachtaktiv, durchwühlt der Tanrek (S. 155) im tiefen Schatten des Vallée de Mai auch tagsüber laut raschelnd die dichte Laubschicht nach Nahrung.

Im Gebiet unterwegs

Das **Vallée de Mai** ① ist der wichtigste Besuchspunkt auf Praslin. Die Verbindungsstraße zwischen Grande Anse und Baie Ste. Anne führt direkt am Eingang vorbei. Gleich am Parkplatz steht ein großer *Northea*-Baum. Ein Faltblatt, das man an der Kasse erhält, erklärt die wichtigsten Sehenswürdigkeiten. Der beste Platz, um den ursprünglichen Palmenwald zu sehen, ist der Pfad, der abwärts zum Fluß führt. Achten Sie auf Feigenbäume mit reifen Früchten. Es kann vorkommen, daß 4 der endemischen Arten, Rabenpapageien, Warzenfruchttauben, Dickschnabelbülbüls und Seychellennektarvögel auf demselben Baum zu finden sind.

Wanderwege

Praslin ist durchzogen von wunderschönen Wanderwegen, aber keiner ist ausgeschildert.

1. Der lohnendste ist der **Salazie-Track** ② (3 km, 2–3 Stunden). Er steigt von Grande Anse aus bis auf eine Hochebene. Sie ist zum Teil sumpfig und mit einem wunderschönen Bestand der endemischen Hornes-Schraubenbäume bewachsen. Danach führt der Weg abwärts durch Palmenwald, Mango- und Brotfruchthaine und endet an der Nordseite Praslins am Anse Volbert im Anse Volbert Village.

2. Die Inseldurchquerung auf dem **Pasquière-Track** ③ (2 km, 2 Stunden) hat ebenfalls Grande Anse als Ausgangspunkt und den ersten Teil gemeinsam mit dem Salazie-Track. Auf der Hochebene an der Weggabelung folgt man jedoch dem Hauptweg nach links. Am Pasquière-Fluß entlang geht es durch Sekundärwald zu der Ansiedlung Pasquière am Anse Possession.

3. **Fond Ferdinand** ④ (3 km, 2 Stunden) ist der zweite Ort mit ursprünglichem Palmenwald, aber kleiner als das Vallée de Mai. Ein verheerendes Feuer vernichtete 1990 weite Teile, die Vegetation hat sich erholt. Mehrere Seychellennußpalmen trieben aus, und viel Interessantes blieb erhalten.

Am Südende des Ortes Baie Ste. Anne verläuft die Straße direkt am Strand, danach steigt sie leicht an und überquert einen Fluß. An diesem Punkt geht der Weg zum Fond Ferdinand nach rechts ab. Wer vom Fond Ferdinand weiterwandern möchte,

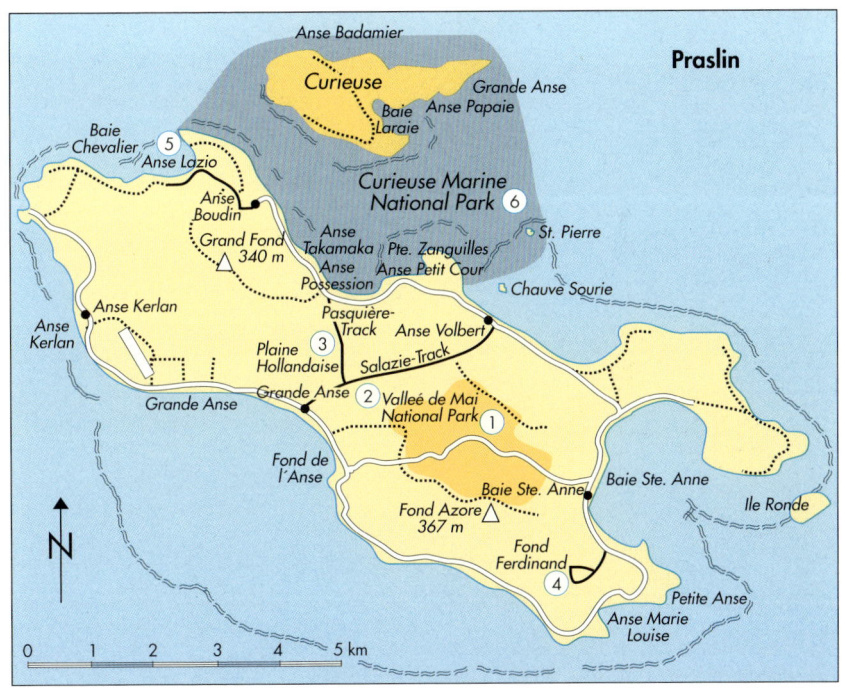

In der Aufzuchtstation auf Curieuse werden die kleinen Schildkröten gefüttert und erst später freigelassen.

folgt dem Pfad bis zu einem Aussichtspunkt.

Hier ist Endstation, man geht entweder den gleichen Weg zurück (1/2 Stunde), oder man folgt an der letzten Gabelung dem linken Pfad, der hinunter in das Flußtal führt und weiter bis zum Anse Marie-Louise.

4. Der schönste Strand Praslins, der **Anse Lazio** ⑤ im Nordwesten besteht aus samtweichem, weißen Sand, der bis tief ins Wasser reicht. An den felsigen Seiten der Bucht befindet sich ein hervorragendes Schnorchelgebiet mit herrlichen Korallenformationen. Der Anse Lazio River bildet große Teiche und Brackwasserlagunen aus. Der beste Schnorchelplatz, der zu Fuß zu erreichen ist, ist der Anse Petite Cour an der Basis der Halbinsel Pte. Zanguilles.

Ein Marine-Nationalpark umgibt die gesamte Insel Curieuse und schützt eines der schönsten Korallenriffe der Seychellen.

Praslin

Praktische Tips

Anreise
Flug: Von Mahé aus mehrmals täglich. Flugdauer 15 Minuten.
Boot: 3 Fähren verkehren zwischen Praslin und Mahé. Die Fahrt dauert je nach Seegang ungefähr 3 Stunden, mit dem Schnellboot 1,5 Stunden. Fahrkarten gibt es in Victoria am Fähranleger.

Verkehr
Busse: Nur die Westecke hat keine Busverbindung, sonst kann alles mit dem Bus erreicht werden. Es gibt Taxis und Mietautos.
Boote: Boote können in den Hotels und Touristenunternehmen gemietet werden.
Ausflüge: Von Praslin starten Tagesausflüge mit Booten nach Cousin (s. S. 69), Aride (s. S. 64) und Curieuse.
Regelmäßiger Fährverkehr verbindet Praslin mit La Digue (s. S. 58).

Kauf einer Seychellennuß
Am besten kauft man Seychellennüsse im Fond Boffay Forestry Division Store, 1 km hinter Baie Ste. Anne an der Straße zum Vallée de Mai. Sie sind naturbelassen, aber ausgehöhlt, denn eine 20-kg-Nuß würde das Gewichtslimit des Fluggepäcks sprengen. ACHTUNG: Nüsse können nur mit schriftlicher Lizenz ausgeführt werden!

Blick in die Umgebung
Nur 1 km von der Nordküste Praslins entfernt liegt die kleine, bergige Granitinsel **Curieuse**, die bis 1965 eine Leprakolonie beherbergte. Das alte Doktorhaus ist als Museum eingerichtet. Da die ursprünglichen Riesenschildkröten ausgerottet wurden, holte man 1979 Schildkröten von Aldabra und richtete eine Aufzuchtstation ein. Ungefähr 300 Aldabra-Riesenschildkröten bevölkern jetzt die Insel und werden auch auf andere Inseln gebracht.
Die ganze Insel ist Naturreservat, um das, neben Praslin, zweite natürliche Vorkommen der Seychellennußpalme zu schützen. Leider wurde das Gebiet 1980 durch Feuer stark zerstört, aber ein Wiederaufforstungsprojekt half, die Schäden zu begrenzen. Botanisch interessant ist die insel-endemische Schlingpflanze *Toxocarpus schimperianus*.
Die Ostseite wird von einer großen Bucht, der Baie Laraie gebildet, die von Mangrovensümpfen umgeben ist. Ein Holzpfad führt hindurch und bei Niedrigwasser erkennt man die verschiedenen Formen der Atemwurzeln; am Boden liegen die Früchte der Puzzlenüsse.
Die gesamte Insel Curieuse ist im **Curieuse-Marine-Nationalpark** ⑥ eingeschlossen. Der Park umschließt 14 km² Wasserfläche mit den schönsten Korallenriffen der Seychellen.
Das beste Schnorchelgebiet liegt rings um das St.-Pierre-Inselchen. Man erreicht es entweder mit einer gebuchten, kombinierten Tour Cousin – Curieuse – St. Pierre oder mit Booten, die von den Hotels am Anse Volbert starten.

4 La Digue

Pittoreske, rosafarbene Granitblöcke; typischer Küstenwald; Seychellenparadiesschnäpper; Bruthöhlen der Seychellensalanganen am Berggipfel; Sumpfland mit Chinadommel.

La Digue besitzt einen ganz einzigartigen Reiz von Gelassenheit und Ruhe. Ihr Wahrzeichen sind riesige, glattgeschliffene Granitblöcke, die durch eingelagerten rosafarbenen Feldspat charakteristisch gefärbt sind. Weit über der jetzigen Hochwasserlinie befinden sich Reste von festsitzenden Meerestieren; ein Zeichen, daß die Insel im Laufe der Zeit hochgehoben wurde.

Die 5,2 km lange Insel gliedert sich in Längsrichtung in 2 sehr unterschiedliche Regionen. Die gesamte westliche Hälfte ist flach und bildet bis zur 20-m-Höhenlinie das Küstenplateau. Steil ragt der Gebirgsstock Nid d'Aigles dahinter auf, erhebt sich bis zu 333 m Höhe und fällt nach Osten gleichmäßig bis zum Meeresspiegel ab.

Die Flüsse, die das Plateau durchziehen, bilden Sumpfgebiete aus. Während des Südostmonsuns trocknen die meisten aus, aber zur regenreichen Zeit des Nordwestmonsuns sind weite Gebiete überflutet.

Pflanzen und Tiere

Typischer Küstenwald (s.S. 19) bedeckte früher die gesamte große Fläche des Plateaus. Er ist noch im René-Payet-Reservat ① und in einigen Restgebieten erhalten. Takamakas sind die häufigsten und auffälligsten Strandbäume der Seychellen. Die gekrümmten Äste setzen schon tief unten am Stamm an, die ledrigen, dunkelgrünen und glänzenden Blätter sind immergrün.

Der Indische Mandelbaum hat weit gespreizte, horizontale, in Etagen wachsende Äste. An ihnen sitzen Rosetten von ovalen, kurzstieligen Blättern, die vor dem Abfallen leuchtend rot werden. Die 6 cm großen, mandelartig schmeckenden Früch-

La Digue verkörpert für den Besucher das Bild eines typischen tropischen Paradieses.

te sind eßbar. Der mittelgroße Heritierabaum mit gleichmäßig runder Krone hat ovale, bis 20 cm lange Blätter, deren Unterseiten silbrig glänzen (darum engl. »Looking Glass Tree«) und braune, gekielte Früchte. Die Hernandia (ein Eierfruchtbaumgewächs) mit großen, herzförmigen Blättern bildet ihre Früchte als weiße, fleischige Laternchen aus. Gleich am Landesteg rahmen 2 der stattlichen Bäume den Weg ein.

Der Küstenwald ist der Lebensraum der endemischen **Seychellenparadiesschnäpper**. Sie brauchen dichten Wald mit feuchtem Untergrund, in dem genügend Insekten leben, von denen sie sich ernähren. Männchen und Weibchen unterscheiden sich sehr in Verhalten und Aussehen. Un-

Die langen Schwanzfedern des Seychellenparadiesschnäppers gaben ihm den Namen »veuve« (Witwe).

Die braun-schwarz-weißen Weibchen des Seychellenparadiesschnäppers brüten in jeder Jahreszeit, je nach Nahrungsangebot.

verwechselbar ist das blauschwarze Männchen, dessen lange Schwanzfedern es bei seinen akrobatischen Flugspielen auffällig umwehen. Das braun-schwarz-weiße Weibchen dominiert während der Brutzeit und Jungenaufzucht über das Männchen. Nur wenn das Weibchen nicht da ist, darf das Männchen brüten oder füttern und muß sofort Platz machen, wenn dieses kommt. Das winzige Nest, aus feinen Kokosfasern und Kasuarinennadeln gebaut und mit Spinnweben umwickelt, wird an der Spitze von dünnen, äußeren Zweigen gebaut. So ist das einzige Ei vor nesträubernden Mabuyen geschützt. Trotzdem ist der Bruterfolg niedrig, nur aus einem Viertel der Eier schlüpfen Junge. Das René-Payet-Reservat ist mit 6 ha das kleinste der Seychellen, es bietet jedoch mehreren Paradiesschnäppern Lebensraum. Einige besiedelten von dort aus schon wieder andere kleine Restwälder. Der jetzige Bestand von 230 Vögeln ist jedoch das Maximum, das in dem übriggebliebenen Lebensraum existieren kann. Um das Überleben zu sichern, wurden einige Paare nach Denis Island umgesiedelt.

Mehrere Flüßchen, vom Gebirge kommend, durchziehen das Küstenplateau und bilden kleinere und ausgedehntere Sümpfe. Teichhühner schwimmen zwischen Rohrkolben, Sumpfried, Mangroven und Hornfarnen umher. Farblich gut getarnt, versteckt sich die braungelbe Chinadommel zwischen den Schilfstengeln; unsichtbar für den Beobachter, wenn sie sich bei Beunruhigung mit emporgestrecktem Schnabel hoch aufrichtet und regungslos stehenbleibt. Sie ist an Süßwasser gebunden, kommt darum nur auf Mahé, Praslin und La Digue vor.

Die weißen Blütenbüschel des Takamakas (Alexandrinischer Lorbeerbaum) strömen einen starken, süßen Duft aus. Die Früchte sind grün und rund.

Der Indische Mandelbaum wird auf den Seychellen wegen seines rötlichen und festen Holzes geschätzt. Das Foto zeigt die großen Blätter und Früchte.

Kleine braune Wellenastrilde, mit rotem Schnabel und Augenstreif, sind immer im Schwarm von 20–30 Vögeln zu finden. Sie ernähren sich hauptsächlich von kleinen Grassamen und bevorzugen feuchte, mit Gras bewachsene Gebiete. Durch das Trockenlegen der Sümpfe verschwand ihr Lebensraum. Heute kommen sie nur noch auf dem Plateau von La Digue und im Nordteil von Mahé vor.

Besonders nach Regenfällen sausen in rasendem Flug **Seychellensalanganen** auf Insektenjagd über den dampfenden Erdboden. Die zierlichen, graubraunen Segler nisten in tiefen Granithöhlen hoch oben auf den Berggipfeln. An der Höhlendecke kleben wie kleine Schüsselchen mehrere nach vorne offene Nester. Die aus dem hellen Sonnenlicht durch die schmale Öffnung hereinsausenden Salanganen orientieren sich in der Dunkelheit durch Echolot mit hörbaren Klicklauten. Die Gesamtzahl der Salanganen beträgt auf den Seychellen 1000 Paare; regelmäßig zu sehen sind sie nur in der Nähe ihrer Brutplätze auf Mahé, Praslin und La Digue.

Riesige, von Wind und Regen abgerundete Granitfelsen sind das Wahrzeichen von La Digue.

Die Salanganennester hängen unter der Höhlendecke; das einzige Ei ist mit Speichel festgeklebt. Alt- und Jungvögel klammern sich mit ihren Krallen fest.

Im Gebiet unterwegs

La Digue kann von Praslin aus als Tagesausflug besucht werden, dann empfiehlt es sich jedoch, mit der ersten Fähre hin (7.30 Uhr) und mit der letzten (17.30 Uhr) zurückzufahren. Mindestens eine Übernachtung ist empfehlenswert.

Die Insel kann gut zu Fuß entdeckt werden. Fahrräder können überall ausgeliehen werden.

Tagesausflügler sollten einen **Rundgang** um das westliche Küstenplateau machen, der alles Wesentliche abdeckt.

Vom Anlegesteg führt die Hauptstraße in südlicher Richtung am Strand entlang,

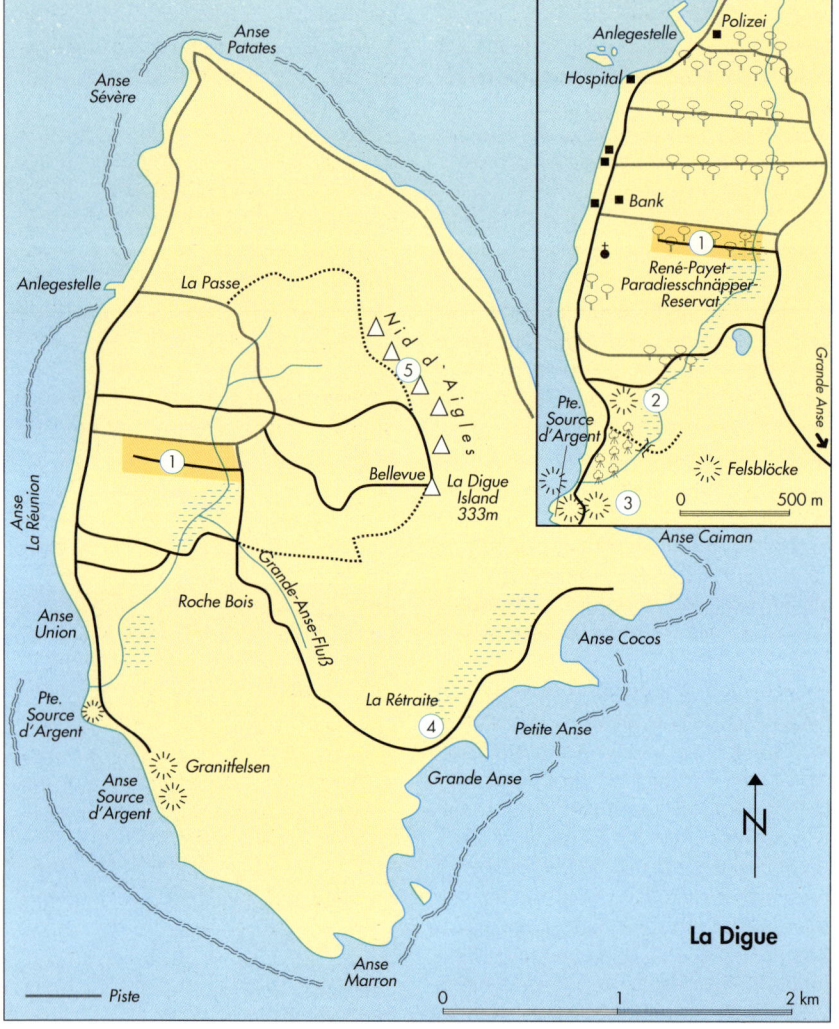

der mit sehenswerten großen Takamakabäumen bewachsen ist. In den großen, offenen Hallen der Bootswerft werden Holzschoner mit Takamakaholz neu gebaut und alte ausgebessert. In der Kokosplantage sieht man werktags den Ablauf der Kopragewinnung (S. 86) und -trocknung. Es wird auch Vanille angebaut, deren fermentierte Schoten im Plantagenbüro gekauft werden können. Die La-Digue-Vanille soll die beste der Seychellen sein! Linkerhand erhebt sich der gewaltige **La-Digue-Felsen** ②. An seinem Fuße leben in einem Gehege Riesenschildkröten. Der Pfad führt weiter durch ein Mangrovengebiet, in dem Watvögel und Rotklauenkrabben vorkommen, und endet am **Pointe Source d'Argent** mit einer Ansammlung von riesigen Granitblöcken ③.

Bis zum La-Digue-Felsen geht derselbe Pfad wieder zurück, danach führt der Rundweg nach rechts und durch ein Sumpfgebiet.

TIP: nach der Chinadommel Ausschau halten!

Der Pfad führt nach links in den dichten Wald des **René-Payet-Paradiesschnäpper-Reservates** ①.

TIP: Fotografen brauchen hochempfindliche Filme (400 ASA) ! Wer im Reservat keine Paradiesschnäpper sieht, sollte die anderen Waldgebiete absuchen (siehe kleine Karte).

Der Weg zum **Grande Anse** ④ führt erst durch Kokos- und Vanilleplantagen. An der T-Kreuzung nach rechts abbiegen, die Straße folgt dem Grande-Anse-Fluß, eingesäumt von vielen Fruchtbäumen. Der Abstieg zum Grande Anse führt durch farnreichen Wald, in dem Dickschnabelbülbüls leben. An dem langen Sandstrand von Grande Anse brechen sich riesengroße Wellen.

VORSICHT: Der Sog der zurückströmenden Wellen ist sehr stark!

Anschließend gelangt man an die Strände von **Petite Anse** und **Anse Cocos,** alle mit Frischwassersümpfen im Hinterland, in denen Chinadommeln und Wellenastrilde beobachtet werden können. Es gibt keinen Rundweg, derselbe Weg führt zurück.

Der Aufstieg zum **Nid d'Aigles** (Adlernest) ⑤ und zur Salanganenhöhle ist ein schweißtreibender, aber wunderschöner Marsch. Er führt durch Ansiedlungen mit verschiedenen Fruchtbäumen und steigt dann steil hinauf .

ACHTUNG: Bei Regenwetter ist der Pfad sehr glitschig!

Wer in die Salanganenhöhle möchte, sollte in einem Hotel nach einem Führer fragen. Zwischen Geröllblöcken und den Stelzwurzeln der Schraubenpalmen hindurch rutscht man in die mehrkammerige Höhle, in der sich 2 Brutkolonien befinden.

TIP: Taschenlampen sind unbedingt erforderlich, Fotografen brauchen Blitzlicht!

Praktische Tips

Anreise

La Digue ist nur mit dem Schiff zu erreichen. Von Baie Ste. Anne auf Praslin besteht täglich regelmäßiger Fährverkehr von 7.30–17.00 Uhr (20 min). ACHTUNG: Die Boote starten pünktlich!

Von Mahé aus dauert die Bootsfahrt etwa 3 Stunden, jedoch kein Fährbetrieb am Wochenende.

Unterkunft

Unterkünfte gibt es in Privatpensionen sowie in kleineren und größeren Lodges.

5 Aride

Wichtigstes Naturreservat der Seychellen; 1 Mio. brütender Seevögel in 10 verschiedenen Arten; weltweit größte Brutkolonie der Schlankschnabelnoddis und Rosenseeschwalben; einziger Brutplatz des Rotschwanz-Tropikvogels auf den Inneren Seychellen; rastende Fregattvögel; ursprünglicher Wald; hervorragendes Schnorchel- und Tauchgebiet; 5 endemische Landvogelarten.

Aride ist die nördlichste Granitinsel der Seychellen, nur 70 ha klein, aber der bedeutendste Brutplatz der Seevögel. Es ist kein Zufall, daß Aride eine der am natürlichsten erhaltenen Inseln der Seychellen ist. Durch gefährliche Brandung geschützt, wurde sie erst spät besiedelt und blieb bis dahin ratten-, katzen- und hundefrei, nur Mäuse wurden eingeschleppt. 1973 wurde sie von der Royal Society for Nature Conservation (RSNC), einer englischen Naturschutzorganisation, gekauft und wird seitdem mit Hilfe von Wissenschaftlern betreut. Ein Teil des Naturschutzprogramms von Aride beschäftigt sich mit dem Wiederaufforsten von natürlichem Wald. Als die Insel noch bewirtschaftet wurde, ließ die Kokosplantage nur kleine Reste natürlicher Vegetation überleben. Nach der Gründung des Naturreservats wurden die Kokospalmen reduziert und ein natürliches Gleichgewicht zwischen ihnen und dem Küstenwald angestrebt. An der Südseite befindet sich der einzige Sandstrand, ihm ist ein Korallenriff vorgelagert. Richtung Inselinneres erhebt sich in 4 m Höhe ein kleines, flaches Küstenplateau. Über 90 % der Insel besteht aus rauhen Hügeln, die nach Norden hin

Die kleine, streng geschützte Insel Aride ist einer der wichtigsten Brutplätze für Seevögel.

bis zur höchsten Spitze von 142 m ansteigen und steil ins Meer abfallen.

Pflanzen und Tiere

Der Boden des Plateaus ist durch den abgelagerten Guano sehr fruchtbar, so daß von der Erstbesiedlung an Nutzpflanzen angebaut wurden. Heute dienen sie der Versorgung der Inselmannschaft. Der sich anschließende Küstenwald ist fast frei von eingeführten Pflanzen erhalten. Zwischen großen Takamakas, Barringtonias und Indischen Mandelbäumen bilden Wolfsmilchbüsche der Art *Phyllanthus castium* und der kleinwüchsige Eierfruchtbaum *Hernandia ovigera* den Unterwuchs. Der zierliche Morindabaum (S. 70; ein Rötegewächs) wird verstärkt wieder angepflanzt. Er ist wichtig für insektenessende Landvögel, denn seine Blüten wie auch die runden Früchte werden umschwärmt von Insekten. Seine herabgefallenen Blätter bilden eine dichte Laubschicht auf dem Boden, die regelmäßig von Mabuyen und Vögeln durchsucht wird.

Etwas höher auf den steileren Hängen geht der Küstenwald in einen Pisoniawald über. Seit das Vernichten der Schößlinge 1975 gestoppt wurde, breitete Pisonia sich schnell aus und wurde zur häufigsten Art. Schlankschnabelnoddis nisten bevorzugt auf ihnen, denn ihre Blätter eignen sich gut zum Nestbau. Eine Gefahr für die brütenden Vögel sind die Unmengen von kleinen, stacheligen Samen, die das Gefieder so stark verkleben können, daß die Vögel flugunfähig werden und zugrunde gehen.

Nahe am Gipfel wächst eine botanische Kostbarkeit Arides, die endemische Wright-Gardenie (S. 67), ein bis zu 4 m hoher Strauch, dessen wohlriechende, weiß-violette Blüten kurz nach Regenfällen erscheinen.

Zügelseeschwalben bevorzugen zum Brüten rattenfreie Inseln. Sie fischen in kleinen Gruppen in Inselnähe.

Aride ist der nördlichste Brutplatz der Rotschwanz-Tropikvögel im Indischen Ozean.

Auf Aride brüten 10 verschiedene Seevogelarten in riesigen Mengen. Zwischen Mai und Oktober erscheinen rund 1 Mio. Brutvögel. Am aufmerksamsten wird die **Rosenseeschwalbe** beobachtet, denn auf Aride liegt der letzte größere Brutplatz im Indischen Ozean mit 1300 Paaren.

2 Arten von **Noddiseeschwalben** brüten hier: Der etwas größere Noddi kommt in allen tropischen Meeren vor, der zierlichere, dunklere Schlankschnabelnoddi lebt nur im Indischen Ozean. Aride besitzt mit 170 000 Brutpaaren die größte Kolonie. Beim Fischen tauchen die Noddis höchst selten unter die Wasseroberfläche, sondern schnappen sich kleine, an die Oberfläche springende Jungfische. Zum Balzverhalten gehört ruckhaftes Kopfnicken beider Part-

Der dunkelbraune Noddi hat eine hellgraue Kappe und eine schwarze »Runzel« zwischen den Augen.

Schlankschnabelnoddis haben einen grauen Kopf und Hals.

Weißschwanz-Tropikvögel brüten das ganze Jahr über in Nischen an Baumstämmen oder zwischen Felsblöcken.

ner, daher der Name (vom englischen »to nod« = nicken).

Begeisterung erwecken die weißen **Tropikvögel** mit ihren immens verlängerten beiden mittleren Schwanzfedern, rot bei den Rotschwanz- und weiß bei den Weißschwanz-Tropikvögeln. Sie leben auf offener See und kommen nur zum Brüten an Land. Es sind schnelle und wendige Flieger, die oft aus beträchtlicher Höhe nach Fischen und Tintenfischen tauchen. Sie rasten schwimmend auf dem Wasser, wobei sie ihre langen Schwanzfedern wie einen Hahnenschweif hochwölben. An Land können sie sich nur mit größten Schwierigkeiten fortbewegen. Die kleinen Füße und die zierlichen Beine, die sehr weit hinten am Körper angesetzt sind, können das Körpergewicht nicht tragen. Der Vogel stützt sich beim Laufen mit Brust und Schnabel auf dem Boden ab, bevor er sich elegant in die Luft erheben kann.

300 000 Rußseeschwalbenpaare (s. S. 80) nisten auf dem Boden des steinigen Hügels. Die ähnliche **Zügelseeschwalbe** hat einen grauen statt schwarzen Rücken und einen weißen Zügel über dem Auge. Sie nistet in kleinen Kolonien, die Nester sind unter vorstehenden Steinen oder Pflanzenbüscheln versteckt. Anders als die Rußseeschwalbe bleibt sie das ganze Jahr über in ihrem Brutgebiet und kommt auch außerhalb der Brutzeit nachts zum Rasten auf die Inseln. Einzigartig ist der Brutzyklus: Unabhängig von der Jahreszeit brütet die Kolonie in einem 8-Monate-Abstand.

Feenseeschwalben (s. S. 84) sind ganzjährig anzutreffen. Keilschwanz-Sturmtaucher und Audubonsturmtaucher (s. S. 72) kommen in der Dunkelheit an Land und verlassen ihre Bruthöhlen im Morgengrauen. Fregattvögel (S. 98, 100) erscheinen zum Jagen und Rasten, Bindenfregattvögel regelmäßig, Arielfregattvögel selten. Sie

brüten nicht mehr auf den Seychellen, alle früheren Brutkolonien sind dem Fleischbedarf der Siedler zum Opfer gefallen.
Landvögel halten sich am häufigsten in den dichten Büschen und auf den Feldern des Plateaus auf, wo Madagaskarweber, Turteltauben und Sperbertäubchen nach Nahrung suchen. Im Schilfgebiet des Sumpfes brüten Teichhühner. Die endemischen Landvögel waren während der Siedlerzeit durch Katzen und Lebensraumzerstörung ausgestorben. Nach der Entfernung der Katzen wurden 1988 29 Seychellenrohrsänger (s. S. 70) von der Insel Cousin eingeführt, um die Existenz der Art mit einer zweiten Population abzusichern. Sie gewöhnten sich gut ein und vermehrten sich so prächtig, daß 1993 die Anzahl auf 230 Vögel angewachsen war.
Nach diesem Erfolg wurden 2002 Seychellenweber (S. 75) von Cousin geholt und auch sie haben inzwischen eine stabile Population aufgebaut. Ebenfalls 2002 wurden auch einige der gefährdeten Seychellendajals (S. 75), die es in kleiner Anzahl nur noch auf Frégate gab, erfolgreich umgesiedelt. Sie sind zutraulich und lassen sich bei der Nahrungssuche am Boden nicht von Besuchern stören. Seychellennektarvögel und Warzenfruchttauben haben sich inzwischen wieder selbst angesiedelt.
Tagaktiv sind 2 Glattechsenarten, die Wright-Mabuyen und die Seychellen-Mabuyen, sowie die leuchtend grünen Taggeckos, die auf Bäumen nach Insekten suchen. Der größere Bronzegecko ist nachtaktiv, er ruht tagsüber im Schatten.
Riesentausendfüßer (S. 158) werden bis 25 cm lang. Sie ernähren sich nachts von pflanzlichen Stoffen und suchen tagsüber feuchte Schattenverstecke auf, da sie sonst sehr schnell in der Sonne austrocknen. Die Körperringe toter Tiere liegen überall verstreut umher.

Der endemische, nachtaktive Bronzegecko besitzt große rötliche, vorgewölbte Augen.

Aus den Blüten der Wright-Gardenie (»Bois citron«) bilden sich grüne, ungenießbare, zitronenähnliche Früchte.

Der Südseite vorgelagert liegt eines der schönsten, noch vollkommen intakten Korallenriffe der Seychellen mit mindestens 200 Fischarten, Hirschgeweihkorallen und Karettschildkröten, deren Weibchen

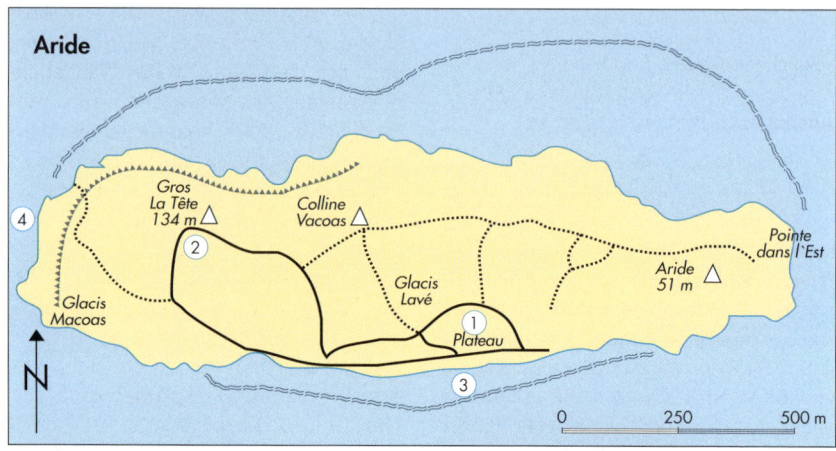

zwischen Oktober und März zur Eiablage an den Sandstrand kommen.
Während des Nordostmonsuns besuchen Walhaie die Gewässer rund um Aride. Diese größten Fische der Welt, die bis 18 m lang werden können, ernähren sich von Plankton. Ihre Biologie ist so gut wie nicht erforscht.

Im Gebiet unterwegs

Achten Sie während der Bootsfahrt von Praslin nach Aride auf Delphine und Walhaie!
Der geführte Rundgang beginnt mit dem **Plateau** ① und führt durch den Küstenwald auf den **Gipfel** ②. Während der Hauptbrutzeit von Juni bis September ist der Gipfelweg wegen der vielen bodenbrütenden Seeschwalben gesperrt.
Das beste Schnorchelgebiet ③ befindet sich gegenüber dem Bootshaus. Die Strömung außerhalb des Riffes ist sehr stark, schwimmen Sie nur innerhalb!
Empfehlenswert ist eine Bootsfahrt rund um die Insel, um die beeindruckenden steilen nördlichen Klippen ④ zu sehen, auf denen Hunderte von Fregattvögeln rasten und unzählige in der Luft segeln.

Praktische Tips

Anreise

Aride liegt nordnordwestlich von Praslin und ist am besten von dort aus zu erreichen. Die Schnellboote starten vom Anse Volbert oder Grande Anse zwischen 8.30 und 9.30 Uhr und benötigen für die 6 Seemeilen (10 km) 45 Minuten. Die Tagestour enthält einen von einem Ornithologen geführten Ausflug über die Insel zum Hügel und eine Grillmahlzeit am Strand. Die Landung am Sandstrand kann wegen der starken Brandung schwierig sein.
ACHTUNG: Fotosachen und Ferngläser sollten unbedingt wasserdicht verpackt werden!

Klima / Reisezeit / Besuchszeiten

Theoretisch kann Aride das ganze Jahr über besucht werden. Während der Brutsaison zwischen Mai und September ist die See jedoch oft so rauh und stürmisch, daß eine Landung unmöglich wird. Besuchstage Juni bis Oktober: Mittwoch und Sonntag; Oktober bis Juni: Mittwoch, Donnerstag, Freitag und Sonntag. Keine Unterkünfte, nur Tagesbesucher.

6 Cousin

Naturreservat; Seychellenrohrsänger, Seychellenweber, Seychellenturteltaube; große Seevogel-Brutkolonien; freilebende Riesenschildkröten, wichtigster Nistplatz im Indischen Ozean für Karettschildkröten.

Cousin gilt als Schwesterinsel von Aride. Beide zusammen besitzen die größten Seevogel-Brutkolonien aller Granitinseln der Seychellen. Die kleine Insel hat nur einen Durchmesser von etwa 1 km und umfaßt 27 ha. Der größte Teil besteht aus einem flachen Küstenplateau aus phosphathaltigem Sandstein, entstanden aus prähistorischen Guanoablagerungen. Im Südwesten erhebt sich ein 69 m hoher Granithügel, dessen Felsen an der Süd- und Westseite steil bis zum Strand abfallen. Der halbjährliche Richtungswechsel der Monsunwinde verändert die Ausdehnung und Lage der breiten, weißen Sandstrände. Während des Nordwestmonsuns wird der Nordstrand abgeschwemmt, Felsbänke werden freigelegt, und der Oststrand erweitert sich zu einer breiten Sandbank. Der Südostmonsun kehrt das Ganze um, und der Nordstrand dehnt sich wieder zu einer weiten Sandfläche aus. Die Boote landen deshalb je nach Jahreszeit an verschiedenen Stellen.

Cousin war früher Privatbesitz. Die Eigentümer lebten von den großen Brutkolonien. Die Eier der Rußseeschwalben wurden abgesammelt und pro Jahr 4000 junge Keilschwanz-Sturmtaucher »geerntet«, die eingepökelt als Delikatesse galten.

Als entdeckt wurde, daß nur noch auf Cousin und sonst nirgendwo der Seychel-

Auch der Strand von Cousin ist geschützt; es dürfen keine Muscheln oder Schnecken mitgenommen werden.

An ehemaligen Siedlungen wächst verwilderte Baumwolle, die von Kleinvögeln gern zum Nestbau verwendet wird.

Die Blüten der Scharlachcordie bilden große Trugdolden. Die schleimigen Beeren sind süß.

Die Früchte des Morindabaumes (»Bois tortue«) weisen ein vieleckiges Muster wie ein Schildkrötenpanzer auf.

lenrohrsänger in geringer Anzahl überlebt hatte, wurde 1968 die Insel vom Internationalen Rat für Vogelschutz (ICBP) gekauft und unter Schutz gestellt. Sie ist damit als einzige Insel der Welt in internationalem Besitz.

Pflanzen und Tiere

Große Kasuarinen befestigen rings um die Insel den Strand und wirken als Wind- und Spritzschutz für die Pisoniabäume und Cordiabüsche. Aus vorherigen Farmerzeiten verwilderten Baumwolle, Papayas und Rizinusstauden. Im Südwesten werden einige Senken bei Hochwasser überflutet, dort haben sich Mangroven angesiedelt.

Eines der Hauptziele des Naturschutzes ist es, die ursprüngliche Pflanzenwelt wieder herzustellen. »Ursprünglich« meint dabei den Zustand, der auf der Insel herrschte, ehe die ersten europäischen Siedler den Inselbewuchs so stark veränderten. Glücklicherweise blieben einige große Bäume an mehreren Stellen erhalten, die sich inzwischen zu einem natürlichen Küstenwald aus Pisonia, Morinda, dem Wolfsmilchgewächs *Phyllanthus castium* und *Ochrosia*-Bäumen (ein Hundsgiftgewächs) entwickelten.

Bekannt geworden ist Cousin durch 3 höchst gefährdete Landvogelarten, den Seychellenrohrsänger, den Seychellenweber und die Seychellenturteltaube. Für den **Seychellenrohrsänger** kam die Rettung in letzter Minute, es gab nur noch 26 Vögel. Die anderen Vorkommen waren durch Biotopzerstörung erloschen. Sein Gesang klingt abwechslungsreich und melodisch. Das einzige Junge verläßt das Nest erstaunlich früh, lange bevor es fliegen kann. Es ist sehr lebhaft und klettert im Gezweig umher. Das scheint ein Verhalten zum Schutz gegen die häufigen, nesträuberischen Wright-Mabuyen zu sein. Durch die

Erneuerung des natürlichen Pflanzenkleides gibt es genug Lebensraum und Nahrung für die auf über 400 Vögel angewachsene Population. Es ist die einzige der gefährdeten Seychellen-Arten, die jetzt als gerettet gelten kann.

Auf den Seychellen kommen 2 **Turteltaubenformen** mit gleichen Lebensgewohnheiten vor. Ursprünglich gab es nur die dunklere Seychellen-Unterart. Die hellere Madagaskarturteltaube wurde von Seefahrern eingeschleppt, die die Tauben als Nahrungsreserven in Käfigen mitführten. Beide Unterarten vermischten sich auf allen Inseln, auf Cousin tritt jedoch der dunkle Seychellen-Typ noch häufig auf. Die häufigste Taube der Seychellen ist das aus Indien eingeführte Sperbertäubchen, eine kleine, braun-gesperberte Taube mit langem Schwanz. Seychellendajals wurden von der Insel Frégate wieder angesiedelt. Durch das Heranwachsenlassen der natürlichen Pflanzen änderte sich die Zusammensetzung der Seevogelarten. Rußseeschwalben, die nur auf kahlem Boden oder ganz kurzer Pflanzendecke brüten, verschwanden vom Granithügel, als dessen Pflanzenwuchs nicht mehr kurzgehalten wurde. Auch die Anzahl der Noddis, die hauptsächlich in Palmenschöpfen brüten, ist durch die Abnahme der Kokospalmen zurückgegangen. Dafür stieg durch die Zunahme der Pisonias die Brutkolonie der Schlankschnabelnoddis auf etwa 100 000 Paare an.

Feenseeschwalben und Weißschwanz-Tropikvögel brüten das ganze Jahr über. Jungvögel aller Altersstufen erwarten auf ihren Nestplätzen die Rückkehr der Eltern zur Fütterung. Auf dem Granithügel brüten einige hundert Paare Zügelseeschwalben (S. 65) unter der lockeren Vegetation zwischen den Steinen, Noddis auf den Steinen und Sturmtaucher in Höhlen unter den

Der graubraune, schlanke Seychellenrohrsänger huscht auf Insektenfang durch die Büsche; er ist ständig in Bewegung.

Die selten gewordene Seychellenunterart der Madagaskarturteltaube hat einen dunkelroten Kopf.

Das Sperbertäubchen ist der zahmste und häufigste Inselvogel rund um menschliche Siedlungen geworden.

Wright-Mabuyen ernähren sich von Vogeleiern, Jungvögeln und Futterresten in den großen Seevögelkolonien.

Steinen. Brutplätze der dunkelbraunen **Keilschwanz-Sturmtaucher** und der schwarzweißen **Audubonsturmtaucher** gibt es in großer Zahl nur noch auf rattenfreien Inseln. Die einzigen natürlichen Feinde sind Wright-Mabuyen, die ungefähr 10 % der Eier erbeuten. Außerhalb der Brutzeit

Keilschwanz-Sturmtaucher sind tagsüber nur über dem Meer zu sehen. Sie nisten in Höhlen unter großen Steinen.

verbringen die Sturmtaucher ihr Leben auf hoher See. Sie brüten gewöhnlich auf Inseln in großen Kolonien, in selbstgegrabenen Erdlöchern oder natürlichen Höhlen und Felsspalten. Die Altvögel kommen zum Füttern des einzigen Kükens erst in völliger Dunkelheit auf die Inseln und verlassen sie im Morgengrauen wieder. Während der Nacht ertönt ihr unheimliches Geheul, Geschrei und Gekreische über dem Brutplatz.

Die Küken sammeln eine dicke Fettschicht an und können doppelt so schwer wie die Altvögel werden. Das hilft ihnen, die mehrere Tage dauernden Fastenzeiten zwischen den Fütterungen zu überstehen. Außerdem werden sie oft schon verlassen, ehe sie selbständig sind. Sie hungern sich während der Mauser ins Erwachsenenkleid auf ihr Normalgewicht herunter. Durch das Einsammeln der fetten Jungvögel in früheren Zeiten sind viele Kolonien erloschen. Audubonsturmtaucher haben keine feste Brutzeit. Keilschwanz-Sturmtaucher brüten zu 35 000 Paaren von Oktober bis März.

Nachdem die Insel unter Schutz stand und bewacht wurde, stieg die Anzahl der Weibchen der **Echten Karettschildkröte,** die zum Eierlegen an den Sandstrand kamen, sprunghaft an. Heute ist Cousin einer der wichtigsten Eiablageplätze im westlichen Indischen Ozean. In der Fortpflanzungszeit zwischen September und März erscheinen 200–300 Weibchen und legen je bis zu 150 Eier in ein selbstgegrabenes Loch an der Oberkante des Strandes. Die Weibchen werden seit 1973 markiert; aus den Wiederfunden geht hervor, daß sie während einer Saison 2–6mal Eier legen, aber nur alle 2–3 Jahre nach Cousin zurückkommen. Sie wurden in der Zwischenzeit an keinem anderen Strand gefunden.

Cousin

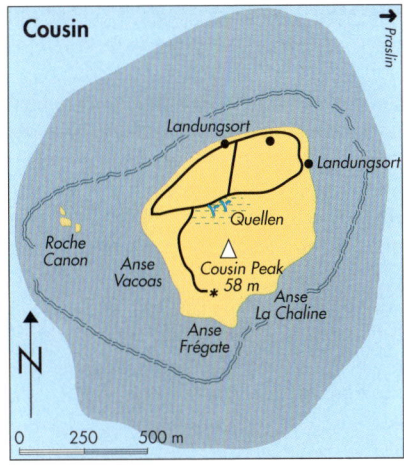

Mehrere Riesenschildkröten (S. 96), die früher eingezäunt gehalten wurden, wandern jetzt frei umher. 1987 schlüpften zum ersten Mal junge Schildkröten aus.
Wie auf allen Seevogelinseln kommen die Wright-Mabuyen in großer Zahl vor, außerdem gibt es auch noch Seychellen-Mabuyen, Bronzegeckos und grüne Taggeckos.

Im Gebiet unterwegs

Cousin ist ein Naturreservat. Es finden nur von einem Wildwart geleitete Führungen statt.
Der Rundweg startet am Bootshaus, durchquert den Wald und steigt auf den Granithügel. Dort gibt es einen unvergleichlichen Ausblick auf Weißschwanz-Tropikvögel und Feenseeschwalben, die ihre Kreise unterhalb des Betrachters ziehen.

Praktische Tips

Anreise

Cousin liegt 2 km von der Westspitze Praslins entfernt. Vom Grande Anse (Westseite) fährt das Boot 15 Minuten.
ACHTUNG: Fotosachen und Ferngläser müssen wasserdicht verpackt sein!
Da sich der Sandstrand ständig verändert, kann kein Anlegesteg gebaut werden, es gibt eine nasse Landung. Dadurch ist außerdem die Gefahr geringer, daß Ratten auf die Insel kommen können.

Klima/Reisezeit

Cousin kann ganzjährig besucht werden. Zwischen April und September ist das Meer oft stürmisch.

Besuchszeiten

Von Montag bis Freitag von 9.30 bis 12.00 Uhr, keine Unterkunft, nur Tagesbesuche.
- Tel.: +248-60 11 00 (Mahé Office)
  71 88 16 (Cousin Island)
  E-Mail: nature@seychelles.net

7 Frégate

Pirateninsel mit alten Gräbern, Gebäuderesten und vergrabenen Schätzen; kleiner Rest ursprünglichen Waldes, Drachenblutbaumwald; enorme Dichte der Warzenfruchttaube; Seychellenweber; Seychellendajal; Zugvögel; einziges Vorkommen des endemischen Frégate-Schwarzkäfers; freilebende Riesenschildkröten.

Frégate ist die am weitesten östlich gelegene Granitinsel. Sie ist nur 2 km² groß und dicht bewachsen. Die nackten Granitkuppen des 125 m hohen Mont Signale mit den danebenliegenden Klippen des Glacis Cerf und des 110 m hohen Au Salon überragen die Insel.

Vorgelagerte Korallenriffe schützen im Westen die beiden Sandstrände Grande Anse und den sich südlich anschließenden Petite Grande Anse und im Südosten die malerische kleine Bucht Anse Parc, in deren Nähe Gebäudereste mit Inschriften aus der Piratenzeit stehen. Piratenspuren wie alte Wälle, Gräber und Mauern finden sich auf der ganzen Insel.

Pflanzen und Tiere

Bei der Durchquerung der Insel vom Pflanzerhaus zum Grande Anse oder zum Anse Victorin werden alle Vegetationstypen erschlossen.

Hinter den Plantagenhäusern erstrecken sich Gärten und Felder mit tropischem Gemüse und vielen Fruchtbäumen. Auf einem kleinen Friedhof streuen große Rote San-

Eine riesige Würgerfeige mit einem Gewirr aus unzähligen Luft- und Stützwurzeln steht direkt vor dem Hauseingang des alten Pflanzerhauses.

delholzbäume aus ihren aufgerollten Schoten rote Samen auf alte Piratengräber. Dort stehen auch eine weibliche und eine männliche Seychellennußpalme (S. 50).

In den verwilderten Plantagen wachsen Cashewnuß- (S. 27) und Zimtbäume (S. 54), die den einheimischen zierlichen Morindabaum (S. 70) verdrängen. Schlingpflanzen wie die Schwarzäugige Susanne überwuchern die Büsche. Auf den Kuppen wachsen dichte Icacopflaumenbüsche. Die Spitzen der Granitkuppen sind kahl.

Beeindruckend sind die Wälder aus alten **Drachenblutbäumen** (S. 46). Vor 200 Jahren wurden Stangenhölzer aus Indien eingeführt, um als Rankhilfen für die kultivierte Vanille zu dienen. Sie bewurzelten sich, schlugen aus und wuchsen zu gewaltigen Bäumen mit glatter graubrauner Rinde und Brettwurzeln heran. Bei Verletzung der Rinde tropft ein roter Saft, das »Drachenblut«, aus der Wunde. Der Boden ist mit abgefallenen Blättern bedeckt, ein Lebensraum, wie ihn die Seychellendajals brauchen. Sie finden dort Insekten, Larven und Tausendfüßer.

Seychellendajals (Elsterndrosseln) sind die berühmtesten Vögel Frégates. Nur hier überlebten die letzten ihrer Art. Nachdem 1991 nur noch 22 Vögel gezählt wurden, übernahm das ICBP (International Council for Bird Preservation) die Aufgabe, die seltenen Vögel vor dem Aussterben zu retten. Ihr einziges Ei wird in eine Baumhöhle gelegt. Das Junge flattert nach 3–5 Wochen Nestzeit heraus und hält sich am Boden auf, wo es von den Eltern noch weiter gefüttert wird. Die einzigen natürlichen Feinde waren früher Wright-Mabuyen (S. 72), die es auf das Ei oder das Jungtier abgesehen haben. Als jedoch durch die Menschen Katzen und Ratten auf die Inseln kamen, wurden die Vögel für diese leichte Beute. Mit dem Abholzen der natürlichen

Das Prachtkleid des männlichen Madagaskarwebers ist leuchtend rot, Augenfeld und Schnabel färben sich schwarz.

Das Männchen des Seychellenwebers bekommt im Prachtkleid nur eine goldfarbene Krone und Kehle.

Das Gefieder des Seychellendajals ist schwarz mit einem stahlblauen Schimmer und einem weißen Fleck am Flügel.

Tagsüber ruhen die Frégate-Schwarzkäfer einzeln oder zu mehreren unter der Rinde alter Drachenblutbäume.

Die Weibchen der Lehmwespen errichten kunstvolle Urnen, die mit einem Ei und mehreren Raupen gefüllt werden.

Als Abwehr klappt die Pelomedusenschildkröte den Kopf zur Seite und den beweglichen Teil des Bauchpanzers zu.

Wälder verschwand außerdem der Lebensraum der Vögel.

Durch Entfernen der verwilderten Katzen und Anbringen von Nistkästen war 1993 die Population schon wieder auf 33 Vögel angewachsen. Heute ist die Anzahl mit ca. 100 Vögeln stabil und inzwischen konnten Seychellendajals auch in Cousin und Aride angesiedelt werden, wo sie sich gut vermehren.

Die besten Beobachtungsplätze befinden sich rund um das alte Pflanzerhaus, wo Seychellendajals in der frisch bearbeiteten Erde der Gärten und Felder nach Nahrung suchen.

Durch die vielen fruchtenden Bäume wie Zimt, Takamaka, verschiedene Feigenarten und wilde Guave gibt es eine hohe Dichte der endemischen Warzenfruchttaube (S. 35). Es ist erstaunlich, wie gut diese auffällige Taube getarnt ist, wenn sie bewegungslos im Schatten in den Baumkronen ruht.

TIP: Gute Fotos und nicht nur Gegenlichtaufnahmen in den Baumkronen gelingen in den *Scaevola*-Büschen am Rande des Flugfeldes, in denen die Tauben regelmäßig die fleischigen Früchte abpicken.

Der endemische Seychellenweber kommt nur noch auf Frégate, Cousin und Cousine vor. Seine Nahrung besteht aus Sämereien, Früchten, Insekten, kleinen Eidechsen und Vogeleiern. Einige Vögel haben sich auf Eierraub bei Meeresvögeln, hauptsächlich von Feenseeschwalben und Schlankschnabelnoddis, spezialisiert. Sie rollen ein kurzzeitig unbewachtes Ei vom Nestplatz oder aus dem Nest und schlürfen das zerbrochene Ei am Boden aus.

Der Madagaskarweber ernährt sich von Sämereien, nur zur Jungenaufzucht werden Insekten verfüttert. Im Ruhekleid sind beide Weberarten leicht zu verwechseln, aber der Seychellenweber ist größer und dunkler, sein Schnabel kräftiger und Rücken und Flügel erscheinen nicht gestreift. Die Wasserstellen im Garten des Pflanzerhauses sind ein beliebter Anziehungspunkt für Seychellennektarvögel (S. 80), die häufigste aller endemischen Vogelarten. Sie haben sich am besten den veränderten Lebensbedingungen angepaßt und profitieren von der Vielzahl eingeführter Schmuck- und Zierpflanzen, die als Nahrungsspender dienen.

Eine Besonderheit der Insektenwelt ist der inselendemische Frégate-Schwarzkäfer, ein 3 cm großer, graubrauner Käfer mit langen Beinen. Er ist flugunfähig; seine mit kleinen Knubbeln bedeckten Flügeldecken sind verwachsen. Die nachtaktiven Käfer ernähren sich von frischen und abgefallenen Blättern, die braunen Larven leben in verrottendem Holz, von dem sie sich auch ernähren. Es ist erstaunlich, daß die Käfer so eng mit den Drachenblutbäumen zusammenleben, denn diese wurden erst vor 200 Jahren eingeführt. Von welchen Pflanzen sie davor lebten, ist unbekannt. Die freilebenden **Riesenschildkröten** (S. 96) halten sich am liebsten in dichtem Unterholz und an sumpfigen Orten auf. Sie pflanzen sich auf Frégate gut fort. Um die jungen Schildkröten zu schützen, werden diese in einer Aufzuchtstation für 2–3 Jahre gehalten, bis sie eine bestimmte Größe erreicht haben.

Ende 2007 wurden 81 herangewachsene Riesenschildkröten freigelassen, damit vergrößerte sich die Gesamtzahl auf ungefähr 200.

Sie werden nicht als »Hochzeitsschildkröten« enden, denn auf den Seychellen war es ein weit verbreiteter Brauch, den Familien bei der Geburt eines Mädchens eine Schildkröte zu schenken, die dann zur Hochzeitsfeier geschlachtet wurde.

In den Sümpfen leben die sehr scheuen Pelomedusenschildköten. Sie gehören zu den Klappbrustpelomedusen, deren Be-

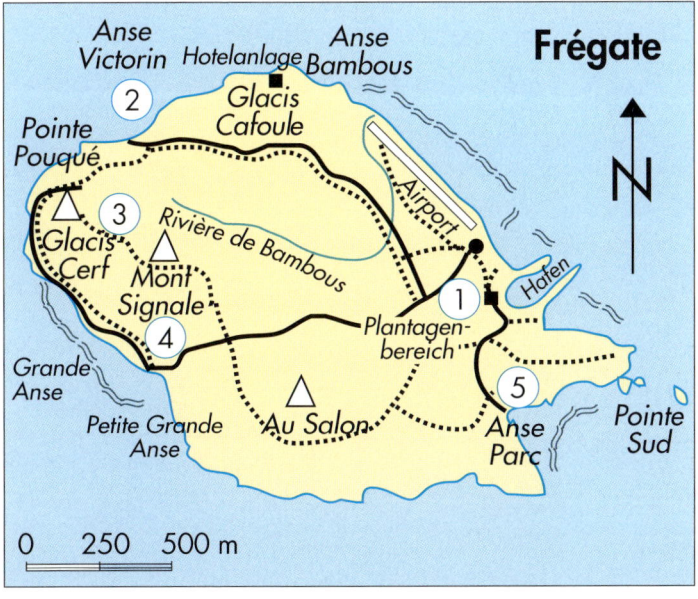

Im Gebiet unterwegs

Die kleine Insel ist durch verschiedene Wege und Pfade gut erschlossen. Die meisten der Vogelarten halten sich im Plantagenbereich ① auf. Ein halbstündiger Weg führt über die Erhebung des Glacis Cafoule zum schönsten Strand **Anse Victorin** ②. Von dort geht es weiter bis zur Westküste zur Grande Anse ④. Entweder durchquert man dann die Insel von West nach Ost oder man folgt dem Pfad weiter nach Süden und quert die Insel weiter südlich durch malerische Wälder. Vom Hauptweg Grande Anse – Plantage gehen die Höhenwege ab. Richtung Norden über den **Glacis Cerf** zum höchsten Aussichtspunkt des **Mont Signale** ③ und Richtung Süden durch dichten Wald zum kleinen Strand Anse Parc ⑤. Dort befindet sich auch das beste Schnorchelgebiet.

Praktische Tips

Anreise
Air Seychelles fliegt in 15 Minuten von Mahé nach Frégate.
Tagesausflüge sind nicht möglich.

Unterkunft
Frégate ist Privatbesitz. Das alte Pflanzerhaus aus dem 19. Jh. ist modernisiert worden und dient jetzt als Restaurant. Die Unterkünfte sind als luxuriöse Chalets ausgebaut. Mindestaufenthalt 3 Nächte.

Adressen
- Frégate Island Private, Starkenburgring 12, 63069 Offenbach Deutschland
  Tel.: 069 - 8 60 04 29 80
  Fax: 069 - 8 60 04 29 81
  E-Mail: reservations@fregate.com
  sales@fregate.com
  www.fregate.com

8 Bird Island

Sandige Koralleninsel; riesige Brutkolonie der Rußseeschwalbe; Brutplätze von Feenseeschwalbe, Noddi, Weißschwanz-Tropikvogel und Schlankschnabelnoddi; Rastplatz für Zugvögel aus Eurasien.

Bird Island ist eine kleine, flache Koralleninsel von 1,5 km Länge und 0,65 km Breite. Sie liegt am nördlichen Rand der Seychellenbank, der Meeresboden fällt von hier bis auf 3000 m Tiefe ab. Es kommt zu starken Strömungen, die den Sandstrand an der Westküste abtragen und die Sandbänke an der Nordspitze ständig verändern. In den frühen 1990er Jahren war die Stranderosion so stark, daß die Hütten der Anlage weggespült wurden, und die Lodge weiter im Inselinneren neu gebaut werden mußte. Der Südwestküste ist ein Korallenriff vorgelagert, welches diese Seite vor den Strömungen schützt.

Durch die nördliche Lage bietet Bird Island den Zugvögeln auf ihrem Weg von Eurasien nach Afrika den ersten Landeplatz. Vor allem bei rauhem Wetter rasten hier größere Mengen von Watvögeln und Seeschwalben. Die Insel ist bei Vogelfreunden durch die Seltenheiten bekannt, die, hauptsächlich nach schweren Stürmen, ab und zu auftauchen.

Pflanzen und Tiere

Neben der typischen Strandvegetation (S. 79) und verwilderten Kokospalmendickichten wachsen zwischen den Hütten der Lodge-Anlage Kasuarinen, Kokospalmen, Schraubenbäume, lilablühende Ipé-

Die flache, sandige Koralleninsel Bird Island beherbergt eine riesige Rußseeschwalbenkolonie.

Die Blüten der Barringtonia sind mit unzähligen fadenförmigen Staubgefäßen gefüllt. Die Frucht ist schwimmfähig.

Das Beutelnest des Seychellennektarvogels wird aus Grashalmen, Kasuarinen-»Nadeln« und Spinnweben geflochten.

bäume sowie rot- und gelbblühende Cordias (S. 70).

Die großen rosaweißen Blüten der **Barringtonia** öffnen sich spätabends und blühen nur eine Nacht.

TIP: Fotografen sollten abends auf dicke Knospen achten und am nächsten Morgen früh aufstehen! Die große, eckige Frucht ist schwimmfähig und wird vom Meer verdriftet. Die Rinde gilt auf den Seychellen als Gegengift gegen den lebensgefährlichen Stich des Steinfisches. Sie muß zerpulvert und erhitzt auf den vorher ausgesaugten Stich gestrichen werden.

Die größte Attraktion ist die riesige Rußseeschwalbenkolonie mit 750 000 Brutpaaren (S. 92, 183), die fast den gesamten Nordteil der Insel einnimmt. **Rußseeschwalben** sind Hochseevögel, die sich außerhalb der Brutzeit in den Weiten der tropischen und subtropischen Ozeane aufhalten. Mit dem Beginn des Südostmonsuns Ende April bis Anfang Mai sammeln sie sich zu Tausenden zum Brüten an Land. Der Luftraum über den Brutplätzen ist erfüllt von an- und abfliegenden Vögeln, der Lärm dazu ist ohrenbetäubend. Die Küken werden mit hervorgewürgten Fischen und Tintenfischen gefüttert, die die Alttiere von der Oberfläche des Meeres fischen. Ab Ende Oktober verlassen die Rußseeschwalben den Brutplatz. Die Jungvögel ziehen 6–8 Jahre im offenen Ozean umher und kehren danach erstmals zum Brüten an Land zurück.

Die Anzahl brütender Noddis, Schlankschnabelnoddis (S. 66) und Feenseeschwalben auf den Bäumen in der Lodge-Anlage steigt von Jahr zu Jahr. Untersuchungen zeigten, daß der Feinddruck von Nesträubern wie Kuhreihern und Hirtenmainas (S. 136) zwischen den Hütten geringer ist als außerhalb der Anlage. Nachdem 1996 die Ratten ausgerottet wurden, ist die Anzahl der Bodenbrüter sprunghaft angestiegen. Vom **Weißschwanz-Tropikvogel** waren nur 8 Paare übriggeblieben, heute werden über 70 Nistplätze regelmäßig genutzt. Im Schutz von dichten Strandbüschen und zwischen den kräftigen, herausstehenden Wurzeln von Kasuarinen wird in eine flach ausgescharrte Kuhle das einzige Ei gelegt, das von beiden Elternteilen abwechselnd bebrütet wird. Das flauschige, weiße Küken wird in den ersten Wochen von einem Elternteil bewacht, später nur noch nachts, weil zu dieser Zeit die räuberischen Krabben auf Beutesuche unterwegs sind.

Die glockenförmigen Blüten des Ipébaumes stehen zu mehreren zusammen.
Das Holz wird zum Möbelbau verwendet.

Noddis brüten auf dem Boden und auf Bäumen. Natürlich hat sich auch bei ihnen die Anzahl der Bodennester stark erhöht. Die kleineren und zierlicheren Schlankschnabelnoddis brüten nur auf Bäumen. Sie rasteten früher auf Bird Island, 1980 begannen die ersten zu brüten und heute gibt es über 8000 Brutpaare.

Keilschwanz-Sturmtaucher (S. 72), die ihre Bruthöhlen im weichen Boden gegraben haben, kommen nur im Dunkeln an Land und verlassen es kurz vor der Morgendämmerung wieder. Auf dem Flugfeld kann man abends ihre heulenden Rufe hören und sie morgens ab 5.00 Uhr schemenhaft abfliegen sehen. Die Vögel, die zwischen den Hütten brüten, sind an den Menschen gewöhnt, ihre Fluchtdistanz ist auf dieser Insel wesentlich geringer als auf andern.

HINWEIS: Dennoch sollte ein angemessener Abstand beim Fotografieren gewahrt werden. Beachten Sie bitte, daß brütende Vögel mit starken Streßfaktoren wie schnellem Herzschlag und steigendem

Eine typische Sandstrandpflanze ist *Tournefortia*.

Rußseeschwalben balzen und brüten auf dem Boden.

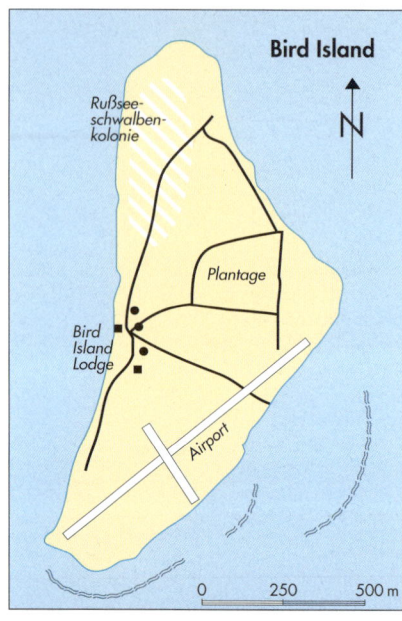

Blutdruck reagieren, auch wenn sie äußerlich ganz ruhig wirken!

An Watvögeln sind Steinwälzer, Mongolen-, Wüsten- und Kiebitzregenpfeifer, Zwerg- und Sichelstrandläufer, Sanderlinge, Regenbrachvögel (S. 23) und Reiherläufer (S. 35) häufig zu finden. Die Sandstrände an der Nordküste sind Rastplätze für Eil- (S. 89) und Orientseeschwalben.

Das Innere der Insel ist mit Kokospalmen bewachsen. Hier und auch im Gemüsegarten, dessen Wasserstellen attraktiv sind, leben Sperbertäubchen, Madagaskarturteltauben, Hirtenmainas, Madagaskarweber und Seychellennektarvögel.

Landschildkröten kamen auf Bird Island natürlicherweise nicht vor. Aber seit Jahrzehnten gab es ein riesiges Männchen (obwohl er Esmeralda heißt) der Aldabra-Riesenschildkröte. Jetzt hat er 15 andere zur Gesellschaft bekommen, außerdem spa-

zieren noch 2 Strahlenschildkröten aus Madagaskar über die Insel.
Die Weibchen der Grünen Meeresschildkröte und der Karettschildkröte besuchen regelmäßig die Sandstrände, um ihre Eier abzulegen.

Im Gebiet unterwegs

Die kleine Insel ist gut zu umrunden. Nördlich der Lodge liegt an der Westseite die Rußseeschwalbenkolonie, deren Ausmaß von einer Aussichtsplattform überblickt werden kann. An der Nordspitze auf den Sandbänken finden sich Seeschwalben und Watvögel, in den dichten Büschen rasten Zugvögel.

An der Rezeption sind die Tidenzeiten angeschrieben; bei hohem Wasserstand befinden sich viele Watvögel auf dem Flugfeld, bei niedrigem Wasserstand auf den Stränden. Die besten Beobachtungen von brütenden Feenseeschwalben und beiden Noddi-Arten gelingen in der Lodge-Anlage.

Im offenen Meer rund um die Nordspitze sind oft Wale und Delphine zu sehen. Die beste Schnorchelzeit ist zwischen Oktober und April, wenn das Meer ruhig und klar ist innerhalb des Riffes an der Südostseite. Schwimmen ist an der Westküste sicher.
ACHTUNG: Es gibt lebensgefährliche Strömungen an der Nordseite!

Praktische Tips

Anreise

Air Seychelles fliegt täglich von Mahé aus; Flugdauer: 30 Minuten, 10 kg Freigepäck. Kein regelmäßiger Schiffsverkehr; Boote können in Victoria (Mahé) gechartert werden.

Klima/Reisezeit

Die Insel kann ganzjährig besucht werden. Von April bis Oktober brüten die Rußseeschwalben, von Oktober bis April gibt es viele Zugvögel.

Unterkunft

Die Insel befindet sich in Privatbesitz. Die Bird Island Lodge besitzt 24 Bungalows. Nur Vollpension mit kreolischer Küche möglich.

Adressen

- Bird Island Ltd, P.O. Box 1419 Victoria, Seychelles
  Tel.: +248 - 22 49 25
  Fax: +248 - 22 50 74
  E-Mail: reservations@birdislandseychelles.com
  Lodge: Tel.: +248 - 32 33 22
  Fax: +248 - 32 33 35
  E-Mail: thelodge@birdislandseychelles.com

Strahlenschildkröten werden bis zu 45 cm groß, in ihrer Heimat in Madagaskar sind sie stark gefährdet. Auf Bird Island haben sie sich leider noch nicht fortgepflanzt.

Das Brutverhalten der Feenseeschwalbe

Welcher Name könnte wohl passender sein für einen Vogel mit reinweißem Gefieder und großen dunklen Augen? Noch mehr als ihre ästhetische Schönheit überrascht das Brutverhalten der Feenseeschwalbe. Sie legt ihr einziges großes Ei auf einen Ast, ohne auch nur die Andeutung eines Nestes zu schaffen. Zuweilen wählt sie sich eine Astgabel aus oder die Mittelrippe eines Palmwedels, oft aber nur einen einfachen Ast, der gerade breit genug ist, daß sie beim Brüten noch Platz für ihre Füße findet. Dadurch wird verständlich, daß die verblüffende Zutraulichkeit des brütenden Vogels eine biologische Notwendigkeit ist. Er kann es sich gar nicht leisten, plötzlich abzufliegen, die Gefahr, daß das Ei zu Boden fällt, ist viel

zu groß. Auch der Brutwechsel erfolgt nur alle 2–3 Tage. Vorsichtig erhebt sich der brütende Vogel vom Ei, und genauso vorsichtig schiebt sich der ablösende Partner darüber.

Nach 3 Wochen Brutdauer schlüpft der Jungvogel. Für ihn ist es lebensnotwen-

Das Ei liegt frei auf einem Ast.

Wochenlang bleibt das Küken auf seinem Nistplatz hocken.

dig, nicht vom Ast zu fallen. Er benutzt seine unverhältnismäßig großen Füße mit den starken Krallen zum Festklammern auf dem Ast, auf dem er nun 2–3 Monate nahezu regungslos sitzenbleiben wird. Heruntergefallene Jungvögel werden nicht weitergefüttert. Sie werden Beute von Wright-Mabuyen und Krabben.

Wie erklärt sich das ungewöhnliche Brutverhalten? Die Brutplatzkonkurrenz kann einer der Gründe sein. Abgelegene ungestörte Inseln sind von Seevögeln hochbegehrt. Es bleibt wenig Platz für die zierliche Feenseeschwalbe, so weicht sie auf unbesetzte Plätze aus, die andere Arten nicht nutzen können. Einen anderen Grund zeigten die Untersuchungen über die Überlebenschancen bei jungen Seevögeln. Die Küken der Feenseeschwalben in ihren »Nichtnestern« auf nackten Ästen waren als einzige parasitenfrei. Die Küken der Schlankschnabelnoddis in ihren Topfnestern, die immer wieder benutzt werden, waren mit Federlingen, Flöhen und Zecken befallen. Auch bei Bodenbrütern, wie den Rußseeschwalben, ist die Brutkolonie manchmal so stark von Parasiten befallen, daß die Altvögel das Brutgeschäft aufgeben. Die warmen Temperaturen des Tropenklimas begünstigen die Parasiten, die in den Nestern und im Bodenbewuchs auch die Nichtbrutzeit überdauern können.

Feenseeschwalben fischen Kleinfische in Strandnähe innerhalb der Riffe. Der dunkle Augenring schützt vor dem gleißenden Sonnenlicht, das durch den weißen Korallensand reflektiert wird. Das weiße Gefieder macht sie vor dem hellen Himmel für Beutefische praktisch unsichtbar. Die gefangenen Fischchen werden zu mehreren quer im Schnabel zum Küken getragen. Der Jungvogel braucht mehrere Monate zum Selbständigwerden, denn Nahrung ist an tropischen Küsten knapp. Selbst in hellen Nächten jagen die Feenseeschwalben. Das karge Nahrungsangebot ist jedoch ganzjährig gleichmäßig vorhanden und kann besser ausgenutzt werden, wenn es keine festen Brutzeiten gibt. So trifft man das ganze Jahr über balzende und brütende Paare, kleine und fast ausgewachsene Küken.

Äußere Seychellen

Auf einer Meeresfläche von 444 000 km² verstreut liegen die über 60 Inseln der Äußeren Seychellen. Sie sind in 4 Inselgruppen zusammengefaßt, den Amiranten, Alphonse, Farquhar und Aldabra. Die Inseln sind alle sehr flach, nur einige Sanddünen auf Aldabra wurden zu 20 m Höhe aufgeweht. Sie sind geologisch gesehen noch jung, ihre jetzige Lage und Größe entstand, als der Meeresspiegel am Ende der letzten Vereisungsepoche vor 8000–12 000 Jahren wieder anstieg. Durch wechselnde Winde und Meeresströmungen können sich ihr Aussehen und ihre Größe durch Abtragungen und Anschwemmungen von Jahr zu Jahr ändern. Außer Assumption und St. Pierre sind die anderen atollartig. Sie stehen auf basaltischem Grund, der in 500 m Tiefe beginnt.

Durch unregelmäßige Regenfälle ist Wasser sehr knapp. Aus diesem Grund wurden nur einige größere Inseln, und das auch sehr spät, besiedelt. Heute leben hier hauptsächlich Fischer und Arbeiter, die von der IDC, der Islands Development Company, zur Kopragewinnung angestellt sind.

Die Unterwasserwelt ist einmalig reichhaltig. Hier drehte Jacques Cousteau den größ-

Das getrocknete Kokosfleisch, die Kopra, wird nach Qualität sortiert und später zu hochwertigen Ölen gepreßt.

In den Lagunen und flachen Buchten ragen bei Ebbe verschiedene Korallenstöcke bis an die Wasseroberfläche.

ten Teil seines berühmten Dokumentarfilms »Schweigende Welt«. Er berichtete, daß er nirgendwo anders auf der Welt so klares Wasser mit solchem farbenprächtigen und artenreichen Riffleben gesehen habe. Aldabra ist als einzige Insel im Indischen Ozean in ihrem Urzustand erhalten geblieben. Sie ist mit natürlicher Vegetation bewachsen, die Riesenschildkröten haben überlebt, und es gibt keine eingeführten Vögel. Der Einfluß der menschlichen Besiedlungsversuche blieb verschwindend gering.

Praktische Tips

Reisezeit
Das ganze Jahr über geeignet. Oktober bis März ist die See ruhiger, so daß auch an der Außenkante des Riffs getaucht werden kann.

Anreise
Nur Desroches, eine der Amiranteninseln, und Alphonse, aus der Alphonse-Gruppe, haben Hotelanlagen und dadurch eine reguläre Flugverbindung der Air Seychelles von Mahé aus (60 min Flugdauer). Die bewohnten Inseln D'Arros und Marie Louise besitzen Rollfelder und können mit einer gecharterten Maschine angeflogen werden. Auf der Nordinsel des Farquhar-Atolls und auf Assumption, die zur Aldabra-Gruppe gehören, wurden Flugplätze gebaut, die als Ausgangspunkte für Besuche im Aldabra-Atoll dienen. Mehrere Boots-Charter bieten Touren von dort nach Aldabra und den umliegenden Inseln als Tauch-, Schnorchel- und Angelfahrten an. IDC bietet Charterflüge zu allen Inseln mit Flugpiste an. Vielleicht klappt es mit der kürzeren Flugverbindung von den Komoren aus, über die von Zeit zu Zeit verhandelt wird.
Alle Inseln können auch mit dem Boot erreicht werden. Von Mahé aus starten hochseetüchtige Zweimastschoner (Fahrtzeit 18–24 Stunden) und moderne Yachten. Auf den Kreuzfahrten sind Taucherausrüstung und -lehrgänge im Preis enthalten.
Privater Bootcharter: Marine Association, P.O. Box 469, Victoria, Tel.: 32 21 26,
Fax: 22 46 79. 3 Versorgungsschiffe laufen die von der IDC verwalteten Inseln in einem regelmäßigen 2–3 Monatsturnus an. Touristen können mitfahren, aber die Belange der Insulaner haben Vorrang.
Auskünfte, Preise und Erlaubnis über IDC und SIF (s. u.).
Die IDC verwaltet in der Amiranten-Gruppe: Coëtivy, Desroches, Marie-Louise, Desnoeufs, Plate und Alphonse; in der Farquhar-Gruppe: Providence und Farquhar; in der Aldabra-Gruppe: Cosmolédo und Astove. Erlaubnis für Aldabra und äußere Inseln: Seychelles Islands Foundation (SIF), P.O. Box 853, Victoria, Mahé, Tel.: +248 - 32 17 35, Fax: +248 - 32 48 84
E-Mail: sif@seychelles.net
oder sif@seychelles.sc; www.sif.sc

Unterkunft
Im Moment gibt es nur auf Desroches und Alphonse (Amiranten) bewirtschaftete Hotelanlagen. Desroches Hotel, Tel.: 22 90 02, 20 Chalets, Minimum 2 Nächte, Vollpension. Von Desroches aus kann man die anderen Amiranteninseln besuchen, entweder als Tagestouren oder als mehrtägige Kreuzfahrt. Die Fahrzeit nach Poivre beträgt 2 Stunden. Ein kleines Hotel auf Poivre wird im Moment nicht bewirtschaftet, jedoch besteht die Möglichkeit, in den kleinen Bungalows zu übernachten.
Erlaubnis vom IDC-Island Development Company New Port, P.O. Box 638, Mahé, Tel.: +248 - 22 46 40, Fax: +248 - 22 44 67
E-Mail: idc@seychelles.sc
Üblicherweise wird auf den Kreuzfahrtschiffen übernachtet.

9 Amiranten

Größte Rußseeschwalbenkolonie im Indischen Ozean; Brutplätze von Maskentölpeln, Schwarznacken- und Eilseeschwalben; Haussperlinge und Wachtelfrankoline; ausgezeichnetes Schnorchel- und Tauchgebiet.

Die Amiranten liegen mit 235–330 km Entfernung am nächsten zu Mahé. Die Kette der Koralleninseln erhebt sich vom Boden des Amiranten-Rückens, der südwestlich vom tiefen Amiranten-Graben und südöstlich vom Amiranten-Becken begrenzt wird. Es sind niedrige Korallenatolle, die kaum über Meeresniveau emporreichen und durch die sie umgebenden Riffe vor Überschwemmungen geschützt werden. Nach dem Abbau der jahrhundertealten Guanoablagerungen wurden intensive Kokosnuß- und Holzplantagen angelegt, da der Boden durch den Guano sehr fruchtbar war. Von den 25 Inseln der Amiranten sind nur D'Arros, Desroches, Poivre und Marie Louise bewohnt. Die größte und wirtschaftlich wichtigste Insel ist Desroches, 5 km lang und an ihrer breitesten Stelle 1 km weit. Sie ist der Rest eines großen, versunkenen Atolls.

Pflanzen und Tiere

Die Kopra von Desroches gilt als die hochwertigste des Indischen Ozeans. Von den aufgesammelten Kokosnüssen wird die dicke, faserige Hülle entfernt und die Nuß in 2 Teile geschlagen. Nachdem die Hälften etwas angetrocknet sind, schrumpft das Kokosfleisch und läßt sich

Den Strand säumt ein dichter Gürtel von salztoleranten Scaevolabüschen, die den dahinterstehenden Pflanzen Schutz bieten.

gut herausnehmen. Danach wird es weiter getrocknet und nach Qualität sortiert. Das getrocknete Kokosfleisch ist die Kopra, die nach Indien ausgeführt wird, wo sie zu kosmetischen Ölen verarbeitet wird.

Die phantastischen Korallenriffe, die jede Insel umgeben, bieten ideale Tauch- und Schnorchelmöglichkeiten. Meeresschildkröten erscheinen regelmäßig. Auf den Bootsfahrten können die Schausprünge der Spinnerdelphine bewundert werden, die als erfindungsreiche Akrobaten Schaukämpfe und Kunststücke zeigen. Auch Pottwale und Indische Grindwale werden öfter gesichtet.

Neben den grünen Taggeckos, die die Kokospalmenstämme bevölkern, gibt es als Besonderheit den nachtaktiven Desro-

Eilseeschwalben brüten auf den Amiranten und Aldabra, können jedoch auf den Inneren Seychellen gesehen werden.

ches-Hausgecko, der nur auf dieser einen Insel vorkommt. Tagsüber hält er sich unter loser Baumrinde und unter überstehenden Steinen auf.

Aufgelassene Kokosplantagen mit ihrem dichten Unterwuchs bieten auf Desroches vielen Vogelarten wieder neuen Lebensraum.

Maskentölpel – hier bei der Balz – bevorzugen flachen, vegetationslosen Grund zum Brüten.

Es gibt nur wenig Landvögel. Eine eigene Turteltauben-Unterart ist verschwunden, die letzten vermischten sich mit der Madagaskarturteltaube. Wellenastrilde und Madagaskarweber wurden auf allen kultivierten Inseln eingeführt, und Mangrovereiher (S. 118) finden in den flachen Lagunen reichlich Nahrung. 2 Landvogelarten gibt es, die nicht auf den Inneren Seychellen vorkommen: Haussperlinge und Wachtelfrankoline. Die letzteren wurden zum Jagdsport ausgesetzt, aber nur auf Desroches und Coëtivy überlebten sie. Der braungemusterte Bodenvogel hält sich tagsüber im dichten Unterholz auf. TIP: In der Morgendämmerung ist er gut in dem kurzen Gras des Rollfeldes zu beobachten! Was die Amiranten auszeichnet, sind ihre Seevogelkolonien. Auf den bewaldeten Inseln brüten Feenseeschwalben, auf ungestörten, vegetationsfreien Inseln befinden sich Brutkolonien von verschiedenen anderen Seeschwalben, Tölpeln und Sturmtauchern.

Die größte Rußseeschwalbenkolonie im Indischen Ozean bietet **Desnoeufs**, die südlichste Insel der Amiranten. Zwischen Mai und September ist ihre gesamte Fläche von 35 ha bedeckt mit 1,75 Mio. brütenden Rußseeschwalbenpaaren (S. 183) und 20 000 Noddipaaren. Zusätzlich brüten hier Masken- und Weißbauchtölpel sowie Keilschwanz-Sturmtaucher. Die Insel gehört dem Staat, und jedes Jahr werden 750 000 Eier eingesammelt und zum Verzehr nach Mahé verschifft. Der Westteil der Insel ist unter Schutz gestellt worden, so daß für einen Teil der Bruterfolg gesichert ist.

Die nördlichste Insel, **African Banks**, ein 30 ha großes Plattformriff, ist der Brutplatz von Tausenden von Rußseeschwalben und Noddis und in kleinerer Anzahl Schwarznacken- und Eilseeschwalben. Früher brüteten auch regelmäßig 300 Paare Rosenseeschwalben dort, aber durch die Störungen des Eiersammelns verschwanden sie. Seit ein Teil der Insel geschützt wird, hofft man auf ihre Rückkehr.

Die beiden winzigen Inseln **Boudeuse** und **Etoile** mit je 1,4 ha Oberfläche sind Vogelreservate. Etoile besteht aus nacktem Korallensand mit nur einer Baumgruppe in der Mitte. Boudeuse ist von kurzen, meist trockenen Gräsern und Kräutern bewachsen; hier brüten Maskentölpel.

Im Gebiet unterwegs

Desroches ist mit einem dichten Netz von schattigen Waldwegen durchzogen. Das beste Schnorchelgebiet befindet sich zwischen der Lodge und der 2 km entfernten Siedlung. Es ist markiert.

Das **Poivre-Atoll** besteht aus 3 Inseln, dem halbmondförmigen Poivre, der langge-

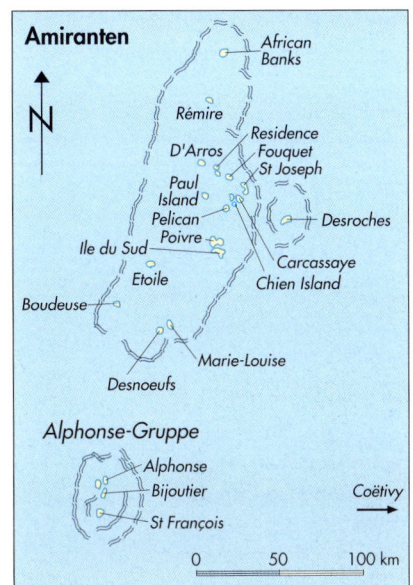

streckten Ile du Sud (South Island), deren Innenlagune fast über die gesamte Länge reicht, und der kleinen Insel Florentin. Bei

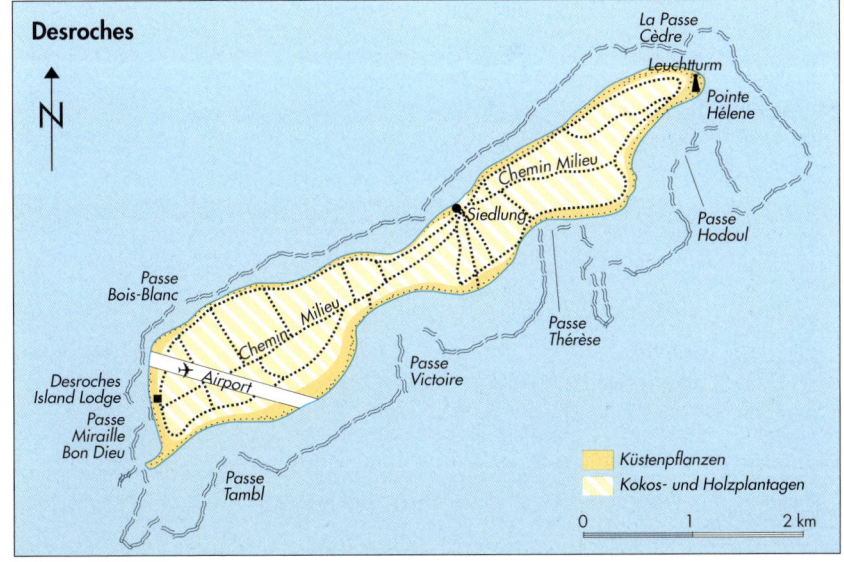

Niedrigwasser überbrückt ein Fußweg den 1 km langen Abstand zwischen Poivre und Ile du Sud. Poivre wird von Kreuzfahrtschiffen regelmäßig angelaufen, denn die Tauch-, Schnorchel- und Wassersportmöglichkeiten in dem die Inseln umgebenden Riff sind hervorragend. Die Fahrtzeit von Mahé beträgt 18 Stunden.

Das **St.-Joseph-Atoll** besteht aus vielen kleinen Inseln, die zusammen nur 1 km² Landmasse erreichen.

Nur zur Brutzeit finden sich Tausende von Rußseeschwalben auf den flachen Inseln ein.

Praktische Tips

Blick in die Umgebung

90 km südlich von Desnoeufs, der südlichsten Amiranteninsel, liegen die 3 Koralleninseln der **Alphonse-Gruppe:** Alphonse, Bijoutier und St. François, 400–410 km von Mahé entfernt. Sie liegen noch auf dem Amiranten-Rücken, aber südlich von St. François fällt der Meeresgrund steil bis zu einer Tiefe von 4000 m ab.

Die Inseln sind vollkommen mit Kokospalmen und einigen Cashewnußbäumen bewachsen. Sie sind unbewohnt, kurzfristig halten sich dort Saisonarbeiter zur Erntezeit und Küstenfischer auf.

Alphonse gilt als eine der schönsten Seychelleninseln. In ihrer kreisförmigen Lagune ist die See selbst bei starken Monsunwinden ruhig und geschützt, so daß das ganze Jahr über geschnorchelt und getaucht werden kann.

Fast 2 Tage braucht ein Schoner, um die 300 km, die **Farquhar** in südwestlicher Richtung von Alphonse liegt, zu überwinden. Die Inselgruppe besteht aus dem Providence-Atoll, Ile au Cerf, St. Pierre und dem Farquhar-Atoll. Die Inseln sind dicht mit Kokospalmen und Kasuarinen bewachsen, nur St. Pierre wurde durch Guanoabbau verwüstet.

Die ovale Lagune des **Farquhar-Atolls** ist durch ihr ruhiges Wasser ein beliebter Ankerplatz. Sie bedeckt eine Fläche von 20 km Länge und 10 km Breite. Geradezu winzig dagegen erscheint mit 8 km² die gesamte Landfläche, die aus 2 größeren und 6 winzigen Inseln besteht.

Auf der langen und schmalen Südinsel wachsen nur auf der Innenseite Kokospalmen, unterbrochen durch große Sümpfe und weit hineinreichende Lagunen, die dicht mit Mangroven bewachsen sind, in denen Kuhreiher und Rotfußtölpel brüten. Die gesamte Außenseite und die Südspitze ist mit Gebüsch und kurzen Gräsern bedeckt; hier brüten Rußseeschwalben, Schwarznacken- und Rosenseeschwalben.

10 Aldabra-Archipel

Bizarre, verwitterte fossile Korallenkalkstrukturen; 150 000 Riesenschildkröten; Lebensraum des letzten flugunfähigen Vogels des Indischen Ozeans, der Cuvierralle; Aldabradrongo; Brutkolonien von Fregattvögeln und Rotfußtölpeln; 41 endemische Pflanzenarten.

Zum Aldabra-Archipel zählen die Atolle von Aldabra, Cosmolédo und Astove sowie das Plattformriff von Assumption. Sie liegen nördlich des Mosambik-Kanals. Die Inseln lagen außerhalb der Schiffahrtsrouten, das sie umgebende Gewässer war gefährlich, Trinkwasser und Nutzholz fehlten; sie waren zu ihrem Glück so unwirtlich, daß erst 1888 der erste Besiedlungsversuch stattfand.

Aber dann wurden Assumption, Cosmolédo und Astove, die reiche Guanolager besaßen, rücksichtslos bis zur Zerstörung des Tier- und Pflanzenlebens ausgebeutet.

Aldabra blieb fast unberührt, obwohl es immer wieder zu kritischen Situationen kam. Nur weltweite Proteste verhinderten den Bau einer britischen und amerikanischen Militärbasis, die das gesamte Atoll vernichtet hätte. 1976 wurde Aldabra ein Schutzgebiet, 1982 erklärte die UNESCO das Atoll zum Weltnaturerbe, und die britische Royal Society errichtete eine Forschungsstation.

Das **Aldabra-Atoll** besteht aus 4 Inseln und ist 34 km lang und 15 km breit. Es be-

Verwitterter Korallenkalk, Sand und stachelige Pemphissträucher kennzeichnen Aldabra; Kokospalmen gibt es nur an wenigen Stellen.

Die braun-weiße Cuvierralle frißt Insekten und Pflanzen.

deckt ein Gebiet von 350 km², davon sind 188 km² Land, 20 km² Mangrovenwald, und 142 km² entfallen auf die eingeschlossene Lagune. Der größte Teil der Oberfläche besteht aus einem 125 000 Jahre alten Korallenriff, das über Meereshöhe emporgehoben wurde. Durch Verwitterung zersetzte sich der Kalkstein zu einer zerklüfteten, scharfkantigen Oberfläche mit ausgewaschenen Höhlen und Grotten.
Der Tidenhub beträgt mehr als 3 m, bei Ebbe fällt die riesige Lagune leer. Das Wasser strömt mit großer Gewalt durch die engen Kanäle zwischen den 4 größten Inseln ein und aus. Die ständige, kräftige Wasserbewegung hat die unteren Teile großer Korallenblöcke so ausgewaschen, daß sie wie auf Säulen stehen und weit auslandende Tische bilden, die über das Wasser herausragen.
Unter dem porösen Gestein der größten Insel Grande Terre treibt eine Süßwasserlinse auf dem Salzwasser. Dadurch gibt es mehrere, über die ganze Insel verteilte Süßwasserbecken mit ungewöhnlichem Pflanzenwuchs. An Stellen mit wasserundurchlässigen Felsen verdampft das Regenwasser sehr schnell. Hier ist der Boden dürr und kahl mit vereinzelten harten Sträuchern.
Im Ostteil der Insel ist der Boden mit angeschwemmten Lagunensedimenten aufgefüllt, an der südlichen, dem Wind zugewandten Küste sind Sanddünen emporgewachsen.

Pflanzen und Tiere

Für eine Koralleninsel ist die Pflanzenwelt mit 273 Blütenpflanzen und Farnen sehr reich.
Vom zerklüfteten Lagunenrand aus bilden ausgedehnte Mangrovenwälder sperrige Dickichte. Der breiteste Gürtel bedeckt die Ostseite. Den Zugang ins Inselinnere versperren die undurchdringlichen Dickichte der Aldabra-Schraubenbäume und die miteinander verfilzten, drahtigen Stämme und Äste des genügsamen Pemphisstrauches, der auch auf fast nackten Korallenblöcken wächst. Dieses Zusammenspiel zwischen messerscharfem, zackigem Korallengrund und undurchdringlichen Sträuchern, die sich jedem Abholzungsversuch widersetzten, war in der Vergangenheit der wirksamste Schutz gegen Eindringlinge.
Nach Regenfällen erscheinen in erstaunlich kurzer Zeit die Blüten der Büsche und Bäume. Im Inland trägt der Aldabrajasmin weiße, stark duftende Blüten, und die weißen Blüten des Kaperngewächses »Bois zanguette« sind mit unzähligen, 5 cm langen Staubgefäßen gefüllt. Die auffällige orangerote Blütenähre der Aldabralilie wächst aus einer Rosette fleischiger, lanzenförmiger Blätter hervor.
Auf Aldabra gibt es mehrere zweihäusige Pflanzen, eine Seltenheit für abgelegene Inseln (s. S. 18). Dazu gehören *Operculicarya gummifera,* ein kleiner Baum mit roten Zweigen, *Malleastrum leroy* (»Bois trois feuilles«), ein endemischer Baum mit

dreigeteilten Blättern und eiförmigen Früchten, und das Senfbaumgewächs *Azima tetracantha*, ein dichter stacheliger Busch, der bis 3 m hoch wird.

Schön blühende Jahreskräuter, die nach der Samenausbildung absterben, sind Cleome mit tief purpurfarbenen Blüten sowie die beiden Schönmalven *Abutilon angulatum* und *Abutilon pannosum*.

Völlig fehlen die für die Granitinseln so typischen Palmenarten, nur einige Kokospalmen wachsen am Strand. Ein Kuriosum gibt es: Ausgerechnet auf Aldabra steht die einzige Dattelpalme der Seychellen.

Bekannt geworden ist Aldabra als letztes Refugium der **Riesenschildkröten** im Indischen Ozean. In den letzten Jahrzehnten hat sich der Bestand auf rund 150 000 Tiere eingependelt. Über 98 % davon leben auf Grande Terre. Sie ernähren sich von Gräsern, Seggen, Kräutern, weiden aber auch Blätter von Büschen und Bäumen ab, soweit sie sie erreichen können. Interessante Anpassung gegen das ständige Abweiden zeigen einige Seggenarten, die ihre Blüten ganz dicht am Boden ausbilden.

Da pflanzliche Nahrung knapp ist, ernähren sich die Schildkröten auf Aldabra zusätzlich von den Kadavern der Artgenossen. Sie nehmen damit hochwertige Proteine und außerdem Kalzium aus den Knochen auf.

Zur Paarungszeit ist überall das laute Röhren und Stöhnen der Männchen zu hören, das während der Kopulation in regelmäßigen 5-Sekunden-Intervallen ausgestoßen wird.

In trockenen Gebieten ist es für die Weibchen schwierig, den harten Boden auszuhöhlen, um ihre Eier zu vergraben. Sie helfen sich, indem sie Wasser, das in doppelten Aussackungen des Enddarms gespeichert wurde, während des Grabens freilassen, um den Boden aufzuweichen.

Schönmalven blühen nach Regenfällen. Sie sind sehr genügsam und wachsen auch auf Sandstränden.

6–12 weiße, runde, tennisballgroße und hartschalige Eier werden in die Höhle gelegt und mit Erde bedeckt. Der Erdhügel wird vom Weibchen mit dem Bauchschild festgedrückt.

Nach durchschnittlich 150 Tagen schlüpfen die jungen Schildkröten, meistens am Beginn der Regenzeit, wenn der Boden weicher ist und das Herausgraben erleichtert, wozu sie extra starke, spitze Krallen haben. Außerdem ist dann reichlich Nahrung vorhanden.

Schildkröten haben in den heißen Mittagsstunden Überhitzungsprobleme, wenn sie sich nicht in den Schatten von Bäumen und Büschen oder Felsen zurückziehen können. Die Rastzeit unter den Büschen machen sich grüne Aldabra-Taggeckos zunutze, die auf den Rückenpanzern der Schildkröten umherhuschen und dort Fliegen jagen.

Es klingt erstaunlich, aber Riesenschildkröten können gut schwimmen. Ihr mächtiger Panzer ist im Verhältnis zu ihrer Körpergröße leicht. Riesenschildkröten von Aldabra wurden schon mehrere Kilometer entfernt schwimmend gesehen. Aber nicht, wie immer wieder geschildert wurde, »wie

Riesenschildkröten – Überlebende der Urzeit

Sie stapften zu Tausenden über die Inseln des Indischen Ozeans. Ruhig und bedächtig grasten sie die Pflanzen ab, schliefen zwischendurch und, wenn es zu heiß wurde, badeten sie in Wassertümpeln. Die riesigen Kolosse hatten keinerlei Feinde, die ihren ruhigen Tagesablauf störten. Nur zur Brunftzeit wurden die Männchen aktiv. Mit weit ausholenden Schritten, den Kopf hoch erhoben, suchten sie ein empfängnisbereites Weibchen. Hatten sie es gefunden, so verfolgten sie es, wurden so aufgeregt, daß sie anfingen zu »schäumen«. Weiße Schaumblasen quollen aus ihrem weit geöffneten Maul, die sonst stummen Tiere röhrten dabei laut. Beim größeren Männchen war der Bauchschild nach innen gewölbt, so daß es auf den Rücken des Weibchens aufreiten konnte. War das Weibchen noch ein wenig widerwillig, so wurde es in den Hals gebissen, damit es diesen in den Panzer zurückzog. Dadurch kam das Hinterteil ein wenig weiter aus dem Panzer heraus, und die schwierige Begattung ging leichter voran.

Um nach den seltenen Regenfällen auch das letzte Wasser zu nutzen, können sie mit den Nasenlöchern trinken.

So lebten sie Jahrtausende, nur Stürme, Hochwasser auf den Koralleninseln und Lavaströme auf den Vulkaninseln konnten sie stören.

Aber dann kam der Mensch! Zuerst erreichten Seefahrer die Inseln und packten ihre Schiffsbäuche voll mit Schildkröten, die ohne Nahrung und Wasser bis zu einem Jahr überleben konnten. Was für ein Geschenk für die Seeleute, so lange Frischfleisch zu haben. Leider

Hoch aufgerichtet können sie frische Blätter erreichen.

entwischten aus den Schiffen Ratten, die sich auf den feindfreien Inseln stark vermehrten. Für sie gab es Nahrung im Überfluß, Schildkröteneier und die kleinen Jungtiere. Später kamen die Siedler, deren Katzen und Hunde verwilderten und den Schildkröten zusetzten. Schließlich entdeckte der Mensch, daß der Handel mit Riesenschildkröten viel Profit einbrachte. Zu Tausenden wurden sie eingesammelt und verkauft. Jede Insel hatte ihre eigene Schildkrötenart, die sich von den Nachbarinseln unterschieden. Auf Rodriguez lebten die Vosmaer-Riesenschildkröten, von denen wurden von 1732 bis 1771 unglaubliche 280 000 nach Mauritius verschifft und dort weiterverkauft. Die letzte ihrer Art starb 1794, ein einziger Panzer ist erhalten geblieben. 1829 starb die letzte Mauritius-Riesenschildkröte und kurz danach waren die Inseln der Inneren Seychellen und Réunion schildkrötenfrei.
Übriggeblieben waren die Schildkröten auf Aldabra. Das unwirtliche Inselinnere und die gefährlichen Gewässer ringsum gaben etwas Schutz, aber nicht genügend. Darwin, der auf seiner Reise mit der Beagle auch im Indischen Ozean auf Mauritius war, warnte schon 1836 so eindringlich vor der völligen Ausrottung, daß der Gouverneur von Mauritius den Schildkrötenhandel stark einschränkte. So leben denn heute auf dem streng geschützten Aldabra-Atoll wieder 150 000 Riesen-

Die Aldabra-Riesenschildkröte, die von afrikanischen Vorfahren abstammt, unterscheidet sich von der Galapagos-Riesenschildkröte durch das einzelne, unpaare mittlere Rückenschild.

schildkröten. Von dort wurden sie auch auf die anderen Inseln gebracht und in Aufzuchtstationen weiter vermehrt.
1996 gab es eine Sensation: es hieß, daß einige der Gehege-Schildkröten mit etwas anderer Panzerform Reste der Seychellen-Riesenschildkröten seien. Ein Zuchtprogramm wurde ins Leben gerufen und weltweit aufmerksam verfolgt. Doch neuere molekulargenetische Untersuchungen (2003) zeigten, daß leider alle nur einer Art angehören, der Aldabra-Riesenschildkröte.
Schade, also doch für immer verloren!

Beide Eltern der Rotfußtölpel beteiligen sich an der Bebrütung des einzigen Eies und an der Aufzucht des weißen Jungvogels.

Zur Balz blasen die männlichen Bindenfregattvögel ihre Kehlsäcke auf, um den Weibchen zu imponieren.

ein Boot auf dem Rücken liegend treibend«, sondern in normaler Körperhaltung, sich mit Beinbewegungen voranstoßend. Die kleine **Cuvierralle** ist Aldabras berühmtester Vogel. Es ist die letzte flugunfähige Vogelart, die im Indischen Ozean überlebt hat. Auf den anderen Inseln der Aldabra-Gruppe ist sie ausgerottet, und auch auf Aldabra wurde es kritisch, als die Katzen so zahlreich wurden, daß sie die Rallenpopulation auf Grande Terre und Picard vernichteten. Auf den katzenfreien kleinen Inseln Malabar und Polymnie überlebten die Rallen und behaupteten sich sogar erfolgreich gegen die leider auch eingeschleppten Ratten. Inzwischen ist Picard auch katzenfrei, und es wurden einige Paare wieder ausgesetzt, die von den dortigen Wissenschaftlern beringt wurden und regelmäßig beobachtet werden. Das Nest und die 3–4 schwarzen Jungvögel pro Gelege werden von den Eltern sehr aggressiv verteidigt. Verblüffend ist der Balzgesang, der zwischen September und März in den frühen Morgenstunden und am Spätnachmittag ertönt. Eine Serie von hohen Quiek- und Quietschtönen werden von 2 Vögeln im Duett vorgetragen.

Der Aldabradrongo kommt auf allen 4 Inseln vor. Er verteidigt ganzjährig sein Territorium gegen Artgenossen, darum ist er nur einzeln und nicht häufig zu sehen. Komorenfruchttauben sind häufig in fruchtenden Bäumen in der Umgebung der Siedlung und am Ostende der Lagune zu finden. Am liebsten verzehren sie *Ficus*-Früchte; die runden Kugelfrüchte des Takamakabaumes werden ganz verschluckt.

Ebenfalls in höheren Bäumen zu finden sind die Madagaskar-Rotschnabelbülbüls, wo sie sich von Insekten, Früchten und Knospen ernähren. Sie sind leicht zu entdecken, denn menschliche Besucher werden von mehreren Tieren sehr lautstark verfolgt.

Im dichten Gebüsch huschen lebhafte Gruppen von Madagaskarbrillenvögeln umher, und Aldabranektarvögel suchen Blüten und Insekten. Männchen und Weibchen des Aldabrawebers sind in der Nichtbrutzeit grünlichgelb mit dunkel gestreiftem Rücken. Zur Brutzeit sind die Männchen auffällig gefärbt: leuchtend roter Kopf und Brust, gelber Bauch und orangeroter Bürzel und Unterschwanzdecken. Das Auge ist schwarz umrandet, und auch der Schnabel färbt sich schwarz.

In dichten Büschen und im Mangrovendickicht versteckt sich der scheue Tulukuckuck. Durch seinen auffälligen Ruf, ein tieferwerdendes »Lachen«, das oft im Duett vorgetragen wird, verrät er sich. Seine Nahrung setzt sich aus Insekten, kleinen Echsen, Eiern und Jungvögeln zusammen. Während der Nachtstunden ertönt der monotone, ratternde Balzgesang der Madagaskarnachtschwalben. Sie fliegen nachts langsam dicht über den Boden und jagen große Insekten wie Gottesanbeterinnen, Zikaden und Käfer.

Der größte Reiher auf Aldabra ist der Graureiher. Von den Meerreihern (S. 136) gibt es zwei Farbvarianten, reinweiße, die häufiger vorkommen, und schwarze. Die schwarzen Beine mit den leuchtend gelben Füßen sind ein auffälliges Unterscheidungsmerkmal zu den anderen weißen Reihern. Der weiße Dickschnabelreiher besitzt einen gedrungenen Körperbau, die Basis des schwarzen Schnabels ist blau. Er hat sich erst in den letzten Jahrzehnten auf Aldabra angesiedelt. Kuhreiher folgen den Riesenschildkröten und fangen die Insekten und Landkrabben, die diese aufscheuchen. Auch der kleine Mangrovereiher ist auf Aldabra oft im Inland zu sehen, wo er Insekten und Echsen jagt.

Ein ganz großes Rätsel geben die Rosaflamingos auf. Manchmal ist der gesamte Schwarm verschwunden. Am sichersten zu beobachten sind sie an der Ostecke der Lagune, wo sie im Bras Takamaka manchmal mit allen Reiherarten zusammen zu sehen sind. Dort sind auch in den letzten Jahren einige Bruthügel gefunden worden.

Aldabra-Flughunde sind auch tagsüber aktiv.

Neuansiedler sind der Madagaskarfalke (S. 145), ein kleiner Falke, der sich von großen Insekten, kleinen Echsen und Ratten ernährt, und der schwarz-weiße Schildrabe (S. 161) aus Afrika, der sich in der Nähe von Ansiedlungen aufhält, wo er nach Abfällen sucht. Häufig holt er Eier aus den Tölpel- und Seeschwalbenkolonien.

Zwischen Juni und Dezember bilden Rotfußtölpel und Fregattvögel große Brutkolonien in den Mangroven der Lagune.

Rotfußtölpel gibt es in 2 Farbvarianten, die meisten auf Aldabra sind weiß mit schwarzen Flügelspitzen, seltener ist die braungefiederte Form. Beide haben jedoch die auffälligen leuchtend roten Füße. Im Gegensatz zu den beiden anderen Tölpelarten dieses Gebietes, dem Masken- und dem Weißbauchtölpel, balzen und nisten sie nicht auf dem Boden, sondern bauen ein Nest aus Stöckchen in Mangrovebäumen. Nach Nahrung fischen sie weit draußen im offenen Meer, wo sie aus großer Höhe nach Fischen stoßtauchen. Ein Teil ihrer Beute wird ihnen von den Fregattvögeln abgejagt, die sie bei ihrem Rückflug so lange mit kräftigen Schnabelhieben attackieren, bis die Tölpel einen Teil des Kropfinhaltes auswürgen. Die Fregattvögel schnappen ihn sich meist noch in der Luft und müssen sich dabei heftig gegen Artgenossen wehren, die versuchen, ihnen die Beute wieder abzujagen.

Fregattvögel sind die Piraten der Tropenmeere. Sie attackieren nicht nur Tölpel und Seeschwalben in der Luft, sondern rauben Eier und Jungvögel anderer Seevögel und der eigenen Art, die sie überfliegend mit ihrem großen Hakenschnabel ergreifen. Von der Wasseroberfläche nehmen sie Fliegende Fische und andere Meerestiere im Flug auf, sie können nicht tauchen oder auf dem Wasser niedergehen. An Land sind sie so unbeholfen, daß sie sich mit ihren kleinen Füßen nur mühsam auf den Ästen halten können. Sie sind jedoch perfekte Flugkünstler. Vom bewegungslos im Wind Stehen bis zum rasenden Sturzflug mit scharfen Kurven und Wendungen und wieder blitzschnellem Hochtragen zeigen sie eine Luftakrobatik, die kein anderer Vogel erreicht.

Zur Balzzeit bieten die Männchen der Fregattvögel ein unvergleichliches Schauspiel. Mit prall aufgeblasenen, knallroten Kehlsäcken sitzen sie in den Mangroven und versuchen, die Weibchen mit auffälligem Flügelschlagen, Hin- und Herwenden des Kopfes und klickenden Lautäußerungen anzulocken. Nach der Verpaarung bauen sie ein Plattformnest, auf dem das einzige Ei ausgebrütet wird. Die Versorgung des Jungvogels dauert etwa 1 Jahr. Das Erlernen der geschickten Jagdmethoden und das erfolgreiche Abwehren der angreifenden Artgenossen ist so schwierig, daß der Jungvogel auch nach seinem Flüggewerden noch weiter gefüttert wird.

Auf Aldabra brüten 2 Arten, der etwas kleinere Arielfregattvogel und der größere und häufigere Bindenfregattvogel.

An den Stränden der Außen- und Innenlagunen stochern schwarzweiße **Ibisse** mit ihren langen, gebogenen Schnäbeln nach im Sand versteckten Krabben, nehmen aber auch Insekten und kleine Fische. Die Heiligen Ibisse stammen ursprünglich aus Afrika, haben aber schon vor so langer Zeit Aldabra besiedelt, daß sich eine eigene Unterart herausgebildet hat. Sie haben hellblaue Augen, statt schwarzer, und die schwarzen Flügelenden der weißen Flügel sind wesentlich kleiner.

Nur zur Brutzeit sind sie gesellig, dann bauen sie in großen Kolonien auf halbhohen Büschen ihre Plattformnester.

Fledertiere sind die einzigen Landsäugetiere, die Aldabra von sich aus besiedelt haben. Die **Aldabra-Flughunde** sind etwas kleiner und stärker tagaktiv als die Seychellen-Flughunde. Regelmäßig nachmittags verlassen sie die Rastbäume und suchen sich fruchtende Takamakabäume, von deren kugeligen Früchten sie sich hauptsächlich ernähren.

2 kleinere, insektenjagende Fledermausarten sind nachtaktiv. Über die Biologie aller 3 Arten ist kaum etwas bekannt.

Aldabra-Gruppe

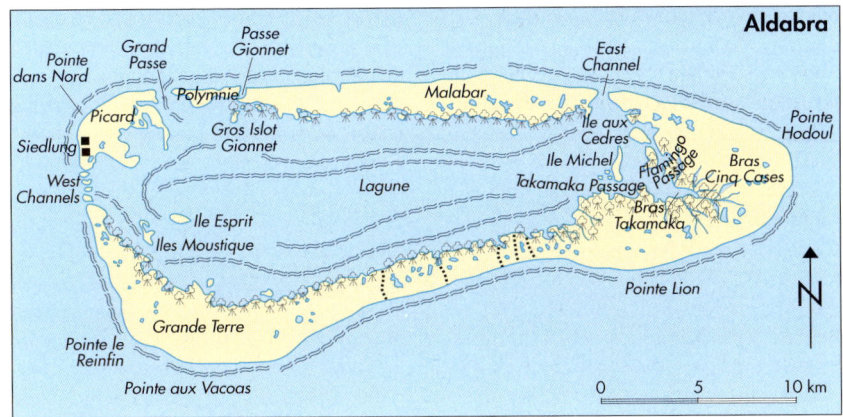

Im Gebiet unterwegs

Bei der Ankunft muß man sich als erstes beim Verwalter auf Picard (West Islands) melden. Die kleine Ansiedlung besteht aus Hütten für den Verwalter, seine Helfer und Wissenschaftler, die abwechselnd hier arbeiten. Rund um die Ansiedlung sind die ersten Riesenschildkröten zu sehen. Sie sind hier besonders groß, da sie von den Nahrungsresten profitieren.

Alle Landvögel können schon auf Picard gesehen werden. Am besten sind die Rallen auf Polymnie zu beobachten, wo sie sich anlocken lassen. Durch leises Klopfen mit Stöcken oder Knochen erscheint der sehr zutrauliche und neugierige Vogel.

Die gesamte Innenküste von Malabar (Middle Island) ist mit Mangroven bewachsen. Hier befindet sich die riesige Brutkolonie der Fregattvögel und Rotfußtölpel.

ACHTUNG: Fregattvögel auf Aldabra reagieren extrem empfindlich auf Störungen! Die verlassenen Eier und Jungtiere der aufgescheuchten Altvögel werden sofort von anderen Fregattvögeln gegriffen. Bitte Rücksicht nehmen!

98 % der Riesenschildkröten leben auf Grande Terre (South Island). Landgänge über das unwegsame Gelände sind möglich; etwas leichter sind sie an der schmalsten Stelle im Süden. Dort gibt es 5 Querwege, die die Außenküste mit der Lagune verbinden; der kürzeste ist 1 km lang und der längste 2 km. Sie führen auch an einigen interessanten Süßwasserteichen vorbei.

ACHTUNG: Festes Schuhwerk auf den Landgängen tragen, der verwitterte Korallenkalk kann messerscharf sein!

Eine Bootstour bei hohem Wasserstand zwischen den Inseln Ile aux Cèdres und den Mangrovewäldern im Osten von Grande Terre bis weit in den Bras Takamaka hinein führt in das größte Mangrovengebiet, in dem sich viele Karettschildkröten aufhalten. In den Tidentümpeln östlich von Bras Cinq Cases sind regelmäßig Flamingos zu sehen.

Tauchen ist überall am Außenriff phantastisch. Schnorcheln ist am besten in dem Gebiet, das in der vorherigen Bootsfahrt beschrieben ist, sonst überall möglich.

Krebse auf dem Trockenen

Zur Ebbe, wenn große Teile der Sand- und Schlickflächen am Strand trockengefallen sind, erscheinen Heerscharen der Krabben aus ihren Löchern, in denen sie die Flut überdauert haben. Das Meer hat ihnen einen reichgedeckten Tisch beschert, tote Tiere am Spülsaum abgelagert und die Sandoberfläche mit Mikro-Organismen angereichert.
5 Arten von Geisterkrabben, kenntlich an ihren langen Stielaugen, rennen auf den Sandstränden entlang. Winkerkrabben leben in großen Kolonien, sie entfernen sich nicht allzuweit von ihren Höhlen. Rotklauenkrabben, die 10 cm groß werden können, leben in der Mangrovenzone und in Tidengebieten weiter im Inland.
Krabben sind eigentlich Meeresbewohner und atmen durch Kiemen. Die Krabben in der Strandzone sind jedoch während der Zeit der Ebbe zum Landleben befähigt. Ihre Kiemenkammer ist fest verschließbar und damit sicher vor Austrocknung. Land-Einsiedlerkrebse sind fast vollständig zum Landleben übergegangen. Ihre Kiemen sind so stark zurückgebildet, daß sie im Wasser ertrinken würden. Nur ihre Jugendentwicklung verläuft noch im Meer. Einsiedlerkrebse schützen ihren weichen Hinterleib mit Schneckenhäusern, in denen sie sich fest verankern und die sie mit sich herumtragen. Bei jeder Häutung müssen sie sich ein größeres Haus suchen. Für Land-Einsiedler ist es wesentlich schwerer als für Meeres-Einsiedler, ein geeignetes Gehäuse zu finden. Selten tragen sie Landschneckenhäuser, viel häufiger suchen sie den Strand nach angespülten Meeresschneckenhäusern ab.
HINWEIS: Auch deshalb dürfen auf den geschützen Inseln keine Muschelschalen und Schneckenhäuser gesammelt werden!
Land-Einsiedlerkrebse leben nicht nur in Strandnähe, sondern in allen Zonen

Der Palmendieb, der größte landbewohnende Krebs, kann geschickt auf Kokospalmen klettern und mit seinen kräftigen Scheren Kokosnüsse abzwicken.

Land-Einsiedlerkrebse können ihr Schneckenhaus mit den Scheren dicht verschließen, wenn sie sich zurückziehen.

der Inseln, sogar im Wald und auf höheren Bergen. Sie sind nachtaktiv und ernähren sich von den Eiern und Küken der Seevögel, aber auch von toten Tieren. Trotz ihrer mitzuschleppenden Schneckenhäuser sind sie gute Kletterer und steigen hoch in die Bäume zu den Noddinestern hinauf.

Auch der Palmendieb gehört zu den Land-Einsiedlern. In seiner Jugend benutzt er noch Schneckenhäuser zum Schutz seines Hinterleibes, später krümmt er ihn dann frei nach vorn unter den Vorderkörper. Bei seiner Größe hätte er Schwierigkeiten, die geeigneten Schneckenhäuser zu finden. Sein Körper wird über 30 cm groß, von Beinspitze zu Beinspitze mißt er bis zu 1 m, er wiegt 3 kg. Mit diesen Ausmaßen hält er den Rekord als größtes wirbelloses Landtier. Neben Eiern und Küken ernährt er sich zusätzlich von Kokosnüssen, die er als ausgezeichneter Kletterer selbst aus den Palmenkronen abzwickt. Mit seinen kräftigen Scheren reißt er die Faserschicht ab und sprengt ein Auge der freigelegten Kokosnuß heraus. Er lutscht die Milch aus und kratzt das Kokosfleisch heraus.

Seine Größe und sein hervorragender Geschmack haben dazu geführt, daß der Palmendieb auf vielen Inseln im Indischen Ozean fast ausgerottet wurde. Auf den unberührten Inseln wie Aldabra kommt er noch so häufig vor, daß zeltende Wissenschaftler um ihre Sachen fürchten müssen, da er mit seinen kräftigen Scheren alles, sogar Dosen kleinbekommt.

Geister- oder Rennkrabben rennen über die Sandstrände und verschwinden bei Annäherung in ihren Höhlen.

Rotklauenkrabben reagieren auf jede Bodenerschütterung mit blitzschnellem Verschwinden.

Praktische Tips

Anreise
Nur mit dem Schiff zu erreichen, 2 Tage Fahrt von Mahé aus oder Flug von Mahé nach Assumption und von dort auf die Bootstour, um die Inseln zu erreichen.

Unterkunft
Außer für Wissenschaftler im Moment keine Übernachtungsmöglichkeit, jedoch für 7–8 Personen geplant.

Klima/Reisezeit
Halbwüstenartiges Klima mit unregelmäßigen Niederschlägen, durchschnittlich 1200 mm jährlich. Reisezeit ist ganzjährig gut; zwischen Juni und Dezember brüten Fregattvögel und Rotfußtölpel.

Adressen
Um Aldabra zu besuchen, braucht man die Erlaubnis von:
- SIF (Seychelles Islands Foundation), www.sif.sc

Blick in die Umgebung
Assumption liegt 27 km südlich von Aldabra. Als halbmondförmige Insel, 7 km lang und 1–2 km breit, bedeckt sie eine Fläche von 11 km². Sie war einst Brutplatz für den Abbott-Tölpel, den es heute nur noch auf den Weihnachtsinseln im östlichen Indischen Ozean gibt. Die Tölpel hatten reichlich Guano produziert, beim Abbau wurde die Insel zerstört. Einige Gebiete wurden danach mit Kokospalmen und Kasuarinen bepflanzt.
Die endemische Unterart des Malegassennektarvogels überlebte und ist heute überaus häufig. Nektarvögel sind Überlebenskünstler, die sich auf allen Inseln den veränderten Umständen angepaßt haben. Sie bevölkern selbst Mangrovenwälder, in denen sie sich hauptsächlich von Insekten ernähren. Bieten sich für ihre kleinen Hängenester keine geeigneten Bäume, so bauen sie sie sogar am Grund in Höhlen der verwitterten Korallenblöcke.
2 neue Vogelarten wurden eingeführt, Mosambikgirlitz und Rotohrbülbül. Durch die geringe Entfernung zu Aldabra könnten sie zu einer Gefahr für die dortige Vogelwelt werden. Einen einmaligen Schatz besitzt Assumption in seiner Unterwasserwelt. Es ist **der** Platz im Indischen Ozean für ungestörtes, reichhaltiges Riffleben mit gesunden Korallenbänken.
100 km östlich von Assumption liegt das fast rhombische Atoll von **Cosmolédo**. Die gesamte Lagunenseite der mit 2,5 km² größten Insel Menai ist mit Mangrovenwäldern bewachsen, die fast die Hälfte der Inselfläche bedecken. In ihnen brüten Rotfußtölpel. Die bodenbrütenden Maskentölpel nisten auf der gegenüberliegenden 2 km² großen Grande Ile, deren Lagunenseite zum größten Teil unbewachsen ist. Weißbauchtölpel nisten auf einigen kleinen Inselchen rund um die Lagune. Auch andere Seevögel wie Rußseeschwalben, Zügelseeschwalben, Audubonsturmtaucher und Rotschwanz-Tropikvögel nutzen die unberührten, kleinen, nur mit Gebüsch oder Gräsern bewachsenen Inseln als Brutplatz.
An Landvögeln ist die Cosmolédo-Unterart des Malegassennektarvogels häufig, hauptsächlich auf Menai, wie auch der Madagaskarbrillenvogel; das

Sperbertäubchen ist eingebürgert, und Meerreiher in beiden Farbvarianten fischen in der Lagune. Eine Neueinbürgerung ist dem Madagaskarzistensänger gelungen; von ihm gab es vor 1940 noch keine Beobachtung. Er ist ein kleiner, lebhafter, brauner Vogel, der in Gebüsch und Unterwuchs nach Insekten sucht.

40 km südöstlich von Cosmolédo liegt **Astove**, ein 5 km langes, 3 km breites Atoll. Die kreisförmige, schmale Insel umschließt fast vollständig die Innenlagune, nur an der Südspitze gibt es eine Verbindung zum Meer. Einige Inneninseln sind mit Mangroven bewachsen, und riesige sumpfige Buchten, deren Ränder auch mit Mangroven bewachsen sind, schneiden tief ins Land der Süd- und Ostseite ein. Von der breiteren Westseite ist der Norden mit Kokospalmen bepflanzt, der südliche Teil ist ein unbewachsenes, unwegsames Gelände mit Löchern und Höhlen.

In den Büschen leben Madagaskarzistensänger, die häufigen Nektarvögel gehören der gleichen Unterart wie auf Cosmolédo an. Die Brillenvögel jedoch sind die gleichen wie auf Madagaskar, während Aldabra und Cosmolédo je eine eigene Unterart haben. Rußseeschwalben brüten in kleinen Kolonien, Audubonsturmtaucher kehren nachts in ihre Bruthöhlen zurück. Eil- und Raubseeschwalben sind häufig zu sehen.

Nach der totalen Vegetationszerstörung hat sich die Insel Assumption auf natürlichem Wege wieder begrünt.

Maskarenen

Die 3 Maskareneninseln Réunion, Mauritius und Rodriguez sind vulkanischen Ursprungs. Auf Réunion ist der Vulkan Piton de la Fournaise noch höchst aktiv, und 1987 wurde ein Unterwasservulkan entdeckt, der sich 120 Seemeilen von Rodriguez entfernt langsam aufbaut.

Durch das bergige Profil und den ganzjährig wehenden Südostpassat ergeben sich scharf abgegrenzte Klimazonen. Die Küsten und Bergseiten im Nordwesten »sous le vent – unter dem Wind« haben wenig Niederschläge und sind mit Trockenpflanzen bewachsen. An den Bergseiten »au vent – im Wind« regnen sich die Wolken ab, es ist ständig feucht, die Pflanzendecke ist dicht und hoch.

Die Pflanzenwelt der Maskarenen enthält erstaunlich viele Bäume und Sträucher, deren Jugendblätter völlig anders aussehen als die Blätter der ausgewachsenen Pflanzen (Heterophyllie). Auch Triebe, die aus erwachsenen Pflanzen neu ausschlagen, erscheinen zuerst in ihrer Jugendform, so daß am selben Baum beide Blattarten vorkommen. Nur durch solche Wuchsformen ist es möglich, die Jugendpflanzen zu erkennen. Das auffälligste Beispiel ist auf Réunion die Akazie »Tamarin des hauts«. Die Jugendform weist gefiederte Blätter auf, die der Erwachsenenform sind jedoch lang und schmal.

Die Maskarenen liegen im Zyklongürtel. Die heimischen Bäume haben etliche Anpassungen ausgebildet, um den starken Stürmen trotzen zu können. Da Pfahlwurzeln den felsigen Untergrund nicht durchstoßen können, dient zur festen Verankerung ein dichter Wurzelteppich. Die Wurzeln laufen an der Oberfläche des Bodens entlang und bilden ein wirres Geflecht aus, das 3–4 mal größer ist als der Durchmesser der Baum-

Zuckerrohrfelder bedecken fast die gesamte Fläche von Mauritius; die unzähligen Lavablöcke, die die Felder bedecken, sind zu hohen Pyramiden mittendrin aufgeschichtet.

krone. Außerdem besitzen die Bäume die Fähigkeit, sofort wieder auszuschlagen. Aus einem umgestürzten Stamm sprießen auf der gesamten Länge neue Triebe. Verhängnisvoll wirken sich Zyklone auch dadurch aus, daß Blüten und Früchte fast völlig zerstört werden. Darum passen einige Bäume ihren Blührhythmus den Zyklonen an. »Bois de rivière« und der berühmte »Drontenbaum« (»Tambalacoque«) treiben nur nach dem Durchzug eines Zyklons ihre Blüten aus. Zeitweise müssen sie mehrere Jahre pausieren.

Vom »Tambalacoque« waren nur noch 13 sehr alte Bäume auf Mauritius übrig geblieben, und es gab keine jungen Keimlinge. Da die Kerne der Früchte extrem hartschalig sind, wurde ein Zusammenhang mit dem Verschwinden der Dronten gesehen. Die Früchte sollten nur keimfähig sein, wenn sie durch den Muskelmagen und den Darmtrakt der Vögel gewandert seien. Heute wird jedoch angenommen, daß die Ratten und die verwilderten Schweine die Keimlinge weggefressen haben. In den Baumschulen werden die Kerne zum leichteren Keimen angeschliffen.

Die Pflanzenbesiedlung der Maskarenen erfolgte durch die wechselnden Winde zu 70 % aus dem malegassisch-afrikanischen Raum, der Rest aus Ostasien. Durch die Jahrtausende entwickelten sich daraus eigene Arten, 500 höhere Pflanzen sind endemisch. Jede Insel hat noch eigene spezielle Pflanzenformen hervorgebracht.

Einige heimische Pflanzen haben ihre nächsten Verwandten in Südamerika, ein Hinweis auf die gemeinsamen Ahnen, die auf dem Südkontinent Gondwana vorkamen. Dazu gehört die Gattung *Tambourissa*, von denen allein 10 Arten auf Mauritius vorkommen, einige andere wachsen noch auf Madagaskar, Réunion und auf den Komoren (S. 152), außerdem die fünf

Südafrikanische Kröten wurden 1922 nach Mauritius und Réunion gebracht, um Zuckerrohrschädlinge zu bekämpfen.

endemischen Fiederpalmenarten der *Hyophorbe*-Gattung auf den Maskarenen.

Von den ehemals 4 Flughundarten der Maskarenen überlebten je eine Art auf Mauritius und Rodriguez. Davon ist der Bestand des Rodriguez-Flughundes gefährdet, zu seiner Erhaltung laufen Gefangenschaftszuchtprogramme. 2 Arten nachtaktiver Fledermäuse, eine Bulldogg-Fledermaus und der Mauritius-Grabflatterer, kommen sowohl auf Réunion als auch auf Mauritius vor, erreichten jedoch Rodriguez nicht.

22 endemische Vogelarten gibt es auf den Maskarenen; 11 auf Mauritius, 9 auf Réunion und 2 auf Rodriguez. Die vorgelagerten kleinen Inseln werden von Meeresvögeln als Brutplätze genutzt.

Praktische Tips

Klima
Die heißeste Zeit mit Temperaturen zwischen 25 und 35 °C liegt zwischen Januar und April. Die kühlsten Monate sind Juli bis September mit Tagestemperaturen von 24 °C und einer starken Abkühlung während der Nacht. Durch das Inselrelief kommt es zu sehr unterschiedlichen Klimabedingungen. Im Westen und Norden liegen die trockensten Zonen, im Süden und in den Bergen fallen beträchtliche Regenmengen. Die durchschnittliche Temperatur auf Meeresniveau ist 23 °C mit 75 % Luftfeuchtigkeit. Die Temperatur sinkt im Hochland, auf mittlerer Höhe beträgt sie 19 °C bei 90 % Luftfeuchtigkeit. Bei zunehmender Höhe wird es schnell kälter.

Anreise
Réunion und Mauritius werden von mehreren europäischen Fluggesellschaften angeflogen. Nach Rodriguez fliegen Air Mauritius und Catovair.

Verkehr
ACHTUNG: Auf Réunion herrscht Rechtsverkehr, auf Mauritius und Rodriguez Linksverkehr!

Mauritius produziert jährlich 520 000 t raffinierten Zucker, neuerdings werden zusätzlich aus 120 000 t Melasse 30 Millionen Liter Ethanol zur Kraftstoffbeimischung gewonnen.

Zuckerrohr

Über Jahrtausende war Zucker ein kostbarer Luxusartikel. Heute gehört das Zuckerrohr *Saccharum officinarum* weltwirtschaftlich gesehen zu den wichtigsten Kulturpflanzen. Der Anbau ist auf die tropischen und wärmeren subtropischen Gebiete begrenzt, da Zuckerrohr eine ganzjährige warme Temperatur von 25–28 °C benötigt. Als Heimat der 5–9 m hoch werdenden schilfähnlichen Pflanze aus der Familie der Gräser wurde Indien angesehen, jedoch ist der Ursprung der Wildform eher auf Papua Neuguinea zu suchen, wo noch heute die Wildpflanze *Saccharum robustum* vorkommt. Zuckerrohr wird in den Tropen schon seit Jahrtausenden kultiviert. Bereits 1000 v. Chr. wurde es in China als süßes Aphrodisiakum eingesetzt, und 700 v. Chr. wurde in Bihar am Ganges erstmals richtiger Zucker raffiniert.

Nach Europa gelangte die Kunde vom Zuckerrohr durch Alexander den Großen. Die Araber brachten Zucker dann zwischen 700 und 900 n. Chr. in den Mittelmeerraum und verfeinerten die Kristallisationsmethode. In ihrer Medizin war er ein vielfältig verwendetes Arzneimittel, das in der Zeit der Kreuzzüge nach Europa gelangte. Ende des 16. Jh. wurden in Augsburg und Dresden erste deutsche Zuckerraffinerien errichtet, die importierten Rohrzucker verarbeiteten. 1632 führten die Holländer das Rohr im Indischen Ozean ein und ahnten wohl nicht, welche Bedeutung es für Mauritius, Réunion und Madagaskar bekommen sollte.

Die heute angebauten Arten sind Kreuzungen zwischen dem in Melanesien heimischen Edelrohr sowie der alten chinesisch-indischen Kulturform, die die breite ökologische Anpassungsfähigkeit liefern, und den krankheitsresistenten Wildformen.

Die Bestrebungen, Arten mit höherem Zuckergehalt und größerer Saftreinheit zu züchten, gehen weiter.

Die Blüten dieser Kulturformen, bis zu 1 m lange Rispen, sind steril, d. h. es werden keine Samen ausgebildet.

Die bis 7 cm dicken Halme sind mit einem weichen, etwa 13–20 % Rohrzucker enthaltenden, weißen Mark gefüllt. Die Ernte beginnt 10–14 Monate nach dem Anpflanzen, wenn die Blätter gelb werden oder der, nach Anbohren der Halme, höchste Zuckergehalt festgestellt wurde. Die Stengel werden meist von Hand geschlagen. Der Transport zur Fabrik muß möglichst schnell erfolgen, da der Zukker rasch abgebaut wird.

Nach 4–8maliger Ernte (die Pflanzen treiben neue Schößlinge) werden die Felder umgepflügt und neu angelegt. Dazu werden Sproßstücke in die Erde ausgelegt, die sich bald bewurzeln und austreiben.

Zur Zuckergewinnung werden die Halme zerkleinert, zwischen Walzen zerquetscht und ausgepreßt. Der Preßsaft wird gereinigt und anschließend durch Kochen eingedickt. Beim Abkühlen erfolgt die Kristallisation. In einer Zentrifuge wird der auskristallisierte braune Zucker vom Sirup getrennt und, falls weißer Zucker gewünscht wird, anschließend raffiniert. Doch nicht nur Zucker wird aus Zuckerrohr gewonnen. Aus dem Sirup (Melasse) werden Rum und Arrak hergestellt, und die zellulosehaltigen Preßrückstände (Bagasse) werden als Brennstoff genutzt, zur Herstellung von Papier und Karton verwendet und mit Kunststoffpulver vermischt zu Isoliermaterial warmgepreßt.

11 Réunion

Vulkanlandschaft, einzigartige Hochtäler; endemische Wälder (»Bois des couleurs«), Hochgebirgsvegetation; einziges Vorkommen des Maskarenen- und des Baurausturmvogels, 7 endemische Landvogelarten; farbenprächtige Taggeckos.

Réunion wird von 2 Gebirgsmassiven gebildet. Das ältere, mit dem 3069 m hohen **Piton des Neiges** als Zentralgipfel, bedeckt im Nordwesten zwei Drittel der Inselfläche. 3 riesige Hochtäler entstanden durch Einsturz und Erosion; es sind die »Cirques«

Die Trockensavanne ist mit einer Sekundärvegetation aus Agaven »Choca vert« und dornigen Sträuchern bedeckt.

von Mafate, Salazie und Cilaos. Das jüngere Fournaise-Massiv mit dem 2631 m hohen aktiven Vulkan **Piton de la Fournaise** öffnet sich zur Meeresseite, und die letzten Lavaflüsse strömten dort die Hänge hinab. Der Rhythmus und die Heftigkeit der Eruptionen variieren. Beim größeren Ausbruch 2007 flossen die Lavamassen bis ins Meer und vergrößerten die Insel um einige Hektar. Seit 1998 gab es jedes zweite Jahr bemerkenswerte Eruptionen.

Zwischen den beiden Massiven liegen die Hochebenen Plaine des Cafres und Plaine des Palmistes. Durch den ständig wehenden Südostpassat stauen sich die Wolken am Fournaise-Massiv, und es kommt zu jährlichen Niederschlägen von 3000–6000 mm (14 000 mm bei Takamaka im Forêt de Bébour). Dies ist die feuchte Küste im Wind (Côte au vent). Die trockene Küste unter dem Wind (Côte sous le vent) liegt im Regenschatten und erhält durchschnittlich 580 mm Niederschläge. Durch das zerrissene Inselrelief und die unterschiedlichsten Wolkenformationen sind jedoch über 200 Mikroklimate ausgebildet.

Seit 2007 ist das Kernstück von Réunion als Nationalpark ausgewiesen. Der **Parc National des Hauts de la Réunion** umfaßt den Vulkan, die Bergspitzen und die Regionen von Mafate und Grand Bassin. Daran schließt sich eine Pufferzone an, die die Flußtäler und auch einige kultivierte Flächen mit einschließt. Somit steht fast die Hälfte der Fläche von Réunion unter Schutz.

Pflanzen und Tiere

Die »farbigen Wälder« von Réunion (»Bois des couleurs«) erhielten ihren Namen

Die älteren Kraterhänge des Fournaise sind schon bewachsen, jüngere Lavaaschen bilden eine pittoreske Einöde.

Schwarz-weiß mit roter Brust: Der Réunionschmätzer ist zutraulich und überall zu sehen.

nach der unterschiedlichen Rinden- und Holzfarbe ihrer Baumstämme. Man unterscheidet den »Bois de couleur« der feuchten Küste, den der trockenen Küste und den der Höhe.

Die Küstenwälder sind dem Zuckerrohranbau gewichen, nur zwischen den Lavaströmen im Süden konnten sich Reste des **»Bois de couleur« der feuchten Küste** im Forêt de Mare Longue erhalten. Die Stämme der beiden Arten »Grand natte« und »Petit natte« sind dunkelgrau und rissig, die des »Bois de fer bâtard« (Eisenholzgewächs) glatt und hellgrau. Die Rinde des dunkelroten Stammes des Ecorce-Baumes löst sich in großen Plakken. Die Bäume sind mit vielen *Jumellea*- und *Angraecum*-Orchideen sowie anderen Epiphyten bewachsen, der Boden ist mit dichtem Gebüsch bedeckt. Auffällig ist die Blüte des Korallenbusches, die einem verzweigten, hellgrauen Korallenstöckchen ähnelt.

Der artenreiche und üppige **farbige Höhenwald** liegt 1300–1900 m hoch im permanenten Nebel. Verschiedene »Mahot«- und Pisoniabäume haben auffällige weiße und rosa Blütendolden, der Bocksbaum endständige weiß-rosa Blütenbüschel. Sie gehören zur obersten Waldetage, wie auch »Tan rouge«, Ebenholz-, Ecorce- und Colophan-Bäume. Darunter wachsen Berg-Schraubenbäume, 3 verschiedene Baumfarn-Arten und Forgesiabüsche mit ihren prächtigen roten Glöckchen. Rosablühende *Cynorkis*- und *Arnottia*-Orchideen wachsen auf dem Boden, Zwiebelorchideen und verschiedenste Farne und Moose bedecken Stämme und Äste mit einer dicken Schicht. Diese Wälder sind noch in Bébour und in den Cirques de Cilaos und de Salazie erhalten.

Die **Hochgebirgsvegetation** um 2000 m Höhe muß krasse Temperaturunterschiede zwischen Nachtfrost und Tageshitze aushalten. Heftige Regengüsse versickern schnell im lockeren Lavaboden und lange Trockenheit muß durch die Luftfeuchtigkeit ausgeglichen werden. Der »Petit Tamarin des hauts«, der in etwas tieferen Lagen als kleiner Baum wächst, erreicht nur Gebüschhöhe. Harte, immergrüne Sträucher (»Branles«) werden mit zunehmender Höhe immer kleinwüchsiger. Gelbblühendes Johanniskraut wächst zwischen dem Kreuzdorngewächs *Phylica nitida,* dem Greiskraut *Senecio hubertia* und den Heidekrautarten *Stoebe passerinoides* und *Phillippia montana*. Die Buchsbaumblättrige Agauria reicht bis auf die höchsten Gipfel, wie auch das gänseblümchenähnliche Berufskraut und das federförmige Gras *Penisetum caffrum*. Die Weidenblättrige Agauria ist eine Pionierpflanze auf Lava. Abgestorbene Pflanzen zersetzen sich sehr schnell, und die Rinde wird ständig abgeworfen, dadurch wird eine Humusschicht gebildet, die den anderen Pflanzen die Ansiedlung erlaubt.

Den schmalen Küstenbereich der trockenen Inselseite (Côte sous le vent) bedeckt eine Trockensavanne. Zwischen Lavablöcken stehen die 2 Agavenarten »Choca vert« und »Choca bleu« und einige kleinwüchsige Cassien. Darüber werden bis auf 800

Bourbonen-Baumfarne werden 10 m hoch, sie wachsen im Regenwald bis 2000 m Höhe.

Beim Bourbonen-Bambus sind die Blätter an jedem Knoten in Tuffs gruppiert.

m Höhe Zuckerrohr und bis auf 1400 m Höhe Geranienkulturen angebaut. Die Blätter der Geranienpflanzen werden in kleinen Privatbetrieben destilliert. Das Öl dient nicht als Duft, sondern als Trägersubstanz für die Parfümherstellung. Oberhalb der Geranienkulturen wurden große Flächen mit *Cryptomeria,* der Sicheltanne aus Japan, zur Holzgewinnung und Bodenbefestigung angebaut.

Der endemische Höhenwald »Tamarin des hauts« schließt sich an. Es ist eine Akazienart, die mit Baumfarnen und dem grazilen Bourbonen-Bambus vergesellschaftet ist. Den Unterwuchs bilden »Bois de savon«, dessen nackte Zweige mit einem Blattbüschel enden, in dem auch die kleinen rosa Blütchen oder roten Kugelfrüchtchen sitzen. »Ananas marron«, botanisch keine Ananaspflanze, aber mit ähnlichen langen, lanzettförmigen Blättern, trägt kleine orange Fruchtbüschel. In Astgabeln wächst die Agavenart »Canne marrone«, die im Januar und Februar fiedrige, weiße Blütenrispen bildet. Die Früchte der Scharlachfuchsie sind bei Vögeln beliebt, dadurch ist sie weit verbreitet.

Réunion ist als die Vanille-Insel berühmt geworden. Die schmackhafte und kostbare Bourbon-Vanille hat ihren Namen von dem alten Namen Réunions »Ile de Bourbon«. Hier gelang es 1841 einem Sklaven die Blüten künstlich zu befruchten, und die ersten Schoten konnten reifen. Auch heute noch muß jede einzelne Vanilleblüte, die außerhalb ihrer natürlichen Heimat Mexiko und Mittelamerika blüht, mit einem Stachel mühsam von Hand befruchtet werden.

Im Südlichen Winter ziehen verschiedene Wale aus der Antarktis in wärmere Gewässer und können in der Zeit von Juli bis

Verwilderter Ingwer (»Longose«), einst für Parfümzwecke angebaut, wuchert in Wäldern und Feldern.

Oktober vor den Küsten Réunions beobachtet werden. Am häufigsten sind Buckelwale, aber auch Pott- und Blauwale halten sich dort auf. Delphine sind das ganze Jahr über zu sehen.

Zu Jagdzwecken wurden Mähnenhirsche (S. 123), Hasen und kleine Fasanenartige wie Wachtel, Wachtelfrankolin, Dschungel- und Zwergwachtel ausgesetzt. In den Wäldern leben Tanreks (S. 155).

2 sehr seltene Meeresvogelarten brüten auf Réunion. Vom einfarbig-dunkelbraunen Maskarenensturmvogel ist so gut wie nichts bekannt. Der größere Baurausturmvogel mit weißer Unterseite und grauschwarzer Oberseite kann vor der Nord- und Westküste beobachtet werden. Sturmvögel sind reine Meeresvögel, die mit typischen großen Schleifen über dem Wasser gleiten. Nur zur Brutzeit von Ende August bis Ende April sind sie in den Gewässern rund um Réunion zu sehen. 3000–5000 Vögel nisten an den steilen

Das Hochtal des Cirque de Mafate ist nur zu Fuß zu erreichen; es ist ein Wanderparadies in einer zeitlosen, verwunschenen Welt.

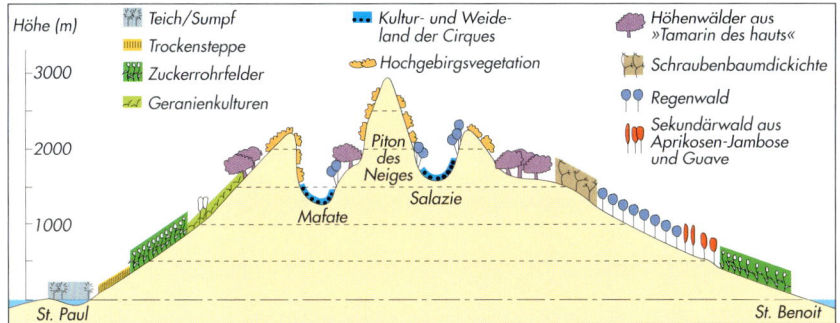

Hängen des Piton des Neiges in 2500 m Höhe. Auf schmalen Vorsprüngen graben sie Bruthöhlen in den weichen Erdboden. Das einzige Ei wird dreieinhalb Monate lang bebrütet. Anfang Mai ziehen die Jungvögel aufs Meer und kommen erst nach einigen Jahren wieder zurück.

Sie fliegen die Nisthöhlen jedoch nur abends im Dunkeln an, oft hört man die nasalen Rufe. Auch Weißschwanz-Tropikvögel nisten dort, fliegen aber tagsüber durch die Täler.

Der einzige Greifvogel der Insel ist die Madagaskarweihe, die außerdem noch auf Madagaskar und den Komoren vorkommt. Sie segelt über den Zuckerrohrfeldern, Wäldern und Savannen im typischen Schaukelflug und jagt Vögel, Eidechsen und große Insekten.

Maskarenenschwalben und Mauritiussalanganen fliegen auf Insektenjagd oft gemeinsam, die größeren Schwalben sind seltener. Erst in den letzten Jahren sind etliche Höhlen entdeckt worden, in denen die Salanganen brüten, stellenweise zu mehreren Tausend Brutpaaren. Sehr gefährdet ist der endemische Newtonraupenfänger, von dem es nur noch weniger als 30 Paare gibt. Sein örtlicher Name »Tuit-tuit« gibt seinen lauten Ruf wieder. Regelmäßig zu hören, aber selten zu sehen, ist er in der Ufervegetation des Ri-

vière St. Denis (s. La Roche Ecrite). Häufig zu sehen sind die kleinen grauen Maskarenenbrillenvögel, die immer in Schwärmen zusammen sind. Olivbrillenvögel leben dagegen paarweise, sie ernähren sich hauptsächlich vom Nektar blühender Büsche und Bäume. In den Waldgebieten huschen die eleganten Maskarenenparadiesschnäpper auf Insektenfang hin und her. Der Réunionschmätzer, »Tec-tec« nach seinem Warnruf benannt, ist häufig in den Wäldern und Heidegebieten zu finden. Der Réunionbülbül lebt nur in den heimischen Wäldern, der eingebürgerte Rotohrbülbül hat sich überall ausgebreitet.

Im Kulturland und um Siedlungen leben eingebürgerte Vögel wie Hirtenmainas (S. 136), Haussperlinge, Sperbertäubchen (S. 71), Madagaskarturteltauben, Gelbstirn- und Madagaskarweber, Wellenastrilde, Muskat- und Tigerfinken und Mosambikgirlitze.

Indische Schönechsen (S. 130) leben in den Zuckerrohrfeldern, Pantherchamäleons (S. 22) in Gärten und Wäldern. Zwei besonders schön gefärbte Taggeckos (S. 40) sind endemisch für Réunion. Der Bourbonen-Taggecko, grün mit roten Tupfen, lebt in den Wäldern, der Réunion-Taggecko an der Küste an den Stämmen der Schraubenbäume. Sein Kopf ist rot-weiß-schwarz längsgestreift.

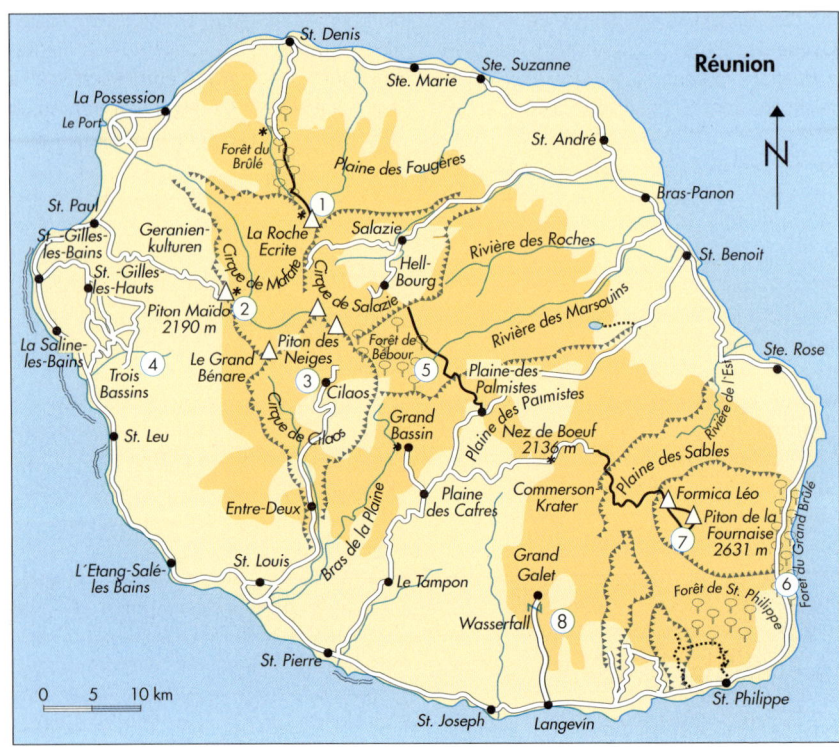

Im Gebiet unterwegs

La Roche Ecrite ① (Tagesausflug): Die Straße von St. Denis über Bellepierre ist hinter Brûlé noch 6 km weiter befahrbar und endet an einem Parkplatz. Von dort führt der Wanderweg (Route Forestière 1) oberhalb des Tales entlang, in dem der Rivière St. Denis fließt, zur Forsthütte an der Plaine des Chicots (3 Std.) und weiter zum La Roche Ecrite (1,5 Std.). Von dort hat man einen Ausblick auf die Cirques de Mafate und Salazie. Die Zeiten sind für rüstige Wanderer berechnet, nicht für Naturliebhaber. Der heimische Wald bietet viele botanische Kostbarkeiten und alle 7 endemischen Vogelarten. Newtonraupenfänger sind selten zu sehen, aber ihre lauten »tuiiiit-tuiiiit«-Rufe, die oft wiederholt werden, sind zu hören. Um ihn zu suchen, muß man nicht den ganzen Wanderweg nehmen, es reicht, ihm ungefähr eine Stunde lang zu folgen.

Piton Maïdo ②: Der 2190 m hohe Piton Maïdo bietet den eindrucksvollsten Ausblick in den Cirque de Mafate und auf die umliegenden höchsten Berge. Es geht von St. Gilles oder St. Paul bis Guillaume, danach durch Geranienkulturen, *Cryptomeria*-Wald, Höhenwald (»Tamarin«) und Gebirgsvegetation bis zum Piton Maïdo. Da er nur am frühen Morgen wolkenfrei ist und ab 10 Uhr sich dicke Wolken bilden, sollte man direkt hinauffahren und erst auf dem Rückweg die Wälder und die Geraniendestillen besichtigen. Vom Piton Maïdo führt

ein Wanderweg in den Cirque de Mafate.
Cirque de Cilaos ③ (Tagestour): Von den 3 Hochtälern kann Mafate nur zu Fuß erreicht werden, Cilaos und Salazie sind befahrbar. Von St. Louis führt eine kleine Bergstraße in das eindrucksvolle Hochtal von Cilaos. Nach ca. 400 Kurven erreicht man das wunderschöne Bergdorf Cilaos (38 km). In Richtung Bras-Sec (Route CD 241, nach 5 km) führen Wanderwege am Fuße des Bonnet-des-Prêtres durch dichten *Cryptomeria*-Wald. Von Cilaos aus können Wandertouren zum Piton des Neiges und in die beiden anderen Cirques unternommen werden.
Trois Bassins ④: An der Straße nach St. Gilles-les-Hauts liegt 1 km hinter dem Freilichttheater ein Parkplatz. Von dort führen Wege entlang und z. T. auch durch die Kanäle eines alten Bewässerungssystems zu den 3 hintereinanderliegenden Becken, in die der Rivière St. Gilles fällt: Bassin Malheur, Bassin des Aigrettes und Bassin du Cormoran. (Zur Zeit (2008) ist der Wanderweg wegen Felsabbrüchen gesperrt, soll aber wieder geöffnet werden.)
Forêt de Bébour ⑤: Der Wald von Bébour ist das eindrucksvollste Beispiel eines farbigen Höhenwaldes (»Bois des couleurs des hauts«). Von St. Benoit führt die N3 ins Hochland bis nach Plaine des Palmistes (21 km). Dort biegt rechts die D55 ab, die nach 5,5 km La Petite Plaine erreicht und weiter zur Gîte de Bebour führt. Von dort

Der malerische Wasserfall von Langevin zerfällt in viele einzelne Kaskaden.

Die großen Achatschnecken wurden aus Afrika eingeschleppt und sind zu einer großen Plage geworden.

Der grüngraue Mangrovereiher, der kleinste Reiher des Gebietes, lauert Krabben und Jungfischen bewegungslos auf.

gibt es mehrere Wanderwege und Forstlehrpfade.

Forêt du Grand Brûlé (6): Zwischen Lavaströmen blieben Reste des Küstenwaldes erhalten. Am Pointe de Tremblat gibt es mehrere botanische Wanderwege mit bezeichneten Bäumen.

Vulkan Piton de la Fournaise (7): Bei Le Vingt-Septième (27 km von St. Pierre; 34 km von St. Benoit) zweigt von der N3 die RF5 ab, die zum Krater führt. Vorbei am Aussichtspunkt Nez de Boeuf, von wo man in die 1200 m tiefe Schlucht des Rivière des Remparts hinabblickt, am tiefen Loch des Commerson-Kraters und über die Mondlandschaft der Plaine des Sables wird der Kraterrand auf der Höhe von 2353 m erreicht. Am Parkplatz steht eine Informationshütte, am Paß von Bellecombe beginnt der Abstieg des gut markierten Weges. Nach einigen hundert Metern wird der kleine Parasitenkrater Formica Leo (S. 10) erreicht. Der Weg zu den beiden Hauptkratern und zurück zum Parkplatz ist 13 km lang (mindestens 5 Std.), aber im Moment (2008) geschlossen. Durch die Vulkanaktivitäten sind immer wieder kurzfristig Wanderwege und Straßen gesperrt. Die neuesten Angaben erfährt man am Parkplatz oder telefonisch unter +262-413967 und im Internet www.reunion-nature.com.

ACHTUNG: Nicht vom markierten Weg abgehen, Nebelbänke können blitzschnell erscheinen!

Cascade de Langevin (8): Auf der RN2 liegt östlich von St. Joseph das kleine, malerische Fischerdorf Langevin mit einer interessanten Fischerbootrampe. Dort zweigt eine schmale Straße Richtung Norden nach Grand Galet ab, die im Tal des Flusses Langevin entlang ins Gebirge führt. Links und rechts durch Ananasfelder, an Litschibäumen und an kleineren Wasserfällen (Trou Noir) vorbei, erreicht man nach 9 km den wunderbaren Langevin-Wasserfall, die Cascade de la Grande Ravine.

Praktische Tips

Anreise
Air France fliegt St. Denis täglich direkt an, außerdem fliegen noch Corsair, Air Austral.

Verkehr
Busrouten decken von 5–18 Uhr alle Hauptstraßen ab, in ländlichen Gegenden fahren zum selben Preis »Taxi Collectif«. Viele Firmen bieten Leihwagen (»Location de Voitures«) am Flughafen oder in den Hotels an.

Information/Unterkunft
In den Touristen-Informationen, die es in jeder größeren Stadt gibt, bekommt man informative Karten, Broschüren und Routenvorschläge für Wanderungen. www.la-reunion-tourisme.com
Insgesamt sind 1000 km gut markierte Wanderwege erschlossen, in den Bergregionen stehen 30 Wanderhütten (»gîtes«) zur Verfügung. Camping ist erlaubt. Alle Wanderungen der verschiedenen Regionen mit Dauer und Schwierigkeitsgrad erfährt man unter www.reunion-nature.com, Sparte: Wanderausflüge und im »Maison de la Montagne« in St. Denis, Palais Rontaunay, 5, rue Rontaunay. Man kann sich Routen ausarbeiten und Plätze in den Hütten reservieren lassen, außerdem den aktuellen Zustand der Wanderwege erfragen. Tel.: +262-90 78 78, E-Mail: resa@reunion-nature.com.
Ausführliche Beschreibungen der Wanderrouten sind in dem Buch »La Réunion, die schönsten Tal- und Höhenwanderungen« beschrieben, S. 184.
In Deutschland:
- Fremdenverkehrsbüro La Réunion, c/o Maison de la France, Zeppelinallee 37 60325 Frankfurt/Main Tel.: 069 - 97 59 04 94, E-Mail: insel-la-reunion@franceguide.com www.insel-la-reunion.com

Reich an Tips und Informationen sind die monatlichen Hefte von RUN und die halbjährlichen von Escapades (beide in franz. Sprache), die es kostenlos in Hotels und Touristeninformationen gibt.

Blick in die Umgebung
Naturhistorisches Museum im Jardin de l'Etat, 1 rue Poivre, St. Denis, Tel.: 20 02 19. Im kleinen Museum sind Präparate der Tierwelt, auch der ausgestorbenen Arten, ausgestellt.
Vulkanmuseum La Maison du Volcan, Route National 3, Bourg-Murat, Plaine des Cafres, Tel.: 59 00 26. Zeigt Vulkanismus der Welt, Entstehung der Erde und hauptsächlich den Piton de la Fournaise.
Jardin d'Eden, RN1 L'Hermitage, St. Gilles/Bains, Tel.: 33 83 16. Ein sehenswerter Botanischer Garten mit Erklärungstafeln und Schildern von medizinischen, heimischen, tropischen Pflanzen.
Jardin des Epices, Chemin Forestier de Mare-Longue, St. Philippe. Auf 800 Jahre altem Lavaboden ist der »farbige Küstenwald der feuchten Küste« erhalten. Außer den endemischen Pflanzen sind Fruchtbäume des Indischen Ozeans, viele Gewürz- und Parfümpflanzen zu sehen. Auch viele Vögel können dort beobachtet werden. Geführte Touren: 10.30 und 14.00 Uhr, Anmeldung ist erforderlich unter Tel.: 57 06 06 oder im Touristenbüro St. Phillipe 64, rue Leconte-Delisle unter 37 10 34. www.jardin-parfums-epices.fr
Vanille: Bras-Panon ist das Anbauzentrum der berühmten Bourbon-Vanille. Die Arbeitsgänge vom Pflücken, Fermentieren und Sortieren können in der Co-Opérative de Vanille gesehen werden. 21 Route Nationale, Bras-Panon, Tel.: 46 00 14 / 51 70 12.
Aquarium de la Réunion liegt am Port de Plaisance in St.-Gilles-les-Bains und zeigt Korallengärten mit über 500 Korallenfischen, Unterwasservulkanlandschaften mit Haien, Muränen und vieles mehr. www.aquariumdelareunion.com
Meeresschildkrötenpark Kelonia liegt zwischen St. Denis und St. Leu, RN 1, Pointe de Château, St. Leu. In großen Becken werden die Meeresschildkröten des Indischen Ozeans gezeigt. Videos, Schautafeln und unterschiedliche Ausstellungen zeigen viel Interessantes über das Leben der Schildkröten. Kelonia-l'observatoire de tortues marines, Tel.: 34 81 10, www.tortuemarine-reunion.org, www.kelonia.org

Glühende Lava

Der Vulkan ist ausgebrochen! Seit einer Woche glüht der Piton de la Fournaise und spuckt Lava aus, und jetzt ist endlich ein Wanderweg zum Lavaschlot freigegeben. Natürlich will ich sofort hin.

Morgens um 5.15 Uhr ist es noch dunkel und ich kann die umliegende Landschaft nur erahnen. Am Fuße des Vulkanmassivs durchquere ich zunächst Sicheltannenwälder, aber je höher ich komme, desto spärlicher wird die Vegetation. Zuletzt säumen nur noch kleine Büsche die von Mineralien rotgefärbte Straße. Plötzlich öffnet sich vor mir eine andere Welt. Der Tag dämmert bereits und vor mir erstreckt sich eine riesige schwarze Fläche, eine Mondlandschaft. Die Vegetation ist mit einem Male völlig verschwunden und in der Ferne, mitten in der schwarzen Wüste, schimmern flackernde rötliche Flecken. Ein wundervoller Anblick.

Als ich den Parkplatz erreiche, färben schon die ersten Sonnenstrahlen den Kegel des Piton de la Fournaise rot. Um kurz nach 6 Uhr wird die Pforte, die den Wanderweg zum Vulkan absperrt, aufgeschlossen. Der Zugang zum Vulkan wird überwacht, und während eines Ausbruchs ist der Weg nur zwischen 6 Uhr und 13 Uhr geöffnet, damit spätestens gegen 15.30 Uhr alle Wanderer den Bereich wieder verlassen haben. Eine Vulkanbesteigung bei Nacht ist nur in Ausnahmefällen (Fotografen und Vulkanologen) gestattet und muß vorher genehmigt werden. Zunächst geht es 505 Treppenstufen hinunter, bevor ich die Ebene aus alter

Beim Überfliegen blickt man in den brodelnden Lavasee.

Geräuschvoll und meterhoch spritzt die glühende Lava.

Lava mit dem kleinen 254 Jahre alten Krater Formica Leo erreiche. Die Ebene wird von einer endlos erscheinenden Schlange aus gut sichtbaren, weißgefärbten Steinen durchzogen, die als Wegmarkierung dienen. Diese Punkte darf man auf keinen Fall aus den Augen verlieren, da man sich leicht bei schnell aufziehendem Nebel verlaufen und in Lavaspalten stürzen kann. Lebensgefahr!

Schließlich beginnt der Anstieg zum 2631 m hohen Gipfel des Vulkans, der aus zwei Kratern besteht: dem Cratère Dolomieu und dem Cratère Bory.

Je nach Lage der Ausbruchstelle kann sich der Anstieg verändern.

Auf den ersten Blick sieht die Landschaft öde und eintönig aus, da man die ganze Zeit nur über Lava wandert, aber wenn man genauer hinsieht, wird man feststellen können, daß die Lava nicht immer gleich aussieht und sich in Alter, Farbe und Erscheinungsform unterscheidet.

Die Sonne scheint nun schon heiß auf die Wanderer herab, und nach einem knapp zweistündigen Marsch stehe ich endlich oben am Kraterrand. Diesen Moment werde ich wohl nie vergessen. Im Vergleich zu den hier herrschenden Naturgewalten, die sich in den Farben, dem Lärm und der Hitze widerspiegeln, fühlt sich der Mensch unheimlich klein und machtlos. Es ist ein unbeschreibbares Gefühl. Mit fauchendem, zischendem Lärm und lautem Knallen, das sich wie Kanonendonner anhört, wird in unregelmäßigen Abständen glühende Lava in die Höhe geschleudert.

Der Aufstieg zum Piton de la Fournaise war so eindrucksvoll, daß ich ihn während meines Aufenthaltes noch dreimal wiederholte.

Jan Martin Hecker
St.-Denis, 28. August 2007

12 Mauritius

Bizarre Bergspitzen, vorgelagerte Inseln mit einzigartiger Pflanzen- und Tierwelt; Macchabée-/Black-River-Gorges-Nationalpark mit Primärurwald und Lebensraum des Mauritiusfalken, der Rosentaube und des Mauritiussittichs; Trockenurwald mit Ebenhölzern in Le Cabinet.

Mauritius bedeckt eine Fläche von 1865 km². Zusammen mit dem politisch dazugehörenden Rodriguez, den 22 Inseln des Cargados-Carajos-Archipels und den Agalega-Inseln ergeben sich 2045 km². Obwohl Mauritius keinen aktiven Vulkan mehr besitzt, zeigt sich überall die vulkanische Vergangenheit durch Kraterseen und -kegel und vor allem durch die Milliarden von Lavablöcken, die das gesamte Land bedecken. Sie werden in den Zuckerrohrfeldern zu Pyramiden zusammengetragen.

Die Insel entstand in 3 unterschiedlichen Phasen. Vor 5 Mio. Jahren baute ein großer Vulkan die Insel auf, dessen Gipfel einsackte und eine riesige Caldera entstehen ließ. Diese bildet heute die Zentralebene, um die sich die stark erodierten, bizarren Basaltspitzen des ursprünglichen Kraters gruppieren. 4 Mio. Jahre später formte eine kurze vulkanische Phase durch starke Lavaflüsse die Südwest- und Südküste. In der dritten Phase entstand die lange Kette kleinerer Krater, die sich von Südwest bis nach Nordost über die ganze Insel erstreckt. Zu ihnen gehören die Kraterseen und die Inseln im Norden.

Die Zentralebene ist mit Zuckerrohrfeldern bewachsen; aus ihnen erheben sich die bizarr geformten Spitzen des Moka-Gebirges.

Mauritius ist als Zuckerinsel bekannt. Die grünen Zuckerrohrfelder bedecken die gesamten flachen Zonen. 42 % der Gesamtfläche der Insel, das sind 90 % des gesamten kultivierten Landes, sind mit Zuckerrohr bewachsen. Davon gehören über die Hälfte den 25 großen Zuckerplantagen, die restlichen 45 % werden von 84 000 Kleinbauern bearbeitet.

Um die Wirtschaft auf eine solide Grundlage zu stellen, wird durch sogenannte Zweitindustrien versucht, von der absoluten Zuckervorherrschaft unabhängiger zu werden. Dazu wird im Innern der Insel, auf dem kühleren und feuchteren Hochlandplateau, Tee angebaut. Und in den wärmeren Regionen, vorwiegend an der Küste im Norden, werden Tabakpflanzungen angelegt.

In den Bergwäldern verwilderte die aus Südamerika stammende Scharlachfuchsie.

Die Jagd auf Mähnenhirsche ist Nationalsport; auf Farmen werden sie zur Fleischgewinnung in großen Rudeln gehalten.

Sehr selten geworden ist der endemische »Bois puant«; er wächst noch im Cabinet-Naturreservat.

Pflanzen und Tiere

Früher bedeckte eine **Palmensavanne** die trockene nördliche Ebene. Reste davon finden sich heute noch auf den nördlichen Inseln. Sie setzt sich aus Bäumen zusammen, die auch längere Trockenzeiten überstehen können. Die auffälligsten sind die Blauen Latanpalmen und die skurrilen Flaschenpalmen.

Der berühmte mauretanische Wald, der neben anderen Edelhölzern 13 verschiedene Ebenholzarten besaß, überlebte im Südwesten von Mauritius, im Gebiet des Black River und Macchabée-Waldes. Das **Ebenholz** aus Mauritius ist als besonders hart und schwarz berühmt. Es wächst sehr langsam, Stämme mit einem Durchmesser von 30 cm sind ungefähr 500 Jahre alt, und ihr schwarzes Herz hat nur einen Durchmesser von 10 cm. Die großen Bäume, die die Holländer exportierten, waren über 1000 Jahre alt.

Die Pflanzenzusammensetzung der Wälder ist abhängig von Höhe und Klima. Die Ebenholzwälder wachsen in der tieferen Region mit wechselhaftem Regen und deutlicher Trockenzeit (z. B. Cabinet-Naturreservat). Die Höhenregenwälder finden sich in Gebieten mit 4000–5000 mm Niederschlägen pro Jahr (z. B. Macchabée-Wald). Es gibt einen Übergangswald in der Bel-Ombre-Region, dort ist der schrittweise Wechsel von einer in die andere Form zu beobachten.

Höhenregenwälder unterscheiden in ihrem Aufbau 4 verschiedene Schichten. Hohe, starke Bäume bilden ein dichtes Kronendach aus. Ihre Stämme verankern sich mit Brettwurzeln im Boden. Die häufigsten sind »Bois de natte«, »Makak«, Colophan-Baum und »Bois tambour«. Die Schicht darunter bildet ein verworrenes Dickicht aus vielen verschiedenen Arten, von Lianen überwuchert und bewachsen mit Farnen, Bärlappen, Lilien und Orchideen. Baumfarne breiten ihre großen, filigranen Wedel aus. Die beiden untersten Schichten setzen sich aus hohem Gebüsch und Bodenpflanzen wie verschiedenen Zwergpfeffer-Arten, Erdorchideen und Farnen zusammen.

Die grau-braunen Javaner-Makaken leben in Familienverbänden, die in den Baumwipfeln umherschweifen.

Die Flaschenpalmen sind endemisch für die kleine Ile Ronde; ihr Stamm ähnelt einer dickbauchigen Vase.

Das größte Problem der Urwälder besteht darin, daß wenig Jungpflanzen nachwachsen. Eingeführte Mähnenhirsche verzehren die jungen Pflanzen und Javaner-Makaken die Blütenknospen und Früchte. Da die Makaken auch Vogeleier und Jungvögel fressen, sind ebenso die höchst gefährdeten Vogelarten in den Wäldern stark betroffen.

Auch die anderen eingeführten Tierarten trugen zur Verdrängung und zur Vernichtung der heimischen Tier- und Pflanzenwelt bei. Verwilderte Ziegen, Hasen und Kaninchen zerstörten auf den kleineren Inseln die Vegetation, Ratten, Wildschweine, verwilderte Katzen und Indische Mungos vernichteten Vögel, Nester und die kleinen Reptilien. Die Mungos wurden nach einer Pestepidemie zur Rattenbekämpfung eingeführt. Von den bestellten 19 Männchen waren aber leider 3 Weibchen und nun leben ihre Nachkommen in allen Regionen.

Sie sind tagaktiv, häufig werden sie auf den Straßen zwischen den Zuckerrohrfeldern gesehen.

Es gibt sieben verschiedene **Taggeckoarten** und -unterarten, die sich in ihrer Färbung und ihrem Lebensraum stark unterscheiden. Sie ernähren sich von Insekten, kleinen Blüten, Nektar und Pollen. Einige Arten leben im gleichen Gebiet, sogar auf den gleichen Bäumen. Es kommt aber zu keiner Konkurrenz, da sie verschiedene Regionen der Bäume besiedeln. So lebt z. B. der Ornament-Taggecko auf den Stämmen, während der Guimbeau-Taggecko sich in den oberen Ästen der Baumkronen aufhält. Die Körperfarbe der

Die Farbigen Erden von Chamarel schimmern in 7 Farben, die durch unterschiedliche Abkühlung der Lava entstanden.

Die Ebenholzwälder (die Art *Diospyros tesselaria* mit den typischen dunklen Stämmen) sind lichte Wälder ohne Unterwuchs, in denen auch »Bois d'olive« und »Makak« wachsen.

Taggeckos ist leuchtend grün und türkis, aber sie unterscheiden sich in der Anordnung der roten und orangenen Flecken und Streifen. Der kleine Blauschwanz-Taggecko fällt durch seinen leuchtend türkisfarbenen Schwanz auf. Er ist mit 4–5 cm der kleinste, die anderen sind 12–17 cm groß.

Eine Ausnahme ist der Guenther-Taggecko von Round Island. Er ist nämlich nicht tagaktiv wie die anderen, sondern dämmerungs- und nachtaktiv. Darum ist er auch der einzige, der nicht grün, sondern graubraun gezeichnet ist.

Einige der Taggeckos leben nur noch in den Resten der heimischen Urwälder, während andere zu Kulturfolgern wurden und in den Bananen- und Kokosplantagen vorkommen. Auch in den Hotelanlagen, im Botanischen Garten von Pampelmousse und in den angelegten Naturparks sind sie häufig zu finden.

Mit etwas Aufmerksamkeit kann man das Gelege an Stämmen, Blättern oder Steinen entdecken. Die Weibchen legen zwei weiße Eier, die sie mit den Hinterbeinen zusammenhalten, bis sie aneinander haften. Nach 2–3 Monaten schlüpfen die Jungen. An unfreiwillig eingeschleppten Schlangen gibt es Wolfzahnnattern und die winzigen Blindschlangen, die im Erdboden leben (s.S. 173) und an Echsen Indische Schönechsen (S. 130).

In den besiedelten und kultivierten Flächen sind die eingeführten Vögel am häufigsten. Rotohrbülbüls, Sperbertäubchen, Haussperlinge, Hirtenmainas und Madagaskarweber leben in den Siedlun-

Mauritiusfalke, Mauritiussittich und Rosentaube – Rettung in letzter Sekunde?

Nachdem viele der Vögel auf Mauritius so schnell ausstarben, daß noch nicht einmal Bälge in den Museen vorhanden sind und die Arten nur nach Knochenfunden, Beschreibungen und Abbildungen zu rekonstruieren sind, wird natürlich alles versucht, um die restlichen endemischen Arten vor dem Aussterben zu bewahren.

Vom Mauritiusfalken gab es 1974 nur noch 6 Tiere, 20 Rosentauben überlebten bis 1986 in einem 25 km² großen Gebiet, und 1991 gab es in Freiheit nur noch 8 Mauritiussittiche. Da mit viel Enthusiasmus, Arbeitsaufwand und Kosten versucht wird, die gefährdeten Vögel in Gefangenschaft zu züchten und wieder auszuwildern, stellt sich natürlich die Frage, wie sinnvoll diese Hilfe ist. Denn um eine gefährdete Art vor dem Aussterben zu bewahren, wird mehr gebraucht, als nachgezüchtete Tiere in die Freiheit zu entlassen. Wenn der Grund für die Gefährdung, wie in Mauritius, die Zerstörung des Lebensraumes und damit hauptsächlich die Vernichtung des Nahrungsangebotes ist, muß sichergestellt werden, daß ein Überleben in Freiheit überhaupt möglich ist.

Die ausgezeichnete Zusammenarbeit zwischen den projektbetreuenden Wissenschaftlern des Jersey Wildlife Preservation Trust, der Forstverwaltung und der Mauritian Wildlife Foundation (MWF) zeigt in Mauritius schon die ersten Erfolge.

Bis 1991 wurden 178 an verschiedenen Zentren nachgezogene Falken wieder ausgewildert, davon wurden 74 % unabhängig. Heute ist die Population auf über 350 Vögel angestiegen. Ob die Art schon als gerettet angesehen werden kann, ist jedoch fraglich, da Inzuchterscheinungen (Eileitertumore) auftreten.

Auch die Nachkommen der Rosentauben konnten schon wieder ausgewildert werden. Wie wichtig jedoch zusätzlich zum Erhalten des Lebensraumes auch die Aufklärung und Schulung der Bevölkerung ist, zeigt das Schicksal der ersten Rosentauben, die im Botanischen Garten von Pampelmousse ausgesetzt wurden. Von 22 Tieren wurden 18 erschlagen und 2 verletzt.

Das Schicksal des Mauritiussittichs ist noch ungewiß. 6 andere Papageienarten in der Region des Indischen Ozeans starben inzwischen aus.

Überlebenshilfe durch Gefangenschaftsbruten sollte nur die allerletzte Möglichkeit sein, wenn keine Zeit mehr für andere Maßnahmen bleibt. Wichtig ist, daß eine Rettung auf natürlichem Wege versucht wird, schon bevor es ernsthafte Überlebensprobleme gibt.

Der Mauritiusfalke zeigt mit seinen kurzen Schwingen und langem Schwanz alle Merkmale eines Waldjägers.

Weichschildkröten leben im Süßwasser; ihr weicher Panzer ist mit einer lederartigen Haut überzogen.

gen; Gelbstirnweber, Wellenastrilde und Muskatfinken im offenen Land. Halsbandsittiche (S. 23), die den endemischen Mauritiussittichen ähneln, entkamen aus Volieren. Sie halten sich in der Nähe von Maisfeldern auf. In bewaldeten Gebieten mit Kasuarinen und Nadelbäumen kommen Mosambikgirlitze, Perlhalstauben und Madagaskarturteltauben vor.

In den Urwäldern im Südwesten sind alle 11 endemischen Vogelarten zu finden. Über den Kronen jagen Mauritiussalanganen und Maskarenenschwalben nach fliegenden Insektenschwärmen. Mauritiussittiche und Rosentauben ernähren sich in den Kronen der hohen Eisenholzbäume von deren Blüten und Früchten. In den kleineren, mit Epiphyten bewachsenen Bäumen suchen Mauritiusbülbüls nach Früchten und Kleingetier. Die Männchen der Mauritiusraupenfänger lassen ihren Territorialgesang hören, und Maskarenenparadiesschnäpper jagen im Flug nach Insekten. Männchen der Mauritiusweber fallen im Brutkleid durch scharlachroten Kopf und Brust auf. Die flinken, grauen Mauritiusbrillenvögel suchen im dichten Buschwerk nach Insekten und saugen aus den Blüten Nektar. Sie sind auch häufig in Parks und Vorgärten anzutreffen. Die dunkleren Olivbrillenvögel, kenntlich an dem auffälligen, weißen Augenring, ernähren sich hauptsächlich von Nektar; sie haben auch die eingeführten Zylinderputzerbäume (S. 26) angenommen.

Der Mauritiusfalke ernährt sich von Taggeckos, die er von den Baumstämmen greift. Im September bis Oktober, wenn er seine Jungen füttert, jagt er hauptsächlich Libellen und Heuschrecken.

Von den 3 Maskareneninseln besitzt nur Mauritius die Möglichkeit, Zugvögeln Rastplätze mit reichlichem Nahrungsangebot zu bieten. Der Fluß Terre Rouge mündet in der Nähe von Port Louis. Sein großes Schwemmgebiet und einige Brackwasserlagunen – Petit River Noire Saltpans und Tamarin Saltpans – ziehen zwischen Oktober und Mai über 40 Seeschwalben- und Watvogelarten in großer Zahl an.

Im Gebiet unterwegs

5 kleine vulkanische Inseln liegen im Abstand von 4 bis 24 km nördlich vor Mauritius. Sie sind das Rückzugsgebiet für endemische Pflanzen und Tiere, die auf der Hauptinsel verdrängt wurden, und Brutplätze für Meerestiere.

Coin de Mire (Gunnar's Coin) ist aus Tuffgestein aufgebaut, das an der Ostseite von Lavaflüssen bedeckt ist. Zwischen Resten

Die jungen Blätter des Eisenholzbaumes sind rotbraun.

Mauritius

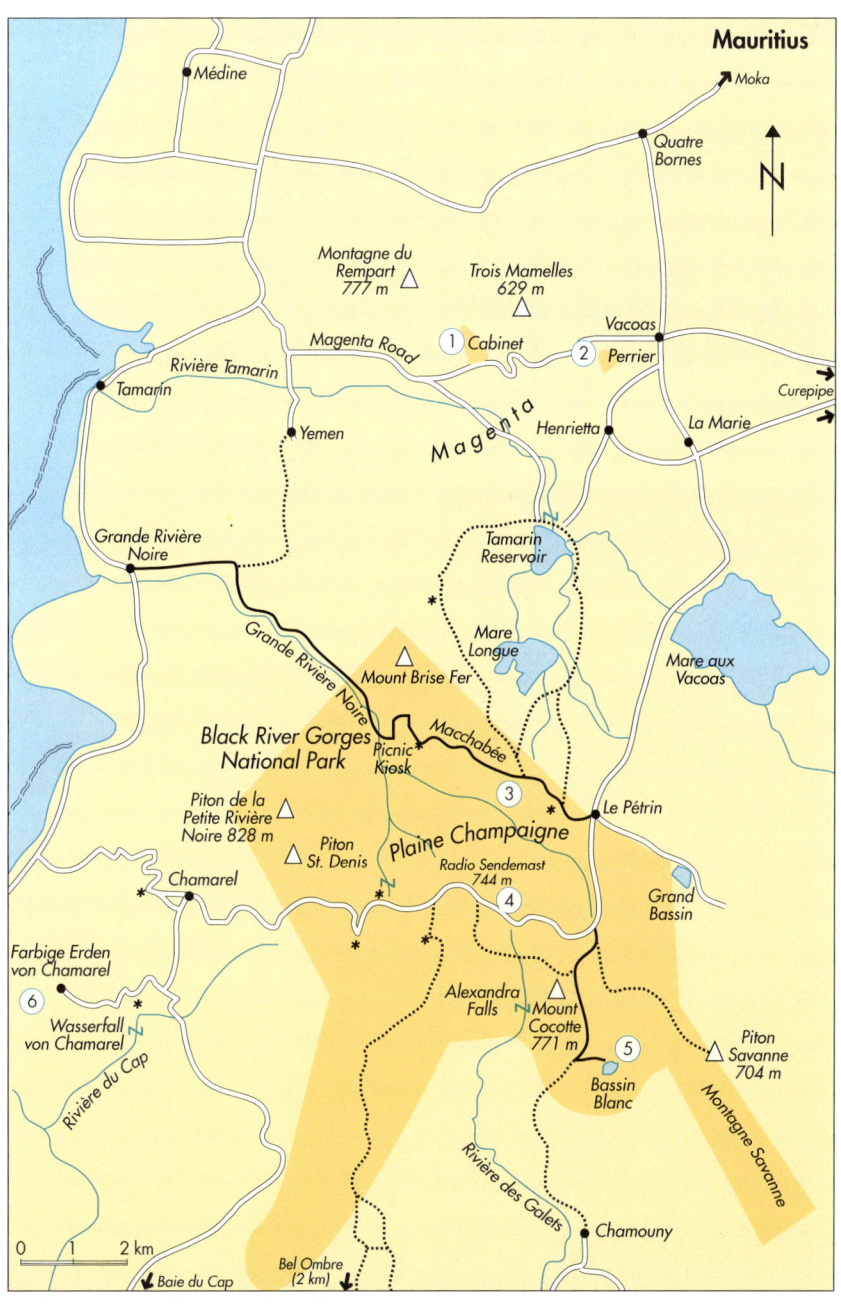

In den kelchförmigen Blüten des Afrikanischen Tulpenbaumes sammelt sich Wasser, daher der Name »Wasserkelch«.

Männliche Mauritiusraupenfänger sind grau, weibliche braun.

Die Indische Schönechse gehört zu den Agamen.

der ehemals typischen Palmensavanne von Nordmauritius wuchern dichte Kolonien der aloeähnlichen Bourbonenlilie. Ein inselendemischer Gecko wurde erst in neuerer Zeit entdeckt.

Ile Plate (Flat Island) ist mit dem winzigen **Islot Gabriel** (Gabriel's Islet), dessen vulkanisches Gestein zu Klüften und Blöcken zerbrochen ist, durch Korallenriffe verbunden. Zwischen ihnen bildet sich eine Lagune, deren gesamter Boden mit Korallen bedeckt ist, hauptsächlich Steinkorallen in den verschiedensten Formen. Die dort häufige Blaue Koralle ist in mauritianischen Gewässern nur hier zu finden.

Ile Ronde (Round Island) besteht aus verwittertem Tuffgestein, das von Wind und Wellen in quergerippte Terrassen, Säulen und tiefe Schluchten zerfressen ist. Starke Erosion trug den größten Teil des Bodens ab, nachdem die im frühen 19. Jahrhundert ausgesetzten Ziegen und Kaninchen die Vegetationsdecke zerstört hatten. Von der Round-Island-Hurricanepalme überlebte nur ein einziges Exemplar. Nach der Vernichtung der Ziegen und Kaninchen und durch Entfernen der eingeschleppten Pflanzen erholte sich die ursprüngliche Pflanzenwelt wieder und zeigt uns jetzt die typische trockene Palmensavanne, die einst ganz Nordmauritius bedeckte.

Da die Insel rattenfrei geblieben war, konnten acht heimische Reptilienarten überleben. Nur auf dieser Insel überlebten die einzigen ursprünglichen Schlangen der Maskarenen: die auf dem Boden lebende Mauritiusboa und die baumbewohnende, lebendgebärende Kielschuppenboa. Die Mauritiusboa ist seit 1975 nicht mehr gesehen worden und muß als ausgestorben gelten. Außerdem sind Guenther-Taggecko und Telfairs Schlankskink inselendemisch. Die Bruthöhlen von 4000 Paaren Keilschwanz-Sturmtauchern durchlöchern den

Boden, in den Klippen brüten Weißschwanz- und Rotschwanz-Tropikvögel und 120 Paare der seltenen Trinidadsturmvögel.

Die 2 Mio. Meeresvögel der benachbarten **Ile aux Serpents** (Serpent's Island) sind zur Hälfte Rußseeschwalben, außerdem Noddis, Schlankschnabelnoddis und einige Maskentölpel. Der Boden ist dick mit Guano bedeckt. Nur kleine Flecken von Portulak und *Brachiaria*-Gras wachsen in Felsvertiefungen.

Im Südosten, in der Bucht von Mahébourg, liegt die 25 ha kleine, flache Koralleninsel **Ile aux Aigrettes**. Als letztes Refugium des trockenen Küstenwaldes ist sie für Pflanzenliebhaber besonders interessant, denn 40 heimische Pflanzen des Küstenwaldes, von denen 10 endemisch für Mauritius und 6 endemisch für die Maskarenen sind, überlebten hier. Neben Ebenholz, Drachenbaum und Schraubenbäumen wachsen »Bois d'éponge« und »Bois de rat«, die beide ein gutes Beispiel für Heterophyllie (s. S. 106) bieten.

Die Orchidee *Oeniella aphrodite* sitzt auf den Ästen der Ebenholz- und der »Bois de Boeuf«-bäume, an deren Stämmen der leuchtend rot und türkisfarbige Mauritius-Taggecko nach Nahrung sucht.

Die Insel soll wieder so hergestellt werden, wie sie vor 400 Jahren, ehe die ersten Siedler kamen, ausgesehen haben mag. Alle fremden Pflanzen, die z. T. sehr aggressiv die heimischen verdrängen, werden entfernt, und gefährdete, heimische werden in Baumschulen vermehrt und wieder angepflanzt.

Ratten, verwilderte Katzen und Mungos wurden ausgerottet, damit sich auch die heimische Tierwelt wieder ausbreiten kann. Nachdem die Ratten weg waren, kam es zu einem explosionsartigen Auftauchen von Ebenholz-Pflänzchen.

Die Feuerranke ist ein immergrüner Kletterer, dessen Glockenblüten in dichten Rispen herunterhängen.

Rosentauben und Mauritiusfalke wurden erfolgreich wieder angesiedelt.

Da die zwei endemischen Schildkrötenarten ausgerottet sind, hat man 18 Aldabra-Riesenschildkröten ausgesetzt.

Empfohlene Autorundfahrt: Von Tamarin über die Magenta Road (Erlaubnis des Médine Sugar Estate) nach Vacoas, südlich nach Le Pétrin, Macchabée Forest, Plaine Champaigne, Chamarel, Tamarin.

Zwei winzige Naturreservate, **Perrier** ② mit 1,5 ha und **Cabinet** ① mit 17,7 ha, liegen isoliert südwestlich von Curepipe. Die einheimischen Bäume von Perrier bilden eine Zwischenform zwischen Trocken- und

Regenwald und sind durch Eisenholzbaum-Dickichte charakterisiert.

Der Wald von Cabinet besteht aus Tieflandtrockenwald. Die dunklen Stämme der Ebenhölzer leuchten neben der grauen, glatten Rinde der »Bois d'olive«-Stämme, die zu den Spindelholzgewächsen gehören.

Die landschaftlich wunderschöne Straße führt durch große Gehege, in denen Mähnenhirsche gezüchtet werden. Eine Seitenstraße endet am Tamarin-Wasserfall.

Anfahrt: Die Magenta-Road verbindet Tamarin mit Vacoas. Sie führt durch Privatbesitz des Médine Sugar Estate, einen Passierschein bekommt man in der Fabrik. Die früheren Naturreservate Macchabée, Bel Ombre, Combo, Les Mares, Gouly Père und Bois sec sind zu einem rund 6500 ha großen Nationalpark zusammengefaßt. Der **Black-River-Gorges-Nationalpark** umfaßt eine Ebene im Norden, der Zentralteil besteht aus der tiefen Black-River-Schlucht, nach Süden zu läuft es hügelig aus. Es ist das letzte Gebiet mit der einmaligen heimischen Tier- und Pflanzenwelt von Mauritius.

7 km südlich des großen Wasserreservoirs Mare aux Vacoas wird das **Informationszentrum** des Nationalparks in Le Pétrin erreicht. Dort gibt es Informationsmaterial und Karten und Beschreibungen der Wanderwege. Le Pétrin ist der Ausgangspunkt für mehrere Wanderwege. Die Straße führt weiter in die Plaine Champaigne, biegt nach Westen ab und zieht durch ein Berggebiet ④. Von den Aussichtspunkten besteht die Möglichkeit, Mauritiusfalken, Rosentaube, Mauritiussittich und Mauritiusraupenfänger zu beobachten. Es ist landschaftlich die schönste Straße von Mauritius. Sie stößt in Grande Case Noyale auf die westliche Küstenstraße (19 km von Le Pétrin).

In der kleinen Ortschaft Chamarel führt ein ausgeschilderter Weg 4 km nach Süden zu einem Wasserfall (S. 11) und den Farbigen Erden von Chamarel (Terre des couleurs) ⑥. TIP: Gute Fotos bekommt man frühmorgens oder nachmittags.

Empfehlenswerte Wanderungen: Von Le Pétrin zur **Black-River-Schlucht** ③ und zurück (oder weiter entlang des Black River zur Westküste). Der Weg an der Black-River-Schlucht entlang führt nach 1 km zum ersten Aussichtspunkt, nach weiteren 2 km entlang der Schlucht zum zweiten. Beide sind ideal für Vogelbeobachtungen. Von hier kann man entweder zum Ausgangs-

Im Botanischen Garten von Pampelmousse gedeihen neben einheimischen Gewächsen auch die riesigen Victoria-Seerosen.

Die Rosentaube soll durch Nachzuchten gerettet werden.

Die jetzt heimischen Rotohrbülbüls stammen von einem Paar ab.

punkt zurück oder in die Schlucht über einen steilen und rutschigen Pfad absteigen. Unten stößt man auf den Weg, der am Black River entlangführt und an der Westküste in Grande Rivière Noire herauskommt.

Plaine Champaigne zum **Bassin Blanc** ⑤ und zurück (oder weiter bis Chemin Grenier und zur Südküste). 2,5 km südlich von Le Pétrin biegt die Straße durch die Plaine Champaigne scharf nach Westen ab. An dieser Stelle führen zwei kleinere Straßen weiter nach Süden, die linke zum Piton Savanne, die rechte am Mont Cocotte vorbei zum Kratersee Bassin Blanc. In der Umgebung sind u.a. Olivbrillenvögel und Mauritiusweber zu beobachten. Die Straße führt weiter abwärts auf die Straße, die nach Chamouny und Chemin Grenier und weiter zur Südküste führt. Diese zweite Strecke kann auch mit einem geländegängigen Fahrzeug bewältigt werden.

Praktische Tips

Inselausflüge

Touristikunternehmen und Hotels an der Nordspitze bieten Bootsfahrten zu den Inseln an. Auf **Ile Plate** kann angelegt werden. Es ist ein hervorragendes Schnorchelgebiet. Bei Ebbe ist der Lagunenteil zur Islot Gabriel nur knietief mit Wasser bedeckt und dadurch leider zu Fuß zu erreichen. Abgebrochene und zerstörte Korallenstöcke markieren den Übergang.
Coin de Mire und **Ile Ronde** sind Naturreservate und dürfen nur mit Genehmigung betreten werden. Wegen des hohen Wellengangs ist es meist nur im September und Oktober möglich, auf Ile Ronde zu landen. Auf **Ile aux Serpents** ist eine Bootslandung meistens unmöglich. Eine Rundfahrt um die Inseln zur Meeresvogelbeobachtung ist empfehlenswert.
Besuche der **Ile aux Aigrettes** starten mit Booten der Mauritian Wildlife Foundation (MWF) von Mahébourg aus und schließen einen geführten Inselrundgang von 1,5 Stunden ein. Gebucht werden kann beim MWF, in den meisten Hotels und bei Reiseunternehmern.
E-Mail: MWFFund@intnet.mu
Tel.: 6 31 23 96

Information/Adressen

- Mauritius Government Tourist Office, Sir Seewoosagur Ramgoolam St., Port Louis
  Tel.: 2 01 17 03, Fax: 2 12 51 42
  Passierschein für die Magenta Road:
- Médine Sugar Estates, Bambous
  Tel.: 4 52 04 00, Fax: 4 54 04 03

Blick in die Umgebung

Der **Botanische Garten von Pampelmousse** »Sir Seewoosagur Ramgoolam Botanic Garden« ist einer der ältesten botanischen Gärten der Welt. Er bietet über 500 verschiedene Baumarten, davon 80 Palmenarten, 40 einheimische Maskarenenbäume und die wichtigsten endemischen Bäume von Mauritius. Er ist mit Vögeln bevölkert, es kommen sogar die endemischen Maskarenenparadiesschnäpper und Maskarenenbrillenvögel vor. Es gibt einen ausgezeichneten Führer mit Lageplan: A.W. Owadally, Sir Seewoosagur Ramgoulam Botanic Garden.

Im **Botanischen Garten von Curepipe** wächst die allerletzte Palme von *Hyophorbe americaulis*. Alle Rettungsversuche sind bis jetzt gescheitert. Künstliche Befruchtung ist noch nicht gelungen, da die männlichen Blüten vor den weiblichen reif sind, ein Trick der Natur, um Selbstbefruchtung zu vermeiden. Geklonte Setzlinge starben nach kurzer Zeit ab.

Im zwischen Point-aux-Piments und Trou-aux-Biches liegenden **Aquarium** wird die Meeres- und Süßwasserfauna des Indischen Ozeans mit ungefähr 200 Arten von heimischen Wasserschildkröten, Fischen, Korallen und Schwämmen gezeigt.

www.mauritiusaquarium.com
Tel.: 26 14 56

Im **Casela Bird Park** können neben exotischen Vögeln Rosentauben, Mauritiusfalken und freilebende Vögel beobachtet werden. Er liegt zwischen Tamarin und der Kreuzung nach Flic en Flac.
E-Mail: Casela@intnet.mu
www.caselayemen.mu
Tel.: 4 52 06 93/5

La Vanille Crocodile Park beherbergt neben eingeführten Nilkrokodilen, die kommerziell verwertet werden, auf einem Gelände mit großen Urwaldbäumen und heimischen Pflanzen fast alle Tiere der Maskarenen.
Er liegt 2 km südlich von Rivière des Anguilles.
E-Mail: crocpark@intnet.mu
www.lavanille-reserve.mu
Tel.: 6 26 25 03

Le Domaine d'Anse Jonchée (ein Teil des Gebietes hieß früher **Domaine du Chasseur**) ist ein bewaldetes 950 ha großes Jagdgebiet an den Südhängen der Montagnes Bambous. Bis auf die Rosentaube sind alle endemischen Vogelarten hier gesehen worden. Mauritiusfalken wurden ausgewildert. Mähnenhirsche, Wildschweine, Flughunde (S. 24) und Tanreks sind auf dem Gelände, das von 28 km Wanderwegen durchzogen ist, ebenfalls zu sehen.
Übernachtungsmöglichkeiten und Restaurant:
Tel.: +230 - 6 34 50 11
Fax: +230 - 6 34 52 61
E-Mail: ledomaine@intnet.mu
www.ledomaine.mu

13 Rodriguez

Außergewöhnliche Kalksteinhöhlen; Rodriguezweber und -rohrsänger, Rodriguez-Flughunde; Seevögelkolonie auf Ile aux Cocos; endemische Pflanzen in den Naturreservaten Anse Quitor und Grande Montagne; bestes Korallenriff der Maskarenen.

Rodriguez liegt 650 km östlich von Mauritius. Es ist 18 km lang und 8 km breit, das bergige Inland mit dem 398 m hohen **Mt. Limon** und dem 392 m hohen **Mt. Malartic** fällt in steilen Hängen mit schmal eingeschnittenen Tälern zur Küste hin ab. Der flachere Südwesten besteht aus Kalkstein, der zu bizarren Tropfsteinhöhlen und Grotten verwittert ist.

Rings um die Insel läuft ein unvergleichliches Korallenriff, das einen gleichmäßig fortlaufenden Ring bildet, schmal im Osten, jedoch bis zu 90 km breit im Norden und Süden. Es umschließt eine Lagune von 240 km², in der 18 kleine Inseln liegen. Ile aux Cocos und Ile aux Sables im Nordwesten sind Naturreservate.

Pflanzen und Tiere

Rodriguez ist für den Zuckerrohranbau zu trocken. Das flache Land ist mit Mais, Zwiebeln, Knoblauch, Bohnen und Chilipfeffer bebaut. In den höhergelegenen Tälern und im Naturreservat Grande Montagne sind Gebiete mit einheimischem Bewuchs übriggeblieben. Rodriguez ist ein Beispiel dafür wie mühsam es ist, eine zerstörte Umwelt wieder herzustellen. Alte Berichte erzählen, daß die Insel dicht bewaldet war, daß Tausende von Riesenschildkröten auf ihr lebten, daß in den Wäldern die großen flug-

Die flachen Hänge von Rodriguez sind mit Trockengebüsch und ausdauernden Pflanzen bewachsen.

Den Meerreiher gibt es in schwarzer und weißer Farbvariante; er ist regelmäßig an den Stränden zu finden.

unfähigen Solitäre (Rodriguez-Einsiedler) brüteten und daß es Riesengeckos gab. Mit großen Anstrengungen wird daran gearbeitet, die endemischen Pflanzen und Tiere zu erhalten. Es laufen Aufzucht- und Vermehrungsprogramme, in den letzten Jahren wurden mehr als 115 000 Pflanzen gesetzt – nicht nur, um die Pflanzen zu erhalten, sondern auch um den gefährdeten Tieren wieder einen größeren Lebensraum zu bieten. 38 endemische Pflanzen kommen noch vor, einige sind jedoch so selten, daß nur noch Einzelpflanzen existieren. Die Forstverwaltung von Mauritius züchtet diese in Baumschulen nach und beschützt die Orte, in denen gefährdete Pflanzen wachsen. Besonders betreut werden der »Bois

Auffällig und lautstark ist der eingeführte Hirtenmaina.

pipe«, aus dessen dichtem, festen Holz Pfeifen hergestellt wurden, der »Café marron«, der mit Stecklingen des letzten Baumes vermehrt wurde, und »Mandrinette«, ein 10 m hoher Hibiskusbaum mit gelborangenen Einzelblüten. Bei diesen, wie bei fast allen endemischen Bäumen und Sträuchern von Rodriguez, sind die Jugendblätter anders geformt (s. S. 106).

Der endemische »Café-marron«-Baum galt seit Jahrzehnten als ausgestorben, als ein Lehrer 1980 seine Schüler dafür begeisterte, interessante und seltene Pflanzen zu finden. Ein Schüler fand die, von Ziegen halb abgefressene, einzig übriggebliebene »Café-marron«-Pflanze. Wissenschaftler zäunten sie ein, aber das bewirkte, daß die Bevölkerung anfing zu glauben, daß dieser einzigartige kleine Baum besondere Heilkräfte haben müsse und holten sich Zweige, Rinde und Blätter. Darum schickte man 1986 einige Triebe an den berühmten Botanischen Garten in Kew (London). 2001 konnten 11 Bäumchen in Rodriguez wieder ausgepflanzt werden, und 2003 gelang es, die weißen Blüten zu befruchten und die ersten Samen zu produzieren, und 2007 konnten weitere 12 Pflanzen zurückgebracht werden.

Das kleine Naturreservat **Anse Quitor** im Südwestteil der Insel enthält Reste der typischen Kalktrockenvegetation. Vom inselendemischen Rautengewächs »Bois Pasner« stehen nur noch 3 Bäume.

Die bebauten und kultivierten Gebiete werden von eingeführten Madagaskarwebern (S. 75), Sperbertäubchen (S. 71), Haussperlingen, Wellenastrilden, Mosambikgirlitzen und Wachtelfrankolinen bevölkert. Im Waldgebiet von **Grande Montagne** und links und rechts des Rivière Cascade Pigeon kommen die letzten 2 endemischen Vogelarten vor, der Rodriguezweber und der Rodriguezrohrsänger.

Vom Rodriguezweber blieben durch zwei starke Zyklone, Abholzung und durch das Einführen des dominanten Madagaskarwebers 1968 nur noch 5–6 Paare übrig. Durch Aufforstungprogramme, die bis heute noch weitergeführt werden, konnte sich der Bestand auf mehr als 900 Vögel erholen. Auch vom Rohrsänger gibt es inzwischen wieder mehr als 200 Tiere.

Auch die Rodriguez-Flughunde, von denen es 1974 nur noch 70 Tiere gab, konnten durch Aufzuchtprogramme gerettet werden. Heute leben wieder mehr als 5000 in den Wäldern, wo sie auf hohen Bäumen tagsüber rasten. In der Dämmerung starten sie zur Nahrungssuche. Ihr ausgezeichneter Geruchssinn führt sie zu fruchtenden Mango-, Feigen- und Tamarindenbäumen, deren Früchte sie auslutschen; außerdem ernähren sie sich noch von Blüten und deren Nektar. Sie werden auch »Goldene Flughunde« genannt, weil ihr dichtes Fellkleid an Kopf, Rücken und Brust goldgelb gefärbt ist. Sie gehören zu den kleineren Flughunden mit einer Flügelspannweite von 90 cm.

Die ausgestorbenen Rodriguez-Riesenschildkröten und die Rodriguez-Strahlenschildkröten bevölkerten früher zu Tausenden die Insel. Allein zwischen 1732 und 1771 wurden 280 000 Riesenschildkröten nach Mauritius exportiert. Um den ursprünglichen Eindruck wieder auferstehen zu lassen, holte man 400 der ähnlich aussehenden Aldabra-Riesenschildkröten von den Aldabra-Inseln (s.S. 96) und 40 Madagassische Strahlenschildkröten (S. 82) aus Madagaskar. Im Naturreservat und Schildkrötenpark Anse Quitor läuft seit 2006 das Nachzuchtprogramm auf einem 18 ha großen Gelände. Beide Arten züchteten erfolgreich, der Bestand umfaßt inzwischen 610 Schildkröten.

Die filigrane Kasuarine ist ein Laubbaum, ähnelt mit ihren schachtelhalmähnlichen Blättern jedoch einem Nadelbaum.

Die flachen Korallensandinseln **Ile aux Cocos** und **Ile aux Sables** sind mit Kasuarinen, Kokospalmen und einigen Pisoniabäumen bewachsen. Auf ihnen nisten große Kolonien von Noddis, Schlankschnabelnoddis (S. 66) und Feenseeschwalben (S. 84). Von Juni bis Mitte August brüten über 2000 Rußseeschwalbenpaare in einer großen Brutkolonie auf dem Boden (S. 183).

Der Riesenhundertfüßer, in den Tropen weit verbreitet, hat im Indischen Ozean nur Rodriguez besiedeln können. Er wird 30 cm lang und ruht tagsüber im Schatten und unter Steinen; nachts ernährt er sich räuberisch von großen Insekten und kleinen Wirbeltieren. Er ist gefürchtet, da sein Biß für Menschen sehr schmerzhaft ist.

Die handtellergroßen Seidenspinnen haben Zwergmännchen.

Im Gebiet unterwegs

Ile aux Cocos und **Ile aux Sables** ① sind Naturreservate, nur Ile aux Cocos darf mit Erlaubnis und mit offizieller Führung besucht werden, Ile aux Sables ist für Besucher gesperrt. Es ist am einfachsten, Tour und Erlaubnis bei einer örtlichen Agentur zu buchen. Die Bootsfahrt dauert 1 Stunde, die Führung 45 Minuten. Da die Inseln innerhalb des Außenriffs liegen, ist es bei Ebbe schwierig, sie zu erreichen. Manchmal muß man noch 1 km zu Fuß im flachen Wasser gehen.

Im Südwesten liegt das Naturreservat **Anse Quitor** ② und das neue Naturreservat **François Leguat** mit dem Schildkrötenpark und die 600 m lange Tropfsteinhöhle **Caverne Patate** ③. Erst kürzlich wurden 11 neue Höhlen entdeckt, die nach und nach für den Besuch freigegeben werden sollen. Von La Ferme führt die Hauptstraße nach Süden Richtung Petite Butte. Ab La Fouche liegt westlich das Trockengebiet, begrenzt von den Straßen zum Flughafen, nach Plaine Caverne und Vangasailles. Folgt man der Hauptstraße weiter, zweigt 1 km vor Petite Butte ein Weg nach rechts ab, der zur Caverne Patate führt.

Links und rechts an der Straße von Port Mathurin Richtung Mont Limon liegt das Gebiet, in dem die Rohrsänger, Weber und Flughunde leben. Knapp 2 km südlich von Port Mathurin liegt westlich der Straße der Wasserfall (Cascade) ④ des **Rivière Cascade Pigeon**; dort ist das Rohrsängerge-

biet. Östlich liegt **Solitude** ⑤, wo der Rodriguezweber in den Mahagoniplantagen zu sehen ist. In beiden Tälern rasten die Flughunde auf hohen Bäumen.

Die Straße von Mt. Limon führt nach 3 km in östlicher Richtung in das Gebiet des Naturreservats **Grande Montagne** ⑥, in dem viele endemische Pflanzen wachsen.

2 prächtige Küstenwanderwege mit malerischen Aussichtspunkten führen an der Nordost- und an der Südostküste entlang. Einmal von Grande Baie bis Pointe Coton ⑦, der andere verläuft von Pointe Coton oder St. François über Trou d'Argent bis nach Gravier ⑧. Es sind jeweils Halbtagestouren, man kann mit dem Bus von Pointe Coton und Gravier nach Port Mathurin zurückfahren.

Die kleine Insel **Ile aux Chats** ist von einem sehr interessanten Korallenriff umgeben, ideal für Schnorchler und Taucher. Von Port Sud-Est aus starten Bootstouren ⑨.

Praktische Tips

Anreise
Air Mauritius und Catovair fliegen, je nach Saison, 2–5mal pro Tag nach Rodriguez, Flugdauer 1,5 Stunden, Freigepäck 15 kg. Wer von Europa mit Air Mauritius kommt, sollte den Flug nach Rodriguez gleich mitbuchen, diese Flüge haben Priorität. www.catovair.com.
Zwischen Mauritius und Rodriguez verkehren zwei Fracht-Passagierschiffe, die »Mauritius Pride«, die 2–3mal im Monat fährt und die neuere und größere »Mauritius Trochetia«, die einmal im Monat fährt. Die Fahrt dauert 36 Stunden, zurück nach Mauritius 25 Stunden. Diese Schiffe werden auch von der einheimischen Bevölkerung genutzt, deshalb sollte man rechtzeitig buchen. Mauritius Shipping Corporation: www.mauritiusshipping.intnet.mu

Unterkunft
Camping ist erlaubt. Es gibt verschiedene Privatpensionen und Hotels:
- Mauritius Tourism Promotion Authority, Sonnenstr. 9, 80331 München
   Tel.: 089 - 2 36 62 18 34, mauritius@aviarepsmangum.com

Hoteladressen und Agenturen: www.tourism-rodrigues.mu (auch in deutsch)

Verkehr
Öffentliche Busse verkehren auf den Hauptstraßen von 6.00–17.30 Uhr. Vom Flughafen nach Port Mathurin und zurück besteht ein Zubringerdienst. Autos können gemietet werden.

Blick in die Umgebung
Cargados Carajos (St. Brandon) ist ein Atoll, das aus 28 flachen Inseln besteht. Es liegt 395 km nordöstlich von Mauritius. Es gibt keine ständigen Siedlungen, zeitweise leben Fischer dort. Es gilt als Tauchparadies, das nur mit Yacht oder Fischerboot erreicht werden kann. Auskunft und Erlaubnis:
- Mauritius Fishing Development Ltd (Raphael Fishing Company)
   Tel.: +230 - 2 08 02 99, 33 Ter Volcy Pougnet, Port Louis Mauritius

In **Agalega** wird das Kokosöl für Mauritius gewonnen. Die Nord- und Südinseln liegen 1200 km nördlich von Mauritius. Man erreicht sie mit dem Schiff »Mauritius Pride« oder mit einem Dornierflugzeug der Küstenwache. Der Flug dauert 3 Stunden. Auskunft und Erlaubnis:
- Outer Islands Development Corporation (OIDC), Tel.: +230 - 2 42 22 75, Jade House, Jummah Mosque St., Port Louis, Mauritius

Komoren

Die 4 Hauptinseln der Komoren liegen jeweils 300 km von Mosambik und Madagaskar entfernt. Von Westen nach Osten sind es Grande Comore (Ngazidja), Mohéli (Mwali), Anjouan (Ndzouani) und Mayotte (Maoré). Der Abstand zwischen ihnen beträgt 50–90 km.

Die Vulkaninseln bauten sich vom Miozän an, vor 15 Mio. Jahren, vom Meeresgrund auf. Ihr unterschiedliches Alter läßt sich gut am Profil der Inseln ablesen. Mayotte als älteste hat abgerundete Berge, eine stark zerklüftete Küste und ist rundum von einem Korallenriff umgeben. Die Berge von Anjouan und Mohéli sind höher, die Küsten nicht so zerklüftet, und nur an einigen Stellen haben sich Korallenriffe gebildet. Die Böden sind zu fruchtbarer roter Lateriterde verwittert. Die jüngste Insel Grande Comore mit dem 2361 m hohen aktiven Vulkan Karthala ist zum Teil mit nackter Lava bedeckt, teilweise mit einer hauchdünnen Bodenschicht. Es haben sich erst Anfänge von kleinsten Korallenriffen gebildet. Grande Comore besitzt keine Flüsse. Der Lavaboden ist noch so porös, daß das Regenwasser sofort wegsickert.

Geographisch bilden die Inseln eine Einheit, politisch sind sie jedoch getrennt. Grande Comore, Mohéli und Anjouan sind zur Komorischen Islamischen Republik, der »République Fédérale et Islamique des Comores«, zusammengeschlossen; Mayotte jedoch gehört als »Collectivité Territoriale« zu Frankreich.

Es ist wenig über die Pflanzen- und Tierwelt bekannt, und neue Arten sind noch zu entdecken. Die Pflanzenfülle ist überwältigend, sie wird auf 2000 Arten geschätzt, davon sollen mehr als 100 endemisch sein. Von den tropischen Urwäldern gibt es nur noch Reste auf den steilen Flanken der höchsten Berge. Fast das ganze Land wird landwirtschaftlich genutzt.

Landwirtschaft wird traditionell und auch modern betrieben. Der größte Teil der Bevölkerung bewirtschaftet kleine Felder zur Nahrungsproduktion. Modern betrieben werden große Monokultur-Plantagen mit Kokospalmen und Ylang-Ylang-Bäumen. Kopra, Vanille, Ylang-Ylang und Nelken machen 97 % des Exports aus. Die Komoren sind als Parfüminseln bekannt, neben Ylang-Ylang werden Zitronengras, Jasmin, Basilikum und Bitterorangen destilliert.

Direkt vom Meeresniveau an beginnen die Kokosplantagen. Sie bedecken die tieferen Teile aller Inseln und in Mayotte, wel-

Auf Grande Comore beginnen gerade erst an wenigen, kleinen Küstenabschnitten Mangroven zu siedeln.

ches flacher ist, auch große Teile des Inlands. Häufig sind Mischkulturen mit Unterwuchs aus Bananen, Sagopalmen, Avocados und Papayas. Darunter und dazwischen werden Mais, Maniok, Zuckerrohr, Ananas, Auberginen und Süßkartoffeln angepflanzt.

Bekannt geworden sind die Komoren durch den **Quastenflosser** (s.S. 146f.), den berühmtesten Vertreter der komorischen Tierwelt. Schon bevor südafrikanische Wissenschaftler den Fisch wiederentdeckten, war er auf Grande Comore und Anjouan den Fischern wohlbekannt. Sie fingen ihn zwar nicht allzu häufig, schätzten ihn aber als Speisefisch. Seine großen Schuppen wurden in den Werkstätten als Raspeln zum Aufrauhen benutzt.

Wale, hauptsächlich Pottwalschulen, ziehen regelmäßig im Mai und Oktober zwischen den Inseln Grande Comore und Mohéli durch. Delphine sind oft nah an den Küsten zu beobachten.

Unter den 3 Flughundarten der Komoren ist der Livingstone-Flughund, der nur auf Anjouan und Mohéli vorkommt, der größte und seltenste. Der Komoren-Flughund gilt als eine Unterart des Seychellen-Flughundes, er ist auf allen vier Inseln häufig zu sehen. Der Komoren-Rosettenflughund, der »Vergessene Flughund« (s.S. 155f.), fehlt auf Mayotte.

Beutegreifer, die aus Asien stammen und den heimischen Reptilien und Vögeln zusetzen, sind die Kleine Zibetkatze, die auf allen 4 Inseln verbreitet ist, und die Goldstaubmanguste, die nur auf Grande Comore vorkommt. Aus Madagaskar wurden zu Nahrungszwecken Tanreks ausgesetzt (S. 155). Ihre Rückenhaare sind mit Borsten und Stacheln durchsetzt, sie gehören zu den urtümlichen Borstenigeln.

Auf den Komoren kommen 12–17 endemische Vogelarten vor, einige sind inselendemisch, sie kommen weltweit nur auf einer einzigen Insel vor. Es besteht unter den Vogelkundlern Uneinigkeit darüber, ob einige der Arten als eigene Arten oder nur als Unterarten anerkannt werden.

Rund 150 Vogelarten wurden auf den Komoren nachgewiesen, 70 davon sind Brutvögel, die anderen erscheinen als Durchzieher und Überwinterer, darunter Eleonorenfalken aus dem Mittelmeergebiet und Schieferfalken aus Vorderasien. Es sind nicht nur Zugvögel aus der Paläarktis, sondern auch aus Afrika und Madagaskar, die auf den Komoren rasten. Unter den rund 70 Brutvogelarten sind die Meeresvögel mit nur 3 Arten vertreten; es fehlen die vorgelagerten Inseln, die ja von der Mehrzahl der Meeresvögel zum ungestörten Brüten bevorzugt werden.

Unter den Reptilien ist das Vorkommen des Seba-Leguans auf Grande Comore etwas ganz Besonderes, denn die geographische Verbreitung der Leguane ist das tropische Amerika. Er ist 30 cm lang, breite schwarze Querstreifen schmücken den ockerfarbenen Rücken und die Seiten des Körpers. Der lange Schwanz ist mit Dornenschuppen besetzt.

Von den 7 verschiedenen Taggecko-Arten ist der Komoren-Taggecko von Grande Comore der farbenprächtigste. Auf seinem leuchtendgrünen Körper ist der Rücken mit roten Flecken besprenkelt und an den Seiten laufen braune und weiße Längsstreifen von der Schnauzenspitze bis zum Schwanzansatz.

Auch die grünen Taggeckos der anderen Inseln sind leicht an Baumstämmen und Mauern zu entdecken, selbst in Hotelgärten und Plantagen.

Amphibien fehlen auf den 3 westlichen Inseln, nur auf Mayotte leben 2 Froscharten, die ursprünglich aus Madagaskar stammen.

Praktische Tips

Auf den Komoren steckt der Tourismus noch in den Kinderschuhen. Das ist einerseits sehr reizvoll, andererseits bringt es auch viele Probleme für den Besucher.
Die Einreiseformalitäten am Flughafen sind unkompliziert, jedoch ist ein Visum nötig, um wieder auszureisen. Der Antrag sollte so früh wie möglich in Moroni im Innenministerium gestellt werden. Manchmal werden zusätzliche Paßbilder verlangt. Nach Mayotte kann man über Réunion ohne Visum einreisen.

Klima

Der Nordwestmonsun von November bis April bringt Hitze, hohe Luftfeuchtigkeit und heftige Niederschläge am Nachmittag. Während des Südostpassats von Mai bis Oktober ist es trocken und kühler, aber auch mit vereinzelten Gewittern und Regenschauern, hauptsächlich am Karthala-Vulkan.
Die Temperatur variiert wenig von Insel zu Insel, eine Ausnahme bildet Mayotte. Dort ist die Trockenzeit durch den Einfluß der großen, warmen Lagune deutlicher ausgeprägt als auf den anderen Inseln. Die durchschnittliche Küstentemperatur beträgt 25° C. Die höchsten Temperatursprünge gibt es am Karthala-Gipfel und im Hochland von Anjouan.
Die Komoren werden alle 3-4 Jahre während des Nordwestmonsuns von heftigen Zyklonen heimgesucht, zum Teil mit katastrophalen Auswirkungen. 1984 wurden auf Mayotte 20 000 Bäume entwurzelt und 80 % der Kulturen vernichtet.

Beste Reisezeit

Ganzjährig gut. Karthala-Besteigungen können in der Hauptregenzeit zwischen November und Februar schwierig werden. Während der Regenzeit sind viele Wanderwege zugewuchert. Da die Komoren islamisch sind, kann es zur Ramadanzeit für Touristen, die auf eigene Faust reisen, schwierig sein. Die Restaurants sind tagsüber geschlossen, und alle offiziellen Ämter, Banken und Geschäfte schließen früher.

Anreise

Der internationale Flughafen von Hahaya auf Grande Comore wird nicht mehr (Stand Sommer 2008) von großen internationalen Fluggesellschaften (Air France, Emirates) angeflogen. Sudan Air und Yemen Airways sind Alternativen, aber mit Zwischenlandungen in Khartoum oder Saana. Einmal pro Woche fliegt Air Madagascar von Antananarivo und Mahajanga nach Grande Comore. Ebenfalls ein- bis zweimal pro Woche fliegt Air Austral von La Réunion nach Mayotte.
Zwischen den Inseln fliegen Comores Air Services und Comores Aviation mit kleinen Flugzeugen. Es kommt oft vor, daß wegen Wetterverhältnissen, Reparaturen, Krankheiten des Personals usw. Flüge ausfallen. Planmäßig sollen pro Woche 8 Flüge nach Anjouan, Mohéli und Mayotte gehen.
ACHTUNG: Ganz egal, wie oft die Flüge schon bestätigt wurden, machen Sie es sich zur Regel, jeden Flug auf der entsprechenden Insel noch einmal bestätigen zu lassen! Die Inner-Inselflüge sind immer ausgebucht und nur, wer vor Ort seinen Flug noch einmal rück-

bestätigen läßt, wird auf die Flugliste gesetzt.
Es besteht ein unregelmäßiger Bootsverkehr zwischen den 4 Inseln, Auskunft im Hafen.

Verkehr

Auf den Komoren herrscht Rechtsverkehr. Das öffentliche Verkehrsnetz wird mit Taxi-broussses betrieben. Das sind Peugeot-Pickups, die fast alle Ortschaften anfahren. Es gibt keinen Fahrplan.
ACHTUNG: Auf Mohéli und Anjouan wird der Fahrverkehr wegen der häufigen Gewitter am Nachmittag um 15.00 Uhr eingestellt!
Taxis verkehren hauptsächlich zwischen den Flugplätzen und den Hauptstädten der Inseln. Es sind alles Sammeltaxis, die auf Handzeichen halten.
Autos können in den Hotels gemietet werden. Am praktischsten ist es, einen Taxifahrer zu fragen, ob er oder ein Kollege von ihm sein Auto vermietet.
ACHTUNG: Es gibt auf den Komoren weder Straßenschilder in den Ortschaften noch Orts-, Hinweisschilder oder Kilometerangaben.

Unterkünfte

Es gibt nur sehr wenig Hotels. Darum müssen Ausflüge und Wanderungen so geplant werden, daß man abends einen Übernachtungsort erreicht.
Camping ist erlaubt, es gibt keine Campingplätze. Es empfiehlt sich, wegen der vielen neugierigen Zuschauer nicht in der Nähe von Dörfern zu campen.

Adressen
Komorische Republik:
- Direction Générale du Tourisme et de l'Hôtellerie, BP 97, Moroni
  Tel.: +269 - 74 42 42/65
  Fax: +269 - 74 42 41
  dg.tourisme@snpt.km
- Tourismusbüro Comores Tourisme
  www.tourisme.gouv.km

Mayotte:
- Office Territorial du Tourisme et de l'Information, BP 169,
  Place du Marché, Mamoudzou
  97600 Mayotte
  Tel.: +269 - 61 09 09 / 61 16 04,
  Fax: 61 10 18
- Syndicat du Développement du Tourisme de Mayotte, BP 42,
  Dzaoudzi, 97610 Mayotte
  Tel.: +269 - 60 14 44

Frankreich:
- Mayotte Représentation,
  1 Avenue Foch, 10 Rue de Présbourg,
  75116 Paris
  Tel.: 1 - 45 01 28 30

14 Grande Comore (Ngazidja)

Aktiver Vulkan Karthala; Lavaflächen verschiedenen Alters mit stufenweiser Pflanzenbesiedlung; viele Parasitenkrater; Nebelurwälder auf La Grille und Karthala; Baumheidenzone; endemische Vogelarten; Flughunde.

Grande Comore ist mit einer Fläche von 1024 km² die größte Insel der Komoren. Sie erstreckt sich über 68 km Länge in Nord-Süd-Richtung. Der Nordteil wird von dem Grille-Massiv gebildet. Die Südhälfte nimmt der 2361 m hohe aktive Karthala-Vulkan ein. Der Vulkanismus ist noch überall gut sichtbar. Riesige schwarze Lavafelder zerteilen das grüne Pflanzenkleid. Sie entspringen aus den Bergflanken und reichen bis ins Meer. Analysen der Basaltgesteine und der Lavaflüsse ergaben, daß es 2 Magmakammern gibt, eine speist den Karthala, aus der anderen stammt La Grille.

Der **Karthala** ist ein Schildvulkan, dessen große Caldera aus 3 Einzelcalderen gebildet wird. Sie sind in Kleeblattform um 2 nebeneinander liegende Krater angeordnet. 1850 begann eine vulkanisch sehr aktive Zeit. In den folgenden 30 Jahren wurden die großen Lavamengen ausgestoßen, die heute weite Teile der Insel bedecken. Seit damals wurden bis heute 18 ernsthafte Eruptionen registriert. Den letzten großen Ausbruch von 1977 leitete ein Erdbeben ein. Ein breiter Lavastrom wälzte sich an der Südflanke hinunter, bedeckte das Dorf Singani und die umgebenden Plantagen und Felder und ergoß sich ins Meer. Der bisher letzte Ausbruch erfolgte 1991.

Die gesamte Hochebene von Dibwani ist mit Vulkankegeln bedeckt, die sich aus Lavaasche aufgebaut haben.

Die flache, felsige Küste wird aus schwarzem Basaltgestein gebildet. Nur dort, wo schon kleine Korallenriffe bestehen, gibt es Sandstrände. Im Gegensatz zu den 3 älteren Inseln sind die Böden sehr arm. Eine dünne, grobkörnige, gelbe Erdschicht bedeckt den Untergrund.

Pflanzen und Tiere

Die Küsten aus schwarzen Lavafelsen sind mit Schraubenbäumen bewachsen, zwischen denen Meertrauben-Sträucher stehen. Alle bebaubaren Böden sind bis in 800 m Höhe bestellt, an der West- und Südwestseite des Karthala teilweise bis zu 1400 m Höhe. Dazwischen winden sich Lavaflächen die Hänge hinunter.

Auf ihnen ist die stufenweise Pflanzenbesiedlung gut zu verfolgen. Nach 2 Jahren bedeckt die graue Vulkanflechte die Oberfläche der Lavabrocken mit einer lebenden Kruste. Später siedeln sich die größeren grauen und weißen *Cladonia*-Flechten an. Nach 5–10 Jahren, je nach Feuchtigkeit und Humusbildung, wachsen widerstandsfähi-

Ein sehr junger Einwanderer ist der Madagaskarfalke, der sich hauptsächlich von Echsen ernährt.

Charakteristisch für Grande Comore ist die Höhle des Propheten (Trou de Prophète): schwarze Lavafelsen, weißer Korallensand und grünblaues Wasser.

Quastenflosser – ein lebendes Fossil

Obwohl der Quastenflosser (Latimeria chalumnae) nur die geringste Münze der Komoren ziert, nennen ihn die Fischer »Gombessa« – kleiner Reichtum; denn die Regierung zahlt eine Prämie für jeden Fang des von Wissenschaftlern und Museen hochbegehrten Fisches.
Es war die bedeutendste zoologische Sensation des 20. Jahrhunderts, als sich herausstellte, daß der 1938 vor der südafrikanischen Küste gefangene unbekannte Fisch zu den Quastenflossern gehörte. Diese Fischgruppe galt seit 65 Mio. Jahren als ausgestorben, und nun war den Wissenschaftlern zumute, als hätten sie einen lebenden Dinosaurier entdeckt.
Heute gelten nahe Verwandte der Quastenflosser, die vor 350 Mio. Jahren Seen und Flüsse beherrschten, als Vorfahren aller Landwirbeltiere. Ihre Zeit im Devon war eine Epoche mit sich wiederholenden Trockenperioden, in denen die Wasserflächen schrumpften und austrockneten. Den verzweifelten Überlebenskampf der Wasserbewohner gewannen schließlich diejenigen, die durch Lungen atmen und sich auf »Flossenfüßen« zu den nächsten Wasserstellen fortbewegen konnten.
Die bis heute überlebende Art Latimeria chalumnae ist allerdings nicht der direkte Vorfahr der Landgänger, dieser gehörte einer Schwesterngruppe an, die ausgestorben ist.
Quastenflosser leben nur noch an den steil abfallenden Westküsten der beiden Komoreninseln Grand Comore und Anjouan. Sie sind nachtaktiv und verbringen den Tag in Lavahöhlen versteckt. Nachts jagen sie auf dem Meeresgrund, wo jeder Fisch ein eigenes Jagdrevier hat.

Der Meeresgrund vor den Komoreninseln ist eine nahrungsarme Unterwasser-Lavawüste. Es erfordert Geschicklichkeit, dort zu überleben. Quastenflosser sind Blitzstarter, die ihre Beute schnappen können, weil sie innerhalb einer Sekunde auf eine Geschwindigkeit von 100 km/h beschleunigen können. Ihr Beutespektrum ist weit, ein spezielles Kiefergelenk ermöglicht, auch größere Fische zu fangen.
Sie sind überhaupt Schwimmwunder, die noch die schwächste Strömung ausnützen. Ihr Schwimmen ist so energiesparend, daß die großen Tiere nur 10–20 g Fisch täglich zu sich nehmen müßten, um ihren Energiebedarf zu decken.
Das größte bisher gefangene Tier maß 1,79 m und wog 98 kg.
Über ihr Fortpflanzungsverhalten ist nichts bekannt. Ein gefangenes Weibchen hatte 26 Jungtiere im Leib; ein anderes 65 Eier, die mit 9 cm Durchmesser zu den größten Fischeiern gehören.
Quastenflosser sind lebendgebärend, genauer gesagt ovovivipar . Das bedeutet, daß die Embryonen in Eiern im Mutterleib heranwachsen. Sie ernähren sich vom eigenen Dottervorrat und die Jungen werden während oder kurz vor der Geburt aus den Eihäuten entlassen.
Die Kinderstube ist noch nicht entdeckt worden, es wird angenommen, daß die Jungen sich gleich nach der Geburt räuberisch ernähren können.
Durch Wachstumsspuren an den Schuppen wurde ein Lebensalter von 15–20 Jahren für die ältesten Fische errechnet. Hochrechnungen für die Gesamtzahl von Quastenflossern ergaben die geringe Anzahl von mindestens 300 und höchstens 1000 Tieren.

Der berühmteste Fisch ist der blauschimmernde Quastenflosser, ein »lebendes Fossil«, entdeckt im 20. Jahrhundert.

ge Farne, Bärlappe und genügsame Gräser. Die erstbesiedelnden Farne sind Nierenschuppen-, Adler-, Streifen-, Davallfarne und Natternzungen. Hohe Niederschläge bewirken einen schnelleren Bewuchs. Die Lavaflächen der feuchten Westhänge sind dichter bewachsen als die gleichaltrigen der trockenen Nordhänge.

20–30 Jahre nach dem Ausbruch hat sich zwischen den Blöcken genug Boden gebildet, daß auch höhere Pflanzen gedeihen können. Niedrige Heidearten und kleine Bäume und Büsche siedeln sich zwischen den Farnen an. Die kleine Kasuarinenart *C. cunninghamiana* wächst in den Lavafeldern der niedrigen Gebiete. Nach 50 Jahren herrschen Bäume des umgebenden Waldes vor, die jedoch kleinwüchsiger sind.

Nebelurwälder bedecken die Spitze des La Grille und die Flanken des Karthala zwischen 1200–1800 m Höhe. Nur auf dem Karthala wächst der Kleinblättrige Sternapfel, eine endemische Takamaka-Art. Baumfarne (S. 113) werden über 10 m hoch. Die ständige Feuchtigkeit begünstigt das Wachstum von Epiphyten, die den Stämmen und Ästen in dicken Polstern aufsitzen.

Ab 1800 m wird der Wald lichter und verarmt. Hier beginnt die **Baumheidenzone.** Die Baumheiden werden 6–8 m hoch und sind dicht behängt mit Bartflechten. Ihr Wuchs wird mit zunehmender Höhe immer kleiner, rund um den Krater sind sie nicht höher als 1–1,5 m. Hier wächst ausschließlich *Phillipia*-Heide, wie auch innerhalb der Caldera, wo die Büsche nur noch Zwergenwuchs aufweisen.

Die meisten Vogelarten von Grande Comore leben im Karthala-Gebiet. In den kultivierten Hängen fliegen gemischte Schwärme aus Brillenvögeln, Madagaskar-Rotschnabelbülbüls, Rotbrust-Paradiesschnäppern, Komorendrosseln, Madagaskarraupenfängern, Komorenwebern und Tsikiritybuschsängern gemeinsam auf Insektenfang. Dabei werden viele verschiedene Insekten aufgejagt, die jede Vogelart auf

Die Madagaskar-Zwergohreule wanderte aus Madagaskar ein. Sie kommt vom Meeresniveau bis in die höchsten Berge vor.

Der dunkelgraue Große Vasapapagei (Foto) kommt auf allen Inseln vor, der kleinere Rabenpapagei fehlt auf Mohéli.

ihre Weise jagt. An blühenden Bäumen sammeln sich Schlichtmantel-Nektarvögel. Von 400 m Höhe bis zur Baumheidenzone kommen Humblotschnäpper und Braunschwingendrongos vor. Höher, im unberührten Waldgebiet, lebt die kleine Komoreneule, die erst 1989 richtig gesehen wurde, nachdem vorher nur Federn und Rufe bekannt waren. In der Dämmerung ist ihr Ruf zu hören, eine schnelle Folge von »tschu-tschu-tschu«-Lauten. Ganz oben, nur in der direkten Kraterumgebung, leben die Karthalabrillenvögel. Sie sind sehr gut an das kleine *Phillipia*-Heidegebiet angepaßt, in dem sie zu großen Trupps umherwandern und sich von Beeren und Insekten ernähren.

Im trockenen Buschgebiet der Hochebene von Dibwani (Dibioni) sind Réunionschmätzer, Tsikiritybuschsänger und Madagaskarbrillenvögel regelmäßig zu sehen. Der größere, metallisch-dunkelblau schimmernde Stahlnektarvogel hält sich in der oberen Baum- und Buschschicht auf, der kleinere Schlichtmantel-Nektarvogel dagegen in der unteren Gebüschschicht.

Schwärme von Kleinelsterchen und Webervögeln ziehen umher. In der Nichtbrutzeit, wenn die beiden Weberarten ihr Schlichtkleid angezogen haben, sind sie schwer auseinanderzuhalten. In den Gebieten mit niedrigerer Vegetation, oft im Weidegebiet, sind Wachteln zu hören.

Im Gebiet unterwegs

Nordroute: Nördlich von Moroni durchfährt man große Lavaströme, die aus der Zeit zwischen 1859 bis 1872 stammen. Bei Memboiboni biegt links ein kleiner Weg ab, der zum **Trou de Prophète** (lokal Zindoni) ① führt. Es ist eine geschützte Bucht mit hohen Felsen und typischer Strandvegetation. An der Nordostecke der Insel liegt links von der Straße der **Lac Salé** ②, ein mit dunkelgrünem, schwefelhaltigem Salzwasser gefüllter Krater. Zwischen Krater und Strand wachsen Affenbrotbäume, in denen sich nachmittags Komoren-Flughunde sammeln. Es herrscht eine Trockenbuschvegetation mit Wolfsmilchgewächsen, Schraubenbäumen und vielen Schlinggewächsen vor.

Die Purgiernuß wurde als Kletterstütze für die Vanillekulturen eingeführt und breitete sich überall aus.

Südroute: Die Südküste ist viel feuchter und üppiger bewachsen als die Nordküste, selbst die Affenbrotbäume sind mit Epiphyten besetzt. 15 km südlich von Moroni gehen in Mitsoudjé von der RN2 zwei Stichstraßen ab, die einen Ausflug wert sind. Eine geht nach Westen zur Küste nach **Salimani** ③. Im Park einer ehemaligen Destillerie rasten im alten Baumbestand Flughunde, kommen viele Vögel vor, und Tanreks suchen in der Laubschicht nach Nahrung.

Die Stichstraße nach Osten ins Inland führt nach **Nioumbadjou** ④, in dessen Umgebung der Wald für Pflanzen- und Vogelliebhaber interessant ist. Dort arbeitet eine Sägemühle. Dadurch gibt es zwar keine hohen Bäume mehr, aber der Restwaldbestand ist mitsamt Unterholz ursprünglich und unverfälscht, weil in diesem Gebiet keine Felder und Plantagen angelegt werden dürfen.

Auf der Hauptstraße weiter wird nach 7 km **Singani** ⑤ erreicht, das 1977 von einem Lavafluß überströmt wurde.

Der schönste Spazierweg, um die überaus reiche Vielfalt der Tropenpflanzen zu sehen, führt von **M'Vouni** ⑥ bis zum 650 m hoch liegenden **Boboni** an der Westseite des Karthala, 5 km, 2 Stunden für den Hinweg. Boboni ist der Ausgangspunkt der Karthala-Besteigung. Etwas oberhalb von M'Vouni bei Belvedere endet die befahrbare Straße. Von dort führt ein Weg in leichter Steigung aufwärts. Große Kapok-, Tamarinden- und Indische Mandelbäume stehen zwischen Bananen- und Kokospalmenanpflanzungen, unter denen Felder angelegt sind. Bis auf die Karthalabrillenvögel, die nur im direkten Kraterbereich

Bei den Zwiebelorchideen sind Teile des Blattstiels zu knollenförmigen Wasser- und Nährstoffbehältern ausgebildet.

Der Brotfruchtbaum ist eine wichtige Nahrungspflanze. 3 Ernten seiner 1–2 kg schweren Früchte sind jährlich möglich.

Erstbesiedler auf Lava sind Vulkanflechten, die den Boden mit einer grauen Kruste überziehen, danach folgen Farne.

150 Reiseziele Komoren

leben, können alle Landvogelarten beobachtet werden.

Inland: Das fast unbesiedelte Inland wird von der Nordflanke des Karthala und der Hochebene von Dibwani (S. 144) gebildet. Von Moroni bis Bahani sind es 11 km. **Bahani** liegt 600 m hoch und ist der Ausgangspunkt der folgenden 2 Ausflüge.

Grotten des Kapitän Dubois ⑦: Am Nordhang des Karthala führt ein Wanderweg zu den Grotten des Kapitän Dubois und zu dem kleinen Kratersee Hantsongoma. Intensiv bebautes Land wechselt mit intakten Waldbeständen ab. Die Außenhänge der Parasitenkrater sind meist bebaut, während die Innenseiten mit Urwald bewachsen sind. Dadurch sind viele Waldvögel, aber auch die Vögel der Buschvegetation und des offeneren Gebietes zu beobachten.

Von Bahani RN4 geht ein Pfad, der nach Osten führt, zur 3,5 km entfernten Lavagrotte, weiter zu dem Kratersee Hantsongoma (7 km) und von dort Richtung Ostküste nach Koimbani (weitere 5 km).

Hochebene von Dibwani ⑧: Von der Route Nationale 4 nach Norden hin erstreckt sich die Hochebene von Dibwani mit einem weiten Blick über die unzähligen Vulkankegel des La-Grille-Massivs (S. 144). Der Boden ist mit Lavabrocken übersät. Die Vulkankegel sind gleichmäßig grün bewachsen; sie bestehen aus vulkanischer Asche, die sich schneller zersetzt. Ihre Hänge werden hauptsächlich als Weideland genutzt.

Hinter Bahani liegt links an der Straße ein Militärlager. Nach 3 km geht kurz vor einer Rechtskurve eine deutliche Schotterstraße nach links ab (kein Feldweg, der ist davor!). Diese Straße führt 2 km lang zu einem neuen Gebäude und endet dort. Von einem Vulkankegel sieht man die West- und Ostküsten, im Norden die Kraterwelt des La Grille und im Süden den Gipfel des Karthala.

Aus Afrika eingewandert ist die graue Gurrtaube. Sie hat dunkle Augen und ein schwarzes Nackenband.

La Grille ⑨: Im Norden liegt das La-Grille-Massiv, das noch Reste von Primärregenwald bietet. Von Moroni nach Norden bis N'Tsaouéni fahren, dort rechts abbiegen und weiter auf der Route Regionale 105 bis Ivembéni. Bis hierher fährt auch das Taxibrousse. In Ivembéni scharf links auf einer Asphaltstraße abbiegen bis Simboussa Maouéni.

Hier startet die Route Regionale 128, die zur Ostküste nach Moidja führt. Inzwischen ist sie jedoch nur noch für Allradwagen befahrbar. Die »Straße« steigt langsam zwischen kleinen Vulkankegeln und Waldresten bis auf den 900 m hohen Paß. Der 1084 m hohe Gipfel des La Grille erhebt sich südlich von ihr.

Eine malerische Schlucht mit sehr steilen Hängen und ursprünglicher Vegetation beginnt hinter dem Ortsende von Simboussa Maouéni. Ein Erdpfad führt nach rechts in die Schlucht, die man emporsteigen kann. Am oberen Ende beginnt ein Waldstück. Hält man sich von dort nach rechts, so erreicht man die Straße, die zum La Grille führt. Über Feldwege zurück bis Ivembéni.

Besteigung des Karthala ⑩: 7–8 Stunden ein Weg. Mehrere Wege führen auf den Gipfel des Karthala. Der einfachste und am

Eine Plage ist die Guave, denn durch ihre gutschmeckenden Früchte wird der Samen überallhin verbreitet.

Die Blutlilie, ein Amaryllisgewächs, blüht nach Regenfällen.

Die am Stamm sitzenden Früchte des *Tambourissa* »Bois tambour« platzen auf und stülpen ihr wabenförmiges Fruchtfleisch nach außen.

meisten genommene Weg startet von M'Vouni aus. Von dort geht es durch Kulturland nach Boboni, wo der eigentliche Aufstieg beginnt. **Boboni** liegt 650 m hoch, und bis zu den Ruinen von La Convalescence, das 1760 m hoch liegt, sind es 4,5 km, für die man 3 Stunden braucht. **La Convalescence** liegt an der oberen Waldgrenze. Von hier aus sind es noch einmal 5 km oder 3 Stunden zum Krater. Dieser ist in der Regel wolkenfrei, aber dicker Nebel liegt ständig über seinen Flanken. Der geschützteste Platz zum Zelten ist im Krater selbst.

Ein interessanter, aber längerer Rückweg führt über Kourani und Dembéni auf der Südroute.

Der Abstieg beginnt an der Südostseite des Kraters. **Kourani**, das 780 m hoch liegt, wird nach 15 km erreicht. Von dort sind es noch einmal 4 km bis zu dem 300 m hoch liegenden **Dembéni,** von wo Taxibrousses nach Moroni fahren.

Wer körperlich sehr fit ist, kann die Besteigung an einem anstrengenden Tag schaffen. Besser jedoch sind 2 Tage. Zelte, Schlafsäcke und Campingausrüstung können geliehen werden. Führer und Träger sind empfehlenswert. Alle Lebensmittel und vor allen Dingen Wasser müssen mitgenommen werden.

ACHTUNG: 3 l Wasser pro Tag müssen eingeplant werden! Die Nächte am Krater sind immer kalt, auch in der warmen Zeit.

Museum von Moroni (CNDRS = Centre National de Documentation et de Recherche Scientifique): An der Kasse kann man Bücher über die Komoren kaufen, außerdem gibt es eine kleine Bibliothek, in der man Literatur einsehen kann. Im Naturhistorischen Saal sind ein Quastenflosser, einige Vögel und Flughunde präpariert ausgestellt; außerdem eine Sammlung der Schmetterlinge des Karthala. Der geologische Saal zeigt ein eindrucksvolles Modell des Karthala im Schnittbild und Bilder der letzten Eruptionen sowie Lavaformen und vulkanische Gesteinsarten.

Praktische Tips

Unterkunft
Hotels gibt es nur in Moroni und eins im Norden, keine weiteren sonst.

15 Anjouan (Ndzouani)

Ylang-Ylang-Plantagen und viele Gewürzbäume, hohe Palmfarne; Mongozmakis in den Wäldern; Livingstone-Flughunde, die größten Flughunde der Welt.

Anjouan ist eine sehr bergige Insel mit 424 km² Fläche und steil aufragenden Küsten. Im Mittelpunkt liegen die beiden höchsten Berge, der 1595 m hohe **Mt. Ntingui** und der 1474 m hohe **Mt. Trindrini**. Ein Schildvulkan baute mit vielen Basaltströmen vom Ende des Miozäns bis Anfang des Pliozäns die Insel auf. Durch Kratereinbrüche und anschließende Erosion bildeten sich große runde Hochtäler, die sogenannten »Cirques«. Der **Cirque de Bambao** nimmt in 500 m Höhe den gesamten Zentralteil der Insel ein. Seine ihn umschließenden Hänge sind steil (80°) und hoch (200–1000 m).

Während der späteren zweiten vulkanischen Phase im Pliozän und Quartär wurden die 3 Halbinseln Sima, Jimilimé und Nyumakele (Nioumakélé) gebildet. Es kam zu starken Lapilli- und Pyroklastenauswürfen.

In der dritten Phase vor dem endgültigen Erlöschen entstanden Parasitenkrater (Strombolischlote), und aus Seitenspalten flossen zahlreiche Lavaströme, die für die heutige, dreieckige Form der Insel verantwortlich sind.

Anjouan ist hoffnungslos übervölkert. Jedes Fleckchen wird für den Anbau genutzt; nur noch die steilsten oberen Hänge sind mit Primärwald bewachsen. Die Erosion ist so stark, daß nach Regenfällen das Meer an den Flußmündungen rot gefärbt von weggeschwemmter Lateriterde ist. Einige Korallenriffe sind durch die Versandung bereits abgestorben.

Anjouan ist eine duftende Insel; überall werden Gewürz- und Parfümpflanzen angebaut.

Pflanzen und Tiere

Die Pflanzengesellschaft des Primärwaldes entspricht dem Wald vom Mt. Karthala, jedoch mit weniger Sternapfelbäumen. Überall auf Anjouan duftet es intensiv nach Ylang-Ylang. Jeder Baum liefert 2–4 kg Blüten, aus 50 kg Blüten kann 1 l Öl destilliert werden. Der kleine Baum gehört zu den Annonengewächsen, er wird so geschnitten, daß seine Äste gut zu erreichen sind, sein Aussehen wirkt dadurch knorrig-verwachsen.

Jeder der 130 000 Nelkenbäume liefert zwischen Juli und November 1–2 kg Nelken. Die gepflückten Knospen werden während dieser Zeit auf den Straßen zum Trocknen ausgelegt. Nur zwei schmale Fahrspuren für die Reifen werden freigelassen.

Die stark duftenden, gelbgrünen Ylang-Ylang-Blüten werden frühmorgens gepflückt.

Ein Mangoblütenstand besteht aus 2000–5000 Einzelblüten, aus denen nur 1–3 Früchte reifen.

Eine besondere Palmfarnart wächst nur auf Madagaskar und Anjouan. Palmfarne zählen wegen ihres urtümlichen Baues zu den bekanntesten »lebenden Fossilien« im Pflanzenreich, die es schon vor 210 Mio. Jahren gab. Sie sind trotz ihres ähnlichen Aussehens nicht mit den Palmen verwandt, sondern gehören zu den Nacktsamern. Immer wieder werden neue Pflanzenarten entdeckt; so wurde kürzlich eine neue Ravaena-Palmenart in den Gebirgswäldern gefunden und beschrieben.

Im Cirque de Bambao und im Hochland wird Bergreis angebaut, eine Reisart, die ungeschützt und ohne Wasser wachsen kann.

In Mangrovenwäldern, aber häufiger an den Rändern der Süßwasserteiche, sitzt der winzige, kobaltblaue Madagaskarzwergfischer auf Ansitz. Über den Teichen sind regelmäßig Madagaskarspinte und Palmensegler auf Insektenfang zu sehen. Der Anjouannektarvogel ist inselendemisch, den Gabeldrongo gibt es noch auf Madagaskar. In den letzten Jahren ist in den höchsten Bergen eine Ohreneulenart wiederentdeckt worden, die seit Jahrzehnten als ausgestorben galt. Die Anjouaneule (*Otus capnodes*) lebt im dichten Dickicht des Primärwaldes rund um den Dzialandzéi-See, wo man nachts ihre für Ohreulen völlig untypischen kreischenden Rufe vernehmen kann.

Die auffälligsten Säugetiere sind die **Flughunde.** Die komorische Unterart des Seychellen-Flughundes (S. 33), der Komoren-Flughund, kommt auf der ganzen Insel in den tiefer liegenden, kultivierten Plantagen vor. 2 weitere Arten sind endemisch für die Komoren.

Der Komoren-Rosettenflughund *Rousettus obliviosus*, der »Vergessene Flughund«, wurde 1903 zum letzten Mal gesehen und erst 1981 wiederentdeckt, daher der un-

In ihrer ursprünglichen Heimat in Madagaskar sind die Mongozmakis stark gefährdet.

Tanreks suchen in der Laubschicht Insekten und Schnecken.

Der Gabeldrongo fängt Insekten und kleinere Geckos.

Ursprünglich als Zierpflanze angepflanzt, verwilderte das Indische Blumenrohr in den Feldern.

Die Samen der Palmfarne werden als Leckerbissen genossen.

gewöhnliche Name. Er ist rein nachtaktiv, und das Besondere ist, daß er als einer der wenigen Flughunde eine primitive Echo-Orientierung besitzt, die es ihm ermöglicht, in Höhlen Schutz zu suchen.

Der Livingstone-Flughund ist mit einer Flügelspannweite von 1,60–1,80 m einer der größten Flughunde der Welt. Er wird auch Schwarzer Flughund genannt, da sein Körper schwarz behaart ist und auch die Flughäute ganz schwarz sind. Charakteristisch sind seine runden Ohren, einmalig in der Flughundfamilie. Bis vor einigen Jahren galt er als einer der seltensten und vom Aussterben bedrohte Art. Man schätzte den Restbestand auf 60 Tiere, die in den Nebelurwäldern der höchsten Berge von Anjouan überlebt hatten.

1994 startete ein internationales Rettungs- und Überwachungsprogramm, wobei noch einige unentdeckte Rastplätze gefunden wurden. Heute kennt man 17 Rastplätze in den Bergen auf Anjouan und 5 auf Mohéli, und die Anzahl der Flughunde wird auf über 1000 geschätzt.

Sie sind, im Gegensatz zum Komoren-Flughund, mehr tagaktiv und nur auf hohen Bäumen im Inneren der Insel zu finden.

Mongozmakis leben in kleinen Familiengruppen, die aus einem erwachsenen Paar mit ihren Nachkommen bestehen. Sie bewohnen Wälder, auch Sekundärwälder und ernähren sich von Blüten und Nektar, Blättern, nebenher Früchten und Knospen. Besonders beliebt sind Kapokblüten. Makis sind tag- und nachtaktiv. Durch ihre Stimmfühlungslaute, kurzes, schnell wiederholtes Grunzen, verraten sie sich.

Im Gebiet unterwegs

Wanderungen

Von Pomoni zum Col de Pomoni ①: Von Pomoni (Abzweig am westlichen Ende des Ortes) führt eine asphaltierte Straße durch Ylang-Ylang-Plantagen nach **Lingoni.** Dort wird noch eine kleine Destillerie traditionell betrieben. Von dort führt ein kleiner Pfad zum 10 m hohen Wasserfall und weiter durch Ylang-Ylang-Plantagen, Vanilleanbauflächen und Felder am Lingoni-Fluß entlang, hoch zum Col (Paß) de Pomoni, wo der Lingoni-Fluß aus dem Lac Dzialandzéi »entspringt« (s. Tour ③ und ④). Von Pomoni bis Moya, wo man übernachten kann, sind es 5 km.

Vom Col de Patsi nach Jimilimé auf der Nordhalbinsel ② (11,5 km für eine Strecke): Der Weg beginnt auf dem höchsten Punkt des Passes von Patsi (ACHTUNG: nicht im Dorf Patsi!) und führt auf dem Bergkamm nach Norden. Nach 1,5 km Aufstieg ist der Gipfel des 1090 m hohen **Djadjana** erreicht, danach geht es auf dem Bergkamm weiter, ständig bergab. Nach 4,5 km vom Paß ist Moiou Boungasséra (770 m hoch) erreicht, nach 8,5 km La Vigie (750 m hoch) und schließlich nach 11,5 km der Endpunkt Jimilimé (300 m hoch). Wer nicht den gleichen Weg zu-

Die bis 25 cm langen, daumendicken Riesentausendfüßer scheiden Blausäure als Abwehrstoff aus.

rückkehren möchte, kann weiter bis Hajoho gehen. Dort beginnt die Asphaltstraße nach Bambao.

In den Cirque de Bambao und zum Lac Dzialandzéi ③ (Tagestour): Von der Patsi-Paßstraße biegt zwischen dem Paß und Bambao eine Bergstraße nach Süden ab, die zu den Dörfern Tsembehou und Dindi führt. Es kommt auf den schnell wechselnden Zustand der Straße an, ob und wie weit sie zu befahren ist. Von **Dindi** aus geht es auf jeden Fall nur zu Fuß weiter. Man passiert den langsam verlandenden **Lac Dzialaoutsounga** und erreicht nach 2 km den **Paß von Pomoni**. Dort treffen sich 3 Wege. Zum **Lac Dzialandzéi** biegt man rechts ab und steigt 1 km durch Waldland, bis der See erreicht ist. Dieser Kratersee ist ein natürliches Regensammelbecken, das mehrere Flüsse speist. Dies ist der beste Platz, um die Anjouaneule zu finden.

Vom See aus führt ein steiler Weg zum Gipfel des 1595 m hohen **Mt. Ntingui.** Es gibt 3 Rückwege: a) auf dem gleichen Weg, b) nach Nordwesten über die Hombo-Ebene nach Mutsamudu (s. Route ④), c) nach Süden über Lingoni nach Pomoni (s. Route ①).

Von Mutsamudu auf den Mt. Ntingui über Hombo ④: Oberhalb von Mutsamudu führt ein Weg nach **Hombo.** Kurz vor dem Ort wird der **Wasserfall von Dziancoundré** erreicht. Hombo liegt auf einer Ebene, von der es 6 km bis zum Gipfel des 1595 m hohen Mt. Ntingui sind. Von hier führt ein Weg abwärts zum Lac Dzialandzéi (s. Route ① und ③).

Von Domoni aus kann der **Mt. Trindrini** ⑤ in einer 2-Tages-Tour bestiegen werden.

Praktische Tips

Anreise und Unterkunft

Flug: von Mayotte (über Réunion) mit Comores Aviation oder von Grande Comore mit Comores Air Services, Dauer 40 Minuten
Schiff: »Maria Galanta« von Mayotte, Dauer 3 Stunden
Mutsamudu: Hotel Al Amal
BP 29 Mutsamudu
Tel.: +269 - 71 10 15 / 71 10 17
E-Mail: sat@snpt.km
Kontakt: webmaster@anjouan.net
Hôtel La Guinguette
Tel. 71 05 85
und einfachere Quartiere.
Moya: Moya Plage Hôtel, einfache Bungalowhütten mit Duschen und Toiletten außerhalb.
Domoni: Hôtel Karima
Tel.: +269 - 719283

16 Mohéli (Mwali)

Unberührteste Insel der Komoren; vorgelagerte Inseln mit Seevogelkolonien und Lebensraum der Dugongs, Nistplätze der Grünen Meeresschildkröten; geschlossener Wald ab 400 m Höhe mit Mongozmakis, Graunasen-Grüntauben und Flughunden.

Mohéli ist mit einer Fläche von 211 km² die kleinste Komoreninsel. In der Längsrichtung von West nach Ost mißt sie 30 km, von Nord nach Süd an ihrer breitesten Stelle 20 km. Sie ist am unberührtesten und am wenigsten besiedelt, dadurch die interessanteste Insel. Ihre Berge haben ein sanftes Relief, die höchste Erhebung ist der 790 m hohe Vulkan Mzekukule (Mt. Koukoulé). Der flache Ostteil entstand später, er bildet die 250–300 m hohe Ebene von Djandro. Im Quartär entstanden in der letzten vulkanischen Phase auf der Ebene im Osten mehrere kleine Krater, die heute mit Wasser gefüllt sind. Die Flüsse münden in Buchten, die mit Mangroven bewachsen sind. Fast rund um die Insel hat sich ein schmales Saumkorallenriff gebildet. Im Süden umschließt ein Marine-Naturreservat eine Gruppe von 8 zerklüfteten, steilen Inseln.

Pflanzen und Tiere

Es gibt viele Wasserläufe und Quellen, ein üppiges Pflanzenkleid bedeckt die gesamte Insel. Bis in 400 m Höhe erstrecken sich ein Palmengürtel und kultivierte Flächen. Unter den Kokospalmen sind zum Teil Felder angelegt, teilweise wird die Fläche als Weideland genutzt, auf der Rinder die wildwachsende Kräuterschicht abweiden.

8 kleine Inseln liegen im Marine-Reservat vor Mohéli, der unberührtesten der 4 Komoreninseln.

Die Weibchen der Grünen Meeresschildkröte kommen zur Eiablage nachts an die Sandstrände; nur selten sind sie frühmorgens zu sehen.

Die auffälligen Monarchfalter sind besonders langlebig; da sie giftig sind, werden sie von Freßfeinden gemieden.

Darüber beginnen die steilen Hänge, auf denen sich die zusammenhängende Waldfläche der Westseite und des Zentralteils ausbreitet. Lange Zeit glaubte man, es seien noch Primärwälder, heute weiß man jedoch, daß sie schon im 19. Jh. geschlagen wurden. Der Wald regenerierte sich vollständig, die Bäume erreichen jedoch nicht die Höhe des Primärwaldes auf dem Mt. Karthala.

Der Indische Ozean ist der Lebensraum der **Dugongs** (Gabelschwanzseekühe), die auf dem Grund flacher Küstengewässer Seegras-Arten abweiden. Es sind reine Meeresbewohner, die auch nicht zu Paarung und Geburt das Wasser verlassen. Weibliche Seekühe, bei denen die Brüste wie bei den mit ihnen verwandten Elefanten oder wie bei den Primaten am vorderen Ende der Milchleiste ausgebildet sind, inspirierten die frühen Seefahrer zur Sirenen-Legende. Sie waren im 16. Jh. noch so häufig, daß sie in der Naturgeschichte Madagaskars »Histoire de la Grande Ile de Madagascar« von Flacourt als menschlicher, meeresbewohnender Völkerstamm geschildert wurden.

In der Zeit zwischen Juli und Oktober sind in den Gewässern nördlich von Mohéli Buckelwale zu sehen. Von Kavé Hoani aus können Walbeobachtungstouren unternommen werden.

Alle 3 Flughundarten der Komoren kommen auf Mohéli vor. Von den seltenen schwarzen Livingstone-Flughunden sind erst 2002 einige Rastplätze im Bergwald entdeckt worden. Man kann sie auch tagsüber fliegen sehen, wenn sie mit langsamen Flügelschlägen zu fruchtenden Bäumen ziehen. Sie segeln oft in Auf-

Der Flamboyant, ursprünglich aus Madagaskar, gehört zu den prachtvollsten Zierbäumen der Tropen.

windschläuchen und gleiten über weite Entfernungen dahin.
Die Komoren-Flughunde sind dämmerungsaktiv, sie rasten während des Tages in hohen Bäumen und fliegen in der Abenddämmerung auf Nahrungssuche. Oft können sie in den Bäumen der Dörfer gesehen werden, z. B. in Ouallah an der Westseite.
Die kleinsten Flughunde sind die Komoren-Rosettenflughunde, mit einer Flügelspannweite von 45 cm. Sie sind sehr geschickte Flieger und können vor einer Blüte, deren Nektar und Pollen sie fressen, wie Kolibris auf der Stelle stehen. Sie sind nachtaktiv und rasten nicht auf Bäumen, sondern in Höhlen.
Die einzige inselendemische Vogelart, der Komorenbuschsänger, ist überall in den tieferen Lagen der Insel häufig, wo auch Schlichtmantel- und Stahlnektarvögel zu finden sind.
Mohéli beherbergt alle Taubenarten, die auf den Komoren vorkommen. Im Küstenbereich leben Gurrtauben (S. 151) und Madagaskarturteltauben. Sie suchen sich ihre Körner- und Samennahrung auf dem Boden; die Rufe sind häufig zu hören. Die kleinere Tamburintaube ist in Afrika ein typischer Waldvogel; auf den Komoren besiedelt sie die viel trockeneren Gebiete der Pflanzungen. Auch sie nimmt ihre Nahrung vom Boden auf. Reine Waldbewohner sind die großen Komorentauben, Komorenfruchttauben und Graunasen-Grüntauben, die sich von Früchten ernähren und niemals auf den Boden kommen.
Zwei Waldbewohner, die es nur auf Madagaskar und den Komoren gibt, sind die Kurole, von denen die Männchen grau und schwarz gefärbt sind, die Weibchen braun, und die Blauvangas mit blauer Oberseite und weißer Unterseite. Der Große Vasapapagei ist im Waldgebiet zu finden, die

Schildraben sind häufig bei Fischerdörfern zu finden, wo sie in den Fisch- und Muschelschalenabfällen Nahrung finden.

kleinen, leuchtend grünen Graukopfchen stets zu mehreren in den Pflanzungen.
Im Hochland nisten Audubonsturmtaucher. Rotbrust-Paradiesschnäpper haben die gesamte Insel besiedelt, selbst die vorgelagerten Inselchen. Auf einer der östlichen Inseln, auf M'Chaco brüten Tausende von Noddis, einige Rußseeschwalben und Rotfuß- und Maskentölpel. Eine der südlichen Inseln, Magnougni, ist ein beliebter Rastplatz für Fregattvögel. Auf den südlichen Inseln brüten Wanderfalken.

Die Tigerlilie, eine Amaryllisart, ist im Grasland häufig.

Aus den Fasern der grotesk aussehenden Affenbrotbäume werden Seile geflochten und Fischernetze geknüpft.

Rund 5000 Grüne Meeresschildkröten kommen während des Jahres zur Eiablage an die Sandstrände, 75 % davon innerhalb des Marine-Nationalparks. Die besten Beobachtungsplätze sind an der Ostseite bei Itsamia zu finden.

Im Gebiet unterwegs

Mohéli bietet viele Wandermöglichkeiten. Will man mit wenig Zeit ein bestimmtes Ziel erreichen, sollte man sich einen Führer nehmen. Anderseits ist die Insel so klein, daß man nicht verlorengehen kann, und die Landschaft ist so malerisch und interessant, daß es eigentlich belanglos ist, welchen Weg man einschlägt.

Eine Küstenstraße umrundet den Gebirgsstock und quert im Osten die Insel über der Ebene von Djandro. Der wilde Ostteil ist erst seit neuestem von einer Straße erschlossen, früher konnte er nur erwandert werden.

Kratersee Dziani Boundouni (Bundruni) ④: Er liegt an der Ostspitze und ist jetzt leicht zu erreichen, denn die Straße ist bis zum Fischerdorf Itsamia neu gebaut worden. Von Iconi ist es ein 30minütiger Fußmarsch zum Kratersee. Am Dorfplatz, der zwischen der neuen Straße und dem Dorf liegt, geht der Pfad nach Osten zu den Resten einer alten Brücke. Man muß den Bach überqueren, und der Trampelpfad führt geradeaus durch eine Ylang-Ylang-Plantage. Nach 200 m, kurz vor dem Ende der Plantage, zweigt ein Pfad nach rechts ab, der durch Pflanzungen über den Kraterrand zum See läuft. Im April rasten Hunderte von Zwergtauchern auf ihm. Den gleichen Weg geht es zurück. In den hohen Bäumen sind Komorentauben und Echsenhabichte (S. 170) zu finden.

Die Straße führt weiter nach **Itsamia** und endet dort. Bei Ebbe ist eine Wanderung am Strand sehr lohnend. Dann können auch die vorgelagerten Inselchen Mbouzi und Gnandza zu Fuß erreicht werden. Silberreiher, die dunkle Phase des Meerreihers (S. 136), Maskentölpel (S. 90), Fregattvögel (S. 98), Schwarzmilane und Schildraben bevölkern den Strandbereich, auf dem sich auch Nester der Grünen Meeresschildkröten befinden.

Die felsige Insel M'Chaco ist mit dem Boot zu erreichen. Von Iconi nach Sambia führt ein Wanderweg am Strand entlang.

Marine-Reservat von Mohéli ⑤: Das Meeresreservat umfaßt die Südküste mit den vorgelagerten Inseln bis zur schmalen Ostküste mit deren vorgelagerten Inseln. Es ist das Gebiet mit der höchsten Populationsdichte der Grünen Meeresschildkröte und der Dugongs auf den Komoren. Man kann sich Boote mieten und zu den Inseln hinausfahren. Es ist auch ein hervorragendes Schnorchelgebiet. Die Inseln dürfen betreten werden, Zelten ist erlaubt. Die Insel **Chissioua Ouénéfou** mit ihrem Sandstrand im Südteil ist bevorzugtes Brutgebiet der Meeresschildkröten. Ausgangspunkt zu Inselexkursionen ist das malerische Fischerdorf **Nioumachoua**.

Strand von Kavé Hoani ⑥: Der Strand westlich von Kavé Hoani an der Nordwestecke Mohélis ist ein wichtiger Brutplatz für Grüne Meeresschildkröten, die dort regelmäßig nachts gesehen werden können.

Wanderwege auf Mohéli

Inseldurchquerung ① (12 km): Von **Fomboni** aus führen 2 Wege zur Südküste. Im Osten von Fomboni mündet der Déwa-Fluß (Mro Déoua). Der Weg beginnt am Fluß, überquert ihn und biegt nach ein paar hundert Metern scharf nach rechts ab. Danach beginnt er steil zu steigen, erreicht den Kamm von **Mledjélé** und geht bergab zur Südküste, wo er 3 km östlich von **Nioumachoua** auf die südliche Küstenstraße trifft.

Der zweite Weg führt ganz hinauf ins Hochland. Er startet direkt in Fomboni und steigt bis zum 765 m hohen **Kibouana**, den man nach 7 km erreicht. Abwärts zur Südküste sind es nochmals 6 km bis **Mboinifoungué**. Von dort erreicht man Nioumachoua auf der neuen Küstenstraße nach etwa 4 km.

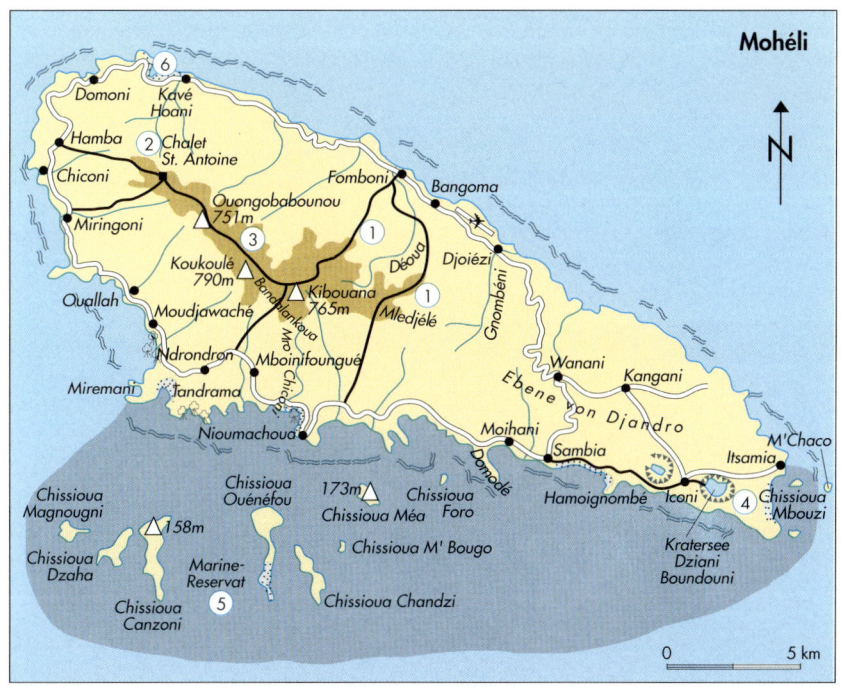

Durch die Nasenöffnungen (Blasloch) stößt der Buckelwal die verbrauchte Atemluft aus.

Zum Chalet St. Antoine ②: Im Westen des Gebirgsstocks liegt in 690 m Höhe mitten im dichten Wald das Chalet St. Antoine, ein ideales Gelände für Vogelliebhaber. Auch Lemuren und Flughunde sind zu finden. Dieses Gebiet ist als Nationalpark vorgesehen. Von **Miringoni** führt ein steiler 4 km langer Weg zum Chalet, von **Hamba** aus sind es 5 km.

Höhenweg ③ (6,5 km): Ein Höhenweg, der auf dem Gebirgskamm entlangläuft, verbindet das **Chalet St. Antoine** mit den 3 höchsten Gipfeln und mündet in den Weg, der die Insel durchquert (Punkt ①). Vom Chalet geht es zum 751 m hohen **Ouongobabounou,** dann folgt der 790 m hohe **Mt. Koukoulé,** und über dem Grat von Bandalankoua wird der Kibouana erreicht. Dort stößt man auf den Inselquerweg.

Praktische Tips

Unterkunft – Anreise

Comores Aviation, Air Services Comores und Delta fliegen mit kleinen Maschinen (max. 17 Passagiere) nach Mohéli.
Es gibt mehrere Hotels in Fomboni, in den Dörfern können Touristenbungalows gemietet werden. Buchungen und Beratung gibt es im »Maison de l'Ecotourisme de Mohéli« in der Bandar es Salam, 50 m vom Flughafen entfernt; www.moheli-tourisme.com
E-Mail: contact@moheli-tourisme.com
Tel./Fax: +269 - 72 06 10

Taxis und Autos

Taxi-brousses fahren um die Insel. Im »Maison de l'Ecotourisme« kann man sich Fahrräder und Mopeds leihen oder Autos mieten. Günstiger wird es, wenn man sich privat ein Taxi-brousse mit Fahrer mietet.

17 Mayotte (Maoré)

Schönstes Barriereriff im Indischen Ozean, 1000 km² große Lagune mit hervorragenden Schnorchel- und Tauchmöglichkeiten; ausgedehnte Mangrovengebiete; viele Affenbrotbäume; Mayotte-Maki, Mayottedrongo, Mayottenektarvogel.

Mayotte besteht aus der großen Hauptinsel, der östlich vorgelagerten Insel Pamandzi und etwa 20 kleinen Inseln. Die Bewohner, die Mahorais, sprechen von der Hauptinsel als Grande Terre und von der 18 km² großen Pamandzi als Petite Terre. Die Gesamtfläche beträgt 374 km². Mayotte als älteste Insel der Komoren ist ein zerklüfteter, verwitterter Rest eines Schildvulkans aus dem Miozän. Das ehemalige Zentrum liegt westlich im Meer, die jetzige Insel auf seiner östlichen Flanke.

Die nächste vulkanische Phase baute die Nebenkrater auf, die die Höhen des heutigen Reliefs bilden. Ein nördliches Massiv besteht aus dem 572 m hohen **Mt. Sapéré** und dem 481 m hohen **Mt. Combani** und ein südliches aus dem höchsten Punkt des 660 m hohen **Mt. Bénara** und des 594 m hohen **Mt. Choungui.**

Während der letzten vulkanischen Tätigkeiten im Holozän entstanden die Parasitenkrater, die Maare Kavani und Mamoudzou im Nordosten der Insel und die Insel Pamandzi. Durch Erosion fraßen sich die Flußmündungen zu tiefen Buchten ein, die mit Mangroven bewachsen sind.

Die Insel ist rundum von einem der schönsten Barriereriffe der Welt umgeben, das 140 km lang ist. Im Süden formt es ein Doppelriff, eine weltweite Seltenheit. Innerhalb der Lagune beträgt die Wassertiefe

Wie fruchtbar verwitterter Vulkanboden ist, zeigt der üppige Pflanzenwuchs von Mayotte.

Die Familientrupps der Mayotte-Makis sind tag- und nachtaktiv; in den Hotelanlagen werden sie angefüttert.

Komoren-Flughund: Im Gegenlicht erkennt man deutlich die verlängerten Fingerknochen und die abstehenden Daumen.

20–70 m, fällt jedoch sofort außerhalb des Riffes auf 600–1000 m Tiefe ab.

Pflanzen und Tiere

Die südliche Halbinsel ist besiedelt mit Trockenbuschvegetation, die mit knorrigen Affenbrotbäumen und einigen isolierten Tamarinden, Feigenarten und Albizias durchsetzt ist. Die großen, weißen Blüten des **Affenbrotbaumes** (Baobab) (S. 162) öffnen sich abends und verströmen ihren Duft in der Nacht. Sie werden von Komoren-Rosettenflughunden bestäubt. Die holzigen Früchte sind mit Kernen und einem sauren, trockenen Gewebe gefüllt.

Die Primärwälder wurden komplett abgeholzt, um die 50 Zuckerfabriken, die im vorigen Jahrhundert bestanden, mit Brennholz zu versorgen. Heute breitet sich ein Flekkenteppich aus Sekundärwald zwischen den kultivierten Flächen und auf den höchsten Gipfeln aus.

Mayotte-Makis bewohnen die Küstenwälder bis zu einer Höhe von 300 m. Sie können auch in den Sekundärwäldern überleben, wenn dort genügend große Bäume stehen, die ihnen ihre Nahrung aus Früchten, Blättern und einigen Blüten bieten.

Mayotte besitzt 2 inselendemische Vogelarten. Davon sind die Mayottenektarvögel über die ganze Insel und selbst auf den Inselchen weit verbreitet. Der seltene Mayottedrongo existiert nur an den bewaldeten Flanken des Sapéré, Combani und Bénara.

Die Vogelwelt unterscheidet sich stark von der der anderen Komoreninseln. Da Wälder fehlen, gibt es auch einige der Waldvögel nicht. Andere haben sich umgestellt, wie der Echsenhabicht, der häufig in Kokosplantagen jagt. Da große Mangrovenbestände rings um die Insel bestehen, haben sich Rotbrust-Paradiesschnäpper, Kurol, Madagaskar-Rotschnabelbülbül und Komorenweber an diesen »Waldtyp« angepaßt. Madagaskarspinte, große Kapsegler und kleine, zierliche Palmensegler fliegen in und über den Kokosplantagen. Palmensegler kleben ihre winzigen Nestchen an die Unterseite der Palmenwedel. Madagaskarturtel-, Gurr- (S. 151) und Tamburintauben sind häufig, Brillenvögel überall. Erstaunlicherweise kommen Madagaskarzwergfischer, Kleinelsterchen und Echsenhabicht, die auf der Hauptinsel häufig sind, nicht auf der nahen Insel Pamandzi vor.

Die verschiedenen **Strandkrabben** gibt es auf allen Inseln im Indischen Ozean. Auf Mayotte sind sie durch die zahlreichen Mangrovenbuchten, Sandstrände und Korallenbänke besonders gut zu beobachten. Auf Felsen und Korallenblöcken springen die farbenprächtigen Klippenkrabben: blaue und rote *Geograpsus*-Arten und schwarze *Grapsus maculatus*. Im Mangrovengebiet bevorzugt *Scylla serrata* die Mangrovenarten mit dichtem Wurzelgeflecht, weil zwischen ihnen viele kleine Fische leben.

Zwischen Mangroven und auf Schlickflächen leben 4 verschiedene Winkerkrabbenarten. Zum männlichen Balzritual gehört das auffällige Winken mit einer stark vergrößerten Schere. Jede Art bevorzugt ein anderes Biotop. Im sehr feuchten Schlamm nahe der Wassergrenze lebt *Uca chlorophthalmus*, kenntlich an der großen roten Winkerschere. Etwas näher zum Strand winkt *U. annulipes* mit ihrer weißen Schere. Im oberen, trockneren Bereich leben die kleinen, grauen *U. marionis* mit orangefarbenen Scheren. Die größte und auffallendste Art ist *U. tetragonon*. Sie besitzt einen unglaublich türkisblau leuchtenden Körper, der mit orangenen Tupfen besprenkelt sein kann. Ihre Schere ist gelblichbraun.

Am Sandstrand leben die nachtaktiven Geisterkrabben (S. 103). Auch sie haben, wie die Winkerkrabben, 2 verschieden große Scheren. Die größere wird nur zur Verteidigung genutzt, mit der kleineren Schere werden die Gänge im Sand gegraben. Es gibt »Rechts- und Linkshänder«. Die Männchen mit einer vergrößerten rechten Schere graben einen Spiralgang im Uhrzeigersinn; der Gang derjenigen mit einer größeren linken Schere dreht sich entgegengesetzt herum. Die Gänge der Weibchen, die 2 gleichgroße Scheren besitzen, sind U-förmig.

Auf Pamandzi sind zwei uralte Krater zur Meeresseite hin erodiert.

Im Gebiet unterwegs

Der Flughafen liegt auf Pamandzi, der kleinen Insel östlich von Mayotte. Es besteht eine ständige Fährverbindung zur Hauptstadt Mamoudzou.

Pamandzi (Petite Terre)

2 km von dem Ort L'Abattoir entfernt liegt der runde Kratersee **Dziani Dzaha** ①. Ein kurzer Weg führt auf den 100 m hohen Kraterrand und hinunter zum Wasserrand. Häufig sind Zwergtaucher auf dem See und Dickschnabelreiher am Ufer zu finden.

Am südlichen Kraterrand entlang erreicht man über schmale Wege den südöstlich liegenden **Plage de Moya** ②. Dort nisten in den Klippen mehrere Paare Weißschwanz-Tropikvögel. Der Strand wird von 2 untergetauchten Kratern gebildet, die durch Wellenkräfte zum Meer hin geöffnet sind. Je eine Straße führt von L'Abattoir zu ihnen, man kann gut von einem Strand zum anderen zu Fuß gehen. In den Mangroven sind Mangrovereiher (S. 118) zu finden und Schwärme von Madagaskarwebern. Die Sandstrände sind Nistplätze der Grünen Meeresschildkröte.

Die Schlamm- und Sandbänke, die zur Zeit des Niedrigwassers zwischen Dzaoudzi und L'Abattoir ③ trockenfallen, sind ideale Beobachtungsplätze für verschiedene Watvögel, Seeschwalben und Reiher.

Schwarzweiße Reiherläufer und die großen, dunkelgrauen Madagaskarreiher machen dort Jagd auf Krabben.

Mayotte (Grande Terre)

Wasserfall von Soulou ④: Der Soulou-Wasserfall fällt direkt in die Meeresbucht von Soulou. Von einer 8 m hohen Steilwand

Der kreisrunde Kratersee Dziani Dzaha auf Pamandzi ist mit grünem, schwefelhaltigem Wasser gefüllt.

Mayotte (Maoré)

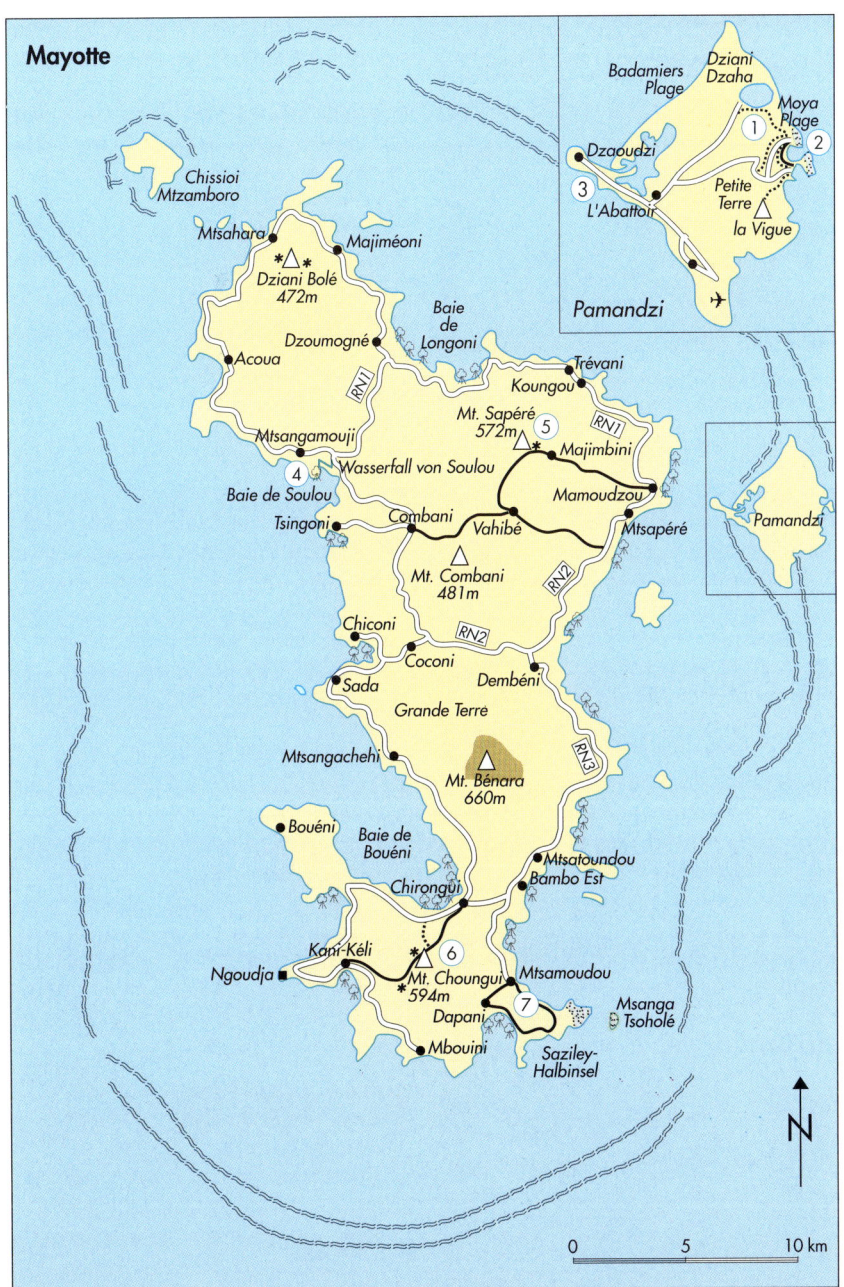

Der Echsenhabicht jagt im dichten Wald von einer Warte aus im Überraschungsangriff Echsen und kleine Vögel.

stürzt das Wasser schleierartig hinunter, bei Flut direkt ins Meer, bei Ebbe auf den braunen Sandstrand.
2 km vor Mtsangamouji geht ein Wanderweg (mit blauen Punkten markiert) in Richtung Soulou-Bucht zum Wasserfall. Sonntags ist der Strand ein beliebter Picknickplatz.

Besteigung des Mt. Sapéré ⑤: Der Mt. Sapéré ist der höchste Punkt im nördlichen Teil von Mayotte. Der Wanderweg bietet wunderschöne Ausblicke über die gesamte Insel. Viele Vogelarten können gesehen werden, im Waldgebiet kommen Tauben und Lemuren vor. Seine Besteigung innerhalb eines 16 km Rundweges sollte als Tagestour geplant werden. Von **Mamoudzou** steigt der Weg durch Plantagen und Felder zu dem 4 km entfernt liegenden kleinen Dorf **Majimbini** auf, das 404 m hoch liegt. Von dort ist es noch 1 km zum Gipfel, der dicht mit Sekundärwald bewachsen ist. Während des Südlichen Sommers, Dezember bis März, können dort Eleonorenfalken gesehen werden. Man kann jetzt den gleichen Weg zurückgehen oder dem Rundweg folgen, der ins Inland auf dem Bergkamm entlang bis **Vahibé** führt, das 245 m hoch liegt. Von dort geht ein anderer Weg an der Nordflanke des Mt. Combani vorbei zur Westküste nach **Combani**. Der Rundweg geht zurück zur Ostküste. Man erreicht nach 4 km Abstieg die Küstenstraße RN2 bei **Passameinti**. Von dort sind es noch knappe 4 km bis Mamoudzou zurück.

Südteil: Der Südteil bietet 2 schöne Wandertouren, die Besteigung des **Mt. Choungui** ⑥ und eine Wanderung auf der Halbinsel Saziley. Das Zentrum der Südhalbinsel ist der 594 m hohe erloschene Vulkan Mt. Choungui. Die Tour ist anstrengend, man sollte so früh wie möglich losgehen. Von **Chirongui** führt die Nordroute hinauf, von **Kani-Kéli** die Südroute. Je nach Unterkunft wird im Norden oder Süden gestartet. Bis zum Fuß des Choungui geht es nur leicht bergauf, danach folgt ein steiler Anstieg von 1–2 Stunden durch einen dichtgewachsenen Wald, in dem Makis leben. Der steile Aufstieg wird durch eine wunderbare Aussicht belohnt. Im Südlichen Sommer ist es auch das Jagdgebiet von mehreren Eleonorenfalken.

Die **Saziley-Halbinsel** ⑦ liegt im äußersten Südosten. Ein 8 km langer Rundweg führt von **Mtsamoudou** zu den farbigen Sanddünen von **Magikavo** und zurück über **Dapani** nach Mtsamoudou.
Dem Strand von Saziley liegt die nackte Sandinsel **Msanga Tsoholé** (Ilot du Sable Blanc) vorgelagert, die man mit einem dort gemieteten Boot besuchen kann. Die Strände sind Nistplätze von Meeresschildkröten. Häufig werden Delphine gesehen.

Praktische Tips

Unterkunft
Auf Pamandzi gibt es 2 Hotels, auf Mayotte inzwischen mehrere und einige Lodges an den schönsten Stränden: www.mayotte-tourisme.com.

18 Malediven

Einmalige Unterwasserwelt, höchst unterschiedliche Korallenriffe, reiches Riffleben, Walbeobachtung.

Die Inselkette der Malediven erstreckt sich über ein Gebiet von 754 km Länge und 118 km Breite. Die gesamte Landmasse beträgt nur 298 km², das sind 0,3 % des Staatsterritoriums.

1192 kleine Inseln sind in einer langen Kette aus 26 Atollen angeordnet. Diese Großatolle setzen sich wiederum aus einem Ring kleinerer Atolle zusammen.

Durch Riffkanäle strömt frisches Meerwasser in die Zentrallagune und gestattet auch in ihrem Inneren üppiges Korallenwachstum. Aus Korallenblöcken entstehen durch Seitenwachstum »Pseudoatolle« oder auf maledivisch »Faros«. Auch das Wort Atoll entstand aus dem maledivischen »atolu«. Die nördlichen Großatolle sind aus Faros aufgebaut.

Da keine der Inseln höher als 3 m liegt, besteht die ernsthafte Gefahr, daß bei gleichbleibendem Anstieg der Meeresoberfläche durch den Treibhauseffekt die Inseln der Malediven innerhalb von einigen Jahrzehnten überflutet sind.

Nur 202 Inseln sind bewohnt. Um kulturelle Konflikte zu vermeiden, dürfen Touristen außer der Hauptstadt Male keine der bewohnten Inseln ohne offizielle Erlaubnis besuchen. Sie sind auf eigenen unbewohnten Touristeninseln, den »Touristresorts« untergebracht, von denen über 90 ausgewiesen sind.

Pflanzen und Tiere

Die unbewohnten kleinen Inseln sind mit Strandwinden, *Scaevola*- (S. 88) und *Tournefortia*-Büschen (S. 81) sowie Linden-

Die Koralleninsel Rasdu liegt wie ein winziger Punkt in der leuchtend blauen Unendlichkeit des Ozeans.

Stark duftende, gedrehte Blüten hat der Frangipani, der auch Pagodenbaum genannt wird.

blättrigem Eibisch bewachsen. Diese Pflanzen im Küstengürtel vertragen hohe Salzkonzentrationen in der Luft und im Boden. Nach der Tsunami-Katastrophe 2004, bei der ein großer Teil der Inseln überspült wurde, überlebten die heimischen Pflanzen, während die eingeführten und eingebürgerten Pflanzen abstarben. Auf den größeren Inseln gibt es Schraubenbäume, Takamakas (S. 60), Indische Mandelbäume (S. 61) und einige Mangrovegebiete.

13 verschiedene Mangrovenarten wachsen sowohl an der ozeanzugewandten Seite als auch an der Innenlagune und sogar an Brack- und Süßwasserseen. Sie sind je nach Standort unterschiedlich salztolerant.

In ihrem Wurzeldickicht verfangen sich Sand und Schlamm, welche sonst hinaus auf das Riff gespült und die Korallen ersticken würden. Sie schützen die Inseln nicht nur vor Erosion, sondern bilden eine wichtige Kinderstube für Krebstiere und Fische.

In den Süß- und Brackwasser-Mangrovensümpfen leben Milchfische, die von der Bevölkerung gefangen werden, wenn die See zum Fischen zu rauh ist.

Die meisten Mangrovendickichte befinden sich auf den südlichen Atollen, wo im Addu Atoll auf 2 Inseln und auf Kaafu Hurae die Mangrovengebiete geschützt sind.

Die Zerstörung der Mangrovengebiete hat auf vielen Inseln zu ernsthaften Problemen geführt; das Salzwasser sickerte in die Süßwasserlinse ein und machte das Grundwasser brackig.

Auch die Tsunami-Katastrophe 2004 zeigte, daß die Kraft der Wassermassen durch Mangrovengürtel gebrochen werden kann. Denn hinter ihnen wächst ein zweiter Ring aus höheren Büschen und Bäumen, der mithilft, die Wellen zu zähmen. Die Bewohner der Mangroveninseln sprechen dankbar von ihren »sicheren Inseln«.

Kokospalmen, die überall angepflanzt wurden, gedeihen gut, alle anderen landwirtschaftlichen Produkte nur mühsam. Nur 1/10 des Korallensandbodens ist mit Maniok, Süßkartoffeln, Hirse, Mais, Zwiebeln, Bananen, Brotfruchtbäumen (S. 149) und Papayas kultivierbar. Nur Gnaviyani ist als einzige Insel dicht bewachsen. Sie liegt isoliert im Äquatorial-Kanal, besitzt zwei Süßwasserseen, und auf ihr gedeihen Mangos, Orangen und Ananas.

Auf einigen Inseln werden Betelpalmen kultiviert. Die dünngeschnittenen, gerösteten Samen werden zusammen mit einem Blatt Betelpfeffer, einer Prise Nelken und Korallenkalk gekaut. Das Alkaloid Arecolin wirkt als Stimulanz, der Farbstoff Arecarot färbt den Speichel rot und die Zähne schwarz.

Verschiedene *Ficus*-Arten wie Buddhabaum und Würgerfeige bilden in den Fischerdörfern auffallende Versammlungsorte. Flamboyant (S. 160), Frangipani, Japanische Wollmispel und Bougainvilleen werden als Schmuckpflanzen geschätzt, wie auch der Pappelblättrige Eibisch, die weißblühende Asiatische Amaryllis und die rotblühende Ruhmeslilie.

Nur wenige Landtiere haben die Inseln besiedelt. An **Insekten** finden sich Holzbie-

Vor jeder Häutung muß sich der Meeres-Einsiedlerkrebs ein neues, größeres Schneckenhaus suchen.

Die häufigen Orientalischen Süßlippen halten sich gerne an Außenriffen mit reichem Korallenbewuchs auf.

nen, Papierwespen, Zikaden und Schmetterlinge, von denen bisher 67 Arten bekannt sind. Nashornkäfer können in den Kokosplantagen großen Schaden anrichten. Unangenehm schmerzhaft, aber nicht tödlich, können die Stiche der zwei Skorpionarten und der Biß eines großen Hundertfüßers sein. Auch vor einigen Spinnen sollte man sich in acht nehmen, hauptsächlich vor einer verwandten Art der Schwarzen Witwe, die schwarz und rot gefärbt ist.

Ungewöhnlich auf Inseln ist das Vorkommen von **Amphibien**. Die Schwarznarbenkröte ist in ganz Südostasien verbreitet. Sie kann häufig gesehen werden, im Gegensatz zum kleineren Kurzschnauzenfrosch, der viel seltener ist.

Reptilien sind durch 2 nachtaktive Hausgeckos, Indische Schönechsen (S. 130), Weißflecken-Laubskinke und zwei ungiftige Schlangenarten vertreten. Die kleine, sehr dünne Blindschlange lebt und ernährt sich unterirdisch von Termiten und Ameisen. Die Kapuzen-Wolfzahnnatter, eine Unterart, die nur auf den Malediven vorkommt, ernährt sich von Echsen.

In den Mangrovensümpfen graben bei Niedrigwasser die **Mangrovenkrabben** eifrig ihre Wohnhöhlen, die für das Ökosystem sehr wichtig sind, da der Boden ständig mit frischem, nährstoffreichem Wasser durchspült wird. Die Krabben sind sehr hochbeinig und haben wehrhafte lange Greifscheren. Glücklicherweise werden sie von der Bevölkerung nicht als Nahrung gesammelt, nur die verschiedenen Reiherarten stellen ihnen nach. Am Strand rennen Geisterkrabben über den Sand, und Landeinsiedlerkrebse verstecken sich bei Annäherung in ihren Schneckenschalen (S. 102).

In den letzten Jahren wurden die Inseln, die nur für Taucher und Schnorchler interessant erscheinen, auch von Vogelliebhabern entdeckt. Es leben zwar nur wenige Landvögel ganzjährig dort, aber zur Zugzeit rasten hier viele der arktischen Vögel auf ihrem Weg in den Süden.

Es wurden bisher 167 (2001) verschiedene Arten beobachtet, wobei sicher in den nächsten Jahren noch mehr entdeckt werden. Glanzkrähen wurden schon von den ersten Siedlern mitgebracht. Sie haben sich weit verbreitet und fehlen nur auf einigen südlichen Inseln. Hirtenmainas wurden mehrfach eingeführt und kleine Gruppen finden sich auf einigen Inseln.

Die grünen, langschwänzigen Halsbandsittiche (S. 23) wurden 1988 zum ersten Mal entdeckt. Sie entflogen aus Käfighal-

Graureiher jagen im flachen Wasser Fische und am Strand nach Krabben.

tung und besiedelten Male und die umliegenden Inseln. 1998 wurden Haussperlinge eingeführt, die bis heute in der Hauptstadt überlebt haben.

Ein versteckt lebender, jedoch ständig zu hörender Vogel, ist der Indische Koël, eine Kuckucksart. Das schwarze Gefieder des Männchens schillert in der Sonne stahlblau, sein Schnabel ist apfelgrün. Es wiederholt ständig seinen lauten »koeel«-Ruf. Er gilt als maledivische Unterart, genau wie die Weißbrust-Kielralle.

Auch einige Reiherarten haben sich durch farbliche Abweichungen als Unterarten entwickelt: z. B. Graureiher, die man häufig an den Küsten jagen sieht und Mangrovenreiher (S. 118), die auf den nördlichen und südlichen Inseln unterschiedlich gefärbt sind.

Meeresvögel finden in den flachen, fischreichen Lagunen gute Nahrungsgründe. Feenseeschwalben und Schlankschnabelnoddis brüten auf einigen der südlichen Inseln mit Baumbestand; Ruß- und Zügelseeschwalben bevorzugen flachen Grund. Zwerg- und Schwarznacken-Seeschwalben fliegen den Küstensaum ab, ebenso die selteneren Rosenseeschwalben. Die großen Seeschwalben lassen sich an der Schnabelfarbe auseinanderhalten: Gelb für Eil- (S. 89), Orange für Rüppell- und Rot für Raubseeschwalben. Ein Teil der Orientbrachschwalben, die in Indien brüten, überwintern auf den Malediven, ebenso wie Pazifischer Goldregenpfeifer und Stiftbekassinen, die aus Sibirien einfliegen. Die anderen durchziehenden Watvögel sind die gleichen wie auf den Seychellen.

Flughunde sind die einzigen natürlich vorkommenden **Landsäugetiere**, Ratten und Kaninchen kamen mit den Menschen. Der Indische Flughund bevölkert die größeren Inseln auf denen es Bäume mit Früchten gibt, deren Saft er auslutscht. In der Dämmerung verlassen die Flughunde ihre Tagesrastplätze auf den hohen Bäumen. Mit ihrer Flügelspannweite von 1,60 m und dem langsamen Flügelschlag wirkt ihr Flugbild wie das eines großen Reihers. Der kleinere dunklere Inselflughund mit einer Spannweite von 1,20 m ist sehr selten, er kommt auf den südlichen Inseln vor. Er ernährt sich nicht nur von Früchten, sondern auch von Blütenpollen und -nektar und Blättern. Beide maledivischen Unterarten stehen als gefährdet auf der Roten Liste.

Der einmalige Tierreichtum der Malediven findet sich in der **Unterwasserwelt** mit den zahlreichen verschiedenen Rifflandschaften. Sie erschließen Tauchern wie auch Schnorchlern die unbeschreibliche Formenvielfalt und Farbenprächtigkeit der Korallenriffe (s.S. 24). Selbst die nur knietiefen Lagunen und das Riffdach bieten Schnorchlern eine Fülle, die nirgendwo anders erreicht wird. Für Taucher ist der äußere Riffabhang mit den unzähligen Grotten ein wahrer Zaubergarten.

26 Arten von **Haien** sind in maledivischen Gewässern gesichtet worden. Am eindrucksvollsten ist eine Begegnung mit dem Walhai, dem größten lebenden Fisch, der

Die bisher größte Blauwalkuh maß über 34 m.

Es ist ein faszinierendes Erlebnis zusammen mit den riesigen Mantas im Wasser zu schwimmen.

bis zu 20 m lang wird. Als Planktonfilterer ist er für den Menschen völlig ungefährlich. Während des Südwestmonsuns hält er sich an der Ostküste auf, in der Zeit des Nordostmonsuns an der Westküste.

Auch die größten Rochen, die Mantas oder Teufelsrochen ernähren sich von Plankton. Mit den hörnerartigen, einrollbaren Kopflappen an ihren Vorderköpfen leiten sie das planktonhaltige Wasser in das weit geöffnete Maul und filtern mit ihrem Kiemen-Reusenkorb das eiweißreiche Zooplankton aus dem Wasser.

Es wird häufig beobachtet, daß sie mehrfach hintereinander hoch aus dem Wasser springen. Sie können bis zu 6 m Flügelspannweite erreichen.

Im gesamten Gebiet des Indischen Ozeans sinkt die Anzahl der **Meeresschildkröten** dramatisch. Die fünf Arten, die in den maledivischen Gewässern vorkommen, sind darum streng geschützt. Grüne Meeresschildkröten und Karettschildkröten sind die häufigsten, aber auch die Weibchen der Bastard- und Unechten Karettschildkröten erscheinen regelmäßig zur Eiablage an ungestörten Sandstränden. Die Lederschildkröte als reiner Hochseebewohner wird seltener gesehen und nistet nicht auf den Malediven. Die Nahrungsgründe sind recht unterschiedlich. Grüne Meeresschildkröten weiden Seegras und Algen ab, Karettschildkröten suchen die Korallenriffe nach Schwämmen und Wirbellosen ab, Bastard- und Unechte Karettschildkröten fressen Wirbellose und Krebstiere und die Lederschildkröte ernährt sich hauptsächlich von Quallen.

In den Gewässern der Malediven tummeln sich über 20 verschiedene Wal- und Delphinarten. Einige ziehen auf ihren Wanderungen nur durch, andere sind jedoch ortstreu und leben ganzjährig hier. So weiß man heute, daß eine Gruppe des Südlichen Entenwals, der als einer der seltensten und unbekanntesten Wale gilt, regelmäßig hier anzutreffen ist. Auch Schulen von Schwertwalen jagen hinter Thunfischschwärmen her. Spinnerdelphine sind am häufigsten, sie schwimmen in großen Trupps. Sie heißen auch Ostpazifische Delphine, aber da sich herausstellte, daß es sie in fast allen tropischen Meeren gibt, hat sich der englische Name auch im Deutschen eingebürgert. Es sind die sprungfreudigsten Delphine, die sich während der Sprünge in der Luft ein paar Mal um sich selbst drehen. Darum heißen sie im Englischen »Spinner Dolphin« von *to spin – drehen, herumwirbeln*. Sie jagen nachts im

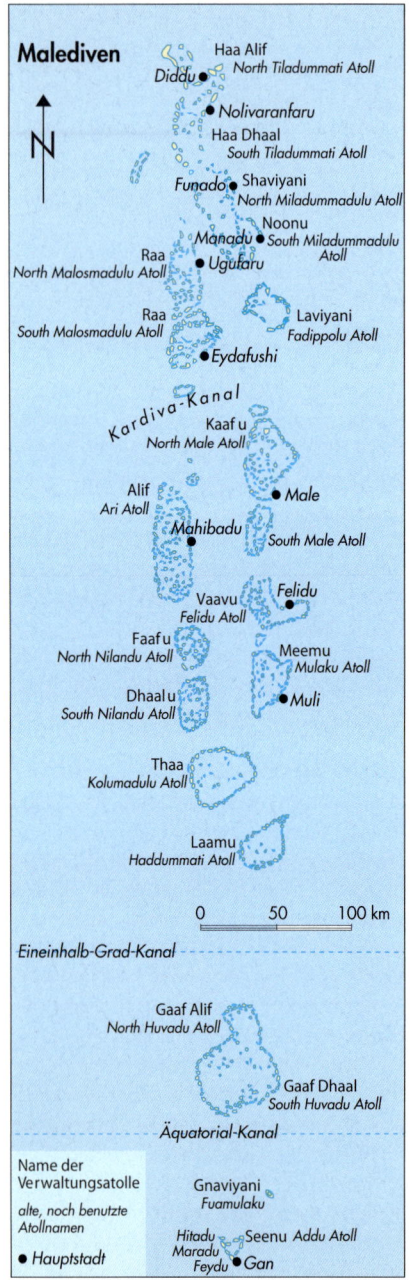

freien Wasser und kehren am frühen Morgen in die Atolle zurück. Am späten Nachmittag ziehen sie wieder hinaus in die offene See.

Durch diesen regelmäßigen Tagesablauf ist die Chance gut, auf Bootstouren die Delphine zu beobachten. Diese Ausflüge werden in vielen Touristenorten angeboten.

Um Wale zu beobachten, fährt man mit Safaribooten weiter hinaus. Auf diesen »Whale Watching Safaris« können regelmäßig Blauwale, Pottwale und Grindwale gesehen werden, außerdem Große Tümmler, Spinner-, Rundkopf-, Schlank-, Blauweiße und Rauhzahndelphine.

Um diese Wunderwelt zu erhalten, wurden bisher 25 Meeres-Schutzgebiete eingerichtet, in denen weder geankert, gefischt oder Korallen zerstört werden dürfen.

Im Gebiet unterwegs

Bei einem Besuch der Hauptstadt Male sollte der Fischmarkt besucht werden. Nachmittags kommen die Dhonis und andere Fischerboote mit ihrem Fang zurück. Die Touristeninseln sind einem ständigen und schnellen Wechsel unterworfen. Sie werden für eine gewisse Zeit vom Staat verpachtet. Danach bleiben viele geschlossen, andere wechseln den Pächter, neue Inseln werden erschlossen.

Es ist vorteilhaft, den Aufenthalt schon im Heimatland auszuwählen und zu buchen. Dabei sollten einige wichtige Kriterien beachtet werden:

- Für Schnorchler und Tauchanfänger sind Inseln am Innenrand des Atolls vorteilhaft.
- Welche Kurse werden angeboten, welche sind im Preis enthalten?
- Wer führt die Insel, welches Publikum besucht sie? Manche Inseln sind fest in deutscher / italienischer / französicher Hand.

- Gibt es Süßwasser- oder Brack-/Salzwasserduschen? ACHTUNG: Salzwasserseife mitbringen!

Alle Angaben über die einzelnen Inseln und ihre Touristenorte mit Telefon und Internet-Adressen, außerdem die Tauchgebiete mit Lagekarten, Infos, Tips und Fotos findet man unter www.malediven.net. Die offizielle Homepage des Tourismusverbandes der Malediven lautet www.visitmaldives.com.

Praktische Tips

Klima/Reisezeit

Während des Nordostmonsuns von November bis März ist Trockenzeit; gleichzeitig beste Reisezeit und Hochsaison. Die Regenzeit von April bis Oktober kann starken Wind und unruhige See bringen. Die Temperatur beträgt 24–33 °C, die Luftfeuchtigkeit ist hoch, aber durch eine ständige Brise erträglich. Tauchen ist ganzjährig gut, die Wassertemperaturen liegen zwischen 27 und 29 °C.

Anreise

Der internationale Flughafen Hulhule wird von regulären und Charterflügen direkt angeflogen.

Verkehr

Luft: Trans-Maldivian fliegt 25 Urlaubsorte an, die Flüge dauern 15–45 Minuten. Außerdem bieten sie Rundflüge mit Kleinflugzeugen und Hubschraubern an und mit Wasserflugzeugen Ausflüge zu unbewohnten Inseln.
www.tma.com.mv, E-Mail: mail@tma.com.mv und marketing@tma.com.mv
Boot: reguläre Fährverbindungen bestehen zwischen **Hulhule** und **Male** sowie zu den Touristeninseln. Tagesausflüge werden mit traditionellen Dhonis angeboten, längere Strecken mit den größeren Vedis oder Schnellbooten zurückgelegt. Sie fahren wegen der Untiefen nur tagsüber. Von Male bis zu den äußeren Atollen werden 30 Std. Fahrzeit benötigt. Safari-Kreuzfahrtboote fahren zu verschiedenen Tauchgründen, ohne Inseln anzulaufen. Man wohnt auf dem Schiff.

Blick in die Umgebung

Nördlich der Malediven liegen die 36 winzigen Inseln der **Lakkadiven**. Zusammen bedecken sie gerade 32 km² Landfläche, umgeben von 20 000 km² Territoriumsgewässer. 10 Inseln sind bewohnt, eine, **Bangaram**, ist für ausländische Touristen freigegeben. Sie liegt an einer 40 km² großen, flachen Lagune und bietet ausgezeichnete Schnorchel- und Tauchmöglichkeiten; für Anfänger innerhalb der Lagune, für Könner am Außenriff. Seit Ende 2007 gibt es eine 2. Möglichkeit. Auf der Insel **Agatti** entstand ein deutschsprachiges Tauchresort an der einmalig schönen Paramalapar-Lagune.
E-Mail: dive@divelineagatti.com, www.divelineagatti.com
Anreise: Flug über Mumbay (Bombay) oder Goa, dann nach Cochin, weiter nach Agatti, der Flughafeninsel. Oder mit der Fähre von Cochin nach Agatti (18–20 Std.). Zum Bangaram Island Resort auf der Bangaram Insel geht es noch 8 km mit dem Schnellboot weiter. Ein gültiges Visum für Indien und eine Einreiseerlaubnis für Bangaram ist Vorschrift.

Reiseplanung

Vor der Reise

Tourismus-Informationsbüros

Seychellen:
- Fremdenverkehrsamt der Seychellen
  (zuständig für Deutschland, Österreich, Schweiz)
  Fremdenverkehrsbüro Seychellen
  Hochstr. 17, 60313 Frankfurt am Main
  Tel.: 069 - 29 72 07 89
  Fax: 069 - 29 72 07 92
  E-Mail: info@seychelles-service-center.de
  www.seychelles.travel
- Air Seychelles Deutschland: Aviareps
  Landsberger Str. 155, 80687 München
  Tel.: 089 - 55 25 33 38
  Fax: 089 - 54 50 68 55
  E-Mail: info@airseychelles.de
  www.airseychelles.de

La Réunion:
- Fremdenverkehrsbüro La Réunion
  c/o Maison de la France
  Zeppelinallee 37, 60325 Frankfurt
  Tel.: 069 - 97 59 04 94
  Fax: 069 - 97 59 04 95
  E-Mail: insel-la-reunion@franceguide.com
  www.la-reunion-tourisme.com
  www.insel-la-reunion.com
  www.mi-aime-a-ou.com,
  www.insel-la-reunion.info

Mauritius:
- Fremdenverkehrsbüro Mauritius
  Tourism Promotion Authority
  Sonnenstr. 9, 80331 München
  Tel.: 089 - 2 36 62 18 34
  E-Mail: mauritius@aviarepsmangum.com
  www.my-mauritius.de
- Mauritius Tourism Promotion Authority
  11th Floor, Air Mauritius Centre
  President John Kennedy Street
  Port Louis
  Tel.: +230 - 2 10 15 45, Fax: +230 - 2 12 51 42
  E-Mail: mtpa@intnet.mu
  www.tourism-mauritius.mu
  www.mauritius.net
  www.mauritius-guide.de
  www.mauritius-island.com

Rodriguez:
- Rodrigues Tourism Office
  Commission for Tourism
  Rue de la Solidarité, Port Mathurin
  Tel.: +230 - 8 32 08 66
  Fax: +230 - 8 23 01 74
  E-Mail: Ot-rodrigues@intnet.mu
  www.tourism-rodrigues.mu
  www.rodrigues-island.org
  www.mauritiusshipping.intnet.mu

Komoren:
- Direction Générale du Tourisme et
  de l'Hôtellerie, BP 97, Moroni
  Tel.: +269 - 74 42 42/65
  Fax: +269 - 74 42 41
  E-Mail: dg.tourisme@snpt.km

Malediven:
- Maldives Tourism Promotion Board
  (MTPB)
  3rd Floor, H. Aage, 12,
  Boduthakurufaanu Magu, Male
  Republic of Maldives
  Tel.: +960 - 3 32 32 28
  Fax: +960 - 3 32 32 29
  E-Mail: mtpb@visitmaldives.com
  www.visitmaldives.com
- Maldives Government Tourist
  Information Office
  Aschaffenburger Str. 96g
  63500 Seligenstadt
  Tel.: 0 61 82 - 9 93 48 57
  Fax: 0 61 82 - 9 93 48 58
  E-Mail: info@visitmaldives.de
  www.visitmaldives.de

Konsularische Vertretungen

Seychellen:
- Botschaft der Republik Seychellen
  Ambassador Mr. Barry Faure
  B-1040 Brussels 28, bp 5
  Boulevard St. Michel
  Tel.: +322-7 33 60 55
  Fax: +322-7 32 60 22
  E-Mail: bfaure@chello.be
- Konsularische Vertretungen in Deutschland unter:
  www.konsulat-seychellen.de

La Réunion:
- Französische Botschaft
  Pariser Platz 5, 10117 Berlin
  Tel.: 030-5 90 03 90 00

Mauritius:
- Botschaft der Republik Mauritius
  Kurfürstenstraße 84, 10787 Berlin
  Tel.: 030-2 63 93 60;
  Fax: 030-2 65 58 23
  E-Mail: berlin@mauritius-embassy.de
  www.mauritius-embassy.de

Komoren:
- Botschaft der Union der Komoren
  20 Rue Marbeau, F-75116 Paris
  Frankreich
  Tel.: +331-45 01 62 37 / -48 45 13 65
  Fax: +331-45 00 47 93

für **Mayotte** ist die französische Botschaft zuständig.

Malediven:
- Generalkonsulat der Republik Malediven
  Immanuel-Kant-Straße 16
  61350 Bad Homburg
  Tel.: 0 61 72-86 78 33, oder
  Touristeninformation, s. oben

Einreise

Deutsche, Österreicher und Schweizer benötigen einen noch 6 Monate gültigen Reisepaß.
Seychellen: Am Flughafen bekommt man ein Visum für 4 Wochen; kann auf 3 Monate verlängert werden.
Réunion: Wie Frankreich, da es als französisches Inland gilt.
Mauritius und Rodriguez: Österreicher benötigen ein Visum, das in Brüssel anzufordern ist. Deutsche und Schweizer bekommen es für 4 Wochen bei der Einreise.
Komoren: Entweder in Paris anfordern oder am Internationalen Flughafen auf Grande Comore ausstellen lassen, bei Vorlage des Rück- oder Weiterflugscheins.
Malediven: Am Flughafen erhält man ein Visum für 4 Wochen.

Zeitzonen

Die Seychellen und Maskarenen liegen 3 Stunden vor der Mitteleuropäischen Zeit (MEZ + 3h), die Komoren 2 Stunden und die Malediven 4 Stunden.

Devisen

Seychellen: 1 Seychellen-Rupie (SR) sind 100 Cents. In Hotels, Restaurants, Reiseagenturen muß mit Euro oder Kreditkarte bezahlt werden.
Réunion und Mayotte (Komoren): Euro, wie Frankreich
Mauritius und Rodriguez: 1 Mauritius-Rupie (MR) sind 100 Cents.
RFI des Comores: Der Komorische Franc (CFr) ist an den Euro gekoppelt.
Malediven: 1 Rufiya (Rf) sind 100 Larees.

Reiseschecks in US-Dollar und Euro können auf allen Banken getauscht werden, Euroschecks nur auf Réunion. Kreditkarten werden auf den Komoren (RFIC) nicht akzeptiert; auf Mohéli gibt es keine Bank.

Gesundheit

Es sind keine Impfungen vorgeschrieben. Das Leitungswasser ist auf allen Inseln trinkbar, jedoch kann es auf Mauritius und Réunion kurz nach Zyklonen verunreinigt sein.

Es empfiehlt sich, eine kleine Reiseapotheke mit Pflastern, elastischen Binden und den persönlich benötigten Medikamenten mitzunehmen. Sonnenschutz von Faktor 20 aufwärts und Mückenschutz sind notwendig.

Durchfall: Um ihn zu vermeiden, sollten folgende Grundregeln beachtet werden: Kein ungewaschenes Obst essen, nur abgekochte Milch trinken, nur durchgebratenes Fleisch essen, keine eisgekühlten Getränke trinken, keine Eiswürfel nehmen. Falls er doch auftritt, ist die beste Behandlung: 24 Stunden nichts essen, aber sehr viel trinken (süße Limonaden oder auf 1 l Wasser 1 Teelöffel Zucker und eine Prise Salz und Zitronensaft). Den nächsten Tag schwarzen Tee trinken und Toast oder Zwieback essen.

Malaria: Seychellen und Réunion sind malariafrei; Mauritius führt einen wirkungsvollen Kampf dagegen, aber ab und zu werden einzelne Malariafälle bekannt. Auf den Malediven ist sie seit 1981 nicht mehr aufgetreten. Auf den Komoren ist die Malaria weit verbreitet, man muß unbedingt vorbeugen.

Denguefieber: Kann auf allen Inseln auftreten; es wird von *Aedes*-Mücken übertragen. Schutz bieten Insekten-Abwehrmittel.

Maledivenfieber: Teilweise tritt auf den Inseln dieses Fieber auf, das vermutlich durch einen Virus entsteht. Es macht sich durch Gliederschmerzen und hohes Fieber bemerkbar. Stark fiebersenkende Mittel sowie Vitamin C und viel Wasser lassen es jedoch nach 3–4 Tagen verschwinden.

Chikungunyafieber: Tritt intervallartig auf den Inseln des Indischen Ozeans auf. Wird von den tagaktiven *Aedes*-Mücken übertragen. Schutz bieten Insektenabwehrmittel.

Geschlechtskrankheiten: Syphilis und Gonorrhoe kommen vor. Auf Mauritius außerdem die durch Viren hervorgerufene Mauritius-Rose.

Aids: Auf jeden Fall gehören einige Einwegspritzen in die Reiseapotheke, damit man im Falle einer ärztlichen Behandlung nicht infiziert wird.

Hepatitis A: Tritt überall auf. Es gibt eine wirkungsvolle Impfung dagegen.

Frauenkrankheiten: Durch Einnahme von Antibiotika und empfängnisverhütende Mitteln treten im tropischen Klima verstärkt Scheidenentzündungen auf. Abhilfe schaffen Spülungen mit Essig- oder Zitronenwasser und Einführen von Joghurt.

Insektenstiche, kleine Verletzungen: Sind mit antiseptischen Mitteln zu behandeln. Bewährt hat sich Mercurochrome.

Kleidung

Leichte Baumwollkleidung ist empfehlenswert. Regenschutz ist für die Bergtouren auf den Seychellen nötig; Pullover, Anorak und Regenschutz für die Bergtouren auf Réunion, Mauritius und Grande Comore.

Respektieren Sie bitte die Landessitten! Auf den islamischen Malediven und Komoren ist Nackt- und Oben-ohne-Baden verboten, Shorts und knappe Kleidung in den Ortschaften nicht erwünscht. Auch auf Mauritius gelten strengere Kleiderregeln als auf Réunion und den Seychellen.

Reisen zwischen den Inseln

Flüge

Es gibt Flugverbindungen zwischen Mahé auf den Seychellen, Réunion, Mauritius und Grande Comore auf den Komoren. Rodriguez kann nur von Mauritius angeflogen werden, Mayotte (Komoren) von den anderen Komoreninseln und von Réunion aus. Es besteht keine Verbindung dieser Inseln mit den Malediven.

Schiffsverbindungen

Einige Kreuzfahrtschiffe laufen die Inseln auf ihrer Route an. Wie auf Kreuzfahrten üblich, ist nur ein Tagesbesuch pro Insel vorgesehen.
Regelmäßiger Fährverkehr verbindet Mauritius, Rodriguez, La Réunion, Madagaskar, Komoren.
- Coraline Shipping Agency
  Nova Bldg., 1 Military Road, Port Louis
  Tel.: +230 - 2 42 52 55
  E-Mail: msc@coraline.intnet.mu
  www.mauritiusshipping.intnet.mu

Eine Frachtfähre verkehrt wöchentlich zwischen Moroni (Komoren) und Mahajanga (Madagaskar). SOCOTRAM, Moroni, Quai Moriceaux. Fahrtdauer 25 Std.
Zweimal im Monat verbindet eine Fähre mit Passagierkabinen Mayotte (Komoren) mit Mahajanga (Madagaskar). MS Andry, Mayotte, Tel. 60 03 94.
Ganzjährig auf den Seychellen und zwischen Juni und November, wenn keine Zyklone Mauritius und Réunion bedrohen, verkehren viele Yachten zwischen den Inseln. Die durchschnittliche Fahrtdauer beträgt von Mauritius aus:
nach Réunion 1 Tag – zurück 2 Tage
nach Rodriguez 7 Tage – zurück 5 Tage
nach Madagaskar 5 Tage – zurück 7 Tage
zu den Seychellen 10 Tage – zurück 14 Tage

Alle Koralleninseln der Äußeren Seychellen zeigen die palmenumsäumten, weißen Sandstrände, wie hier auf Desroches.

Es gibt keine regulären Angebote, aber Touren für Gruppen können leicht arrangiert werden; für Einzelreisende ist es schwieriger, einen Platz zu bekommen.

Hubschrauberflüge

Auf den Seychellen, La Réunion, Mauritius und den Malediven werden Hubschrauberflüge angeboten. Sie vermitteln einen einmaligen Eindruck über die Geographie der Inseln und bieten phantastische Fotomotive.

- Helicopter Seychelles, P.O. Box 595
  Victoria, Seychelles
  Tel.: +248-38 58 63
  Fax: +248-30 30 05
  E-Mail: info@helicopterseychelles.sc
  www.helicopterseychelles.com

Flugverbindungen und Hubschrauber-Rundflüge

- Air Mauritius, Air Mauritius Center
  President John Kennedy St.
  Port Louis, Mauritius
  Tel.: +230-207 70 70
  in Deutschland: Tel.: 069-24 00 19 99
  E-Mail: info@airmauritius.de
  www.airmauritius.de
- Air Mauritius Helicopter Services,
  Tel.: +230-6 37 35 52
  E-Mail:
  helicopter@airmauritius.intnet.mu

Sonstiges

Allgemeine Wanderregeln

- Mittags kann es sehr heiß werden. Die besten Wanderstunden sind der frühe Morgen und nachmittags. ACHTUNG: Um 19.00 Uhr wird es nach ganz kurzer Dämmerung dunkel.
- Nicht direkt nach Regenfällen gehen! Die Wege und Felsen sind dann extrem glatt und schlüpfrig. In den hohen Lagen ist es immer feucht und damit rutschig; Schuhe mit Profilsohlen tragen.
- Auf den ausgetretenen Wegen bleiben! Spalten und Höhlen sind oft von Pflanzen überwuchert und nicht sichtbar!
- Selbstverständlich sollte es sein, seinen Abfall wieder mitzunehmen, keine Pflanze zu beschädigen und kein Tier zu stören.
- Möglichst nicht allein gehen. Wenn kein Partner da ist, im Hotel oder bei den Wirtsleuten Bescheid sagen, welche Tour Sie unternehmen.
- Extrem vorsichtig mit Feuer sein (Zigarettenstummel, Streichhölzer sowie Glasscherben, die wie Brenngläser wirken). In den vergangenen Jahrzehnten ist der größte Teil der Pflanzen- und Tierwelt durch Feuer zerstört worden.

Schnorcheln, Tauchen

Beim Schnorcheln holt man sich am schnellsten einen Sonnenbrand; nur mit Oberhemd oder T-Shirt ins Wasser gehen. Die Stiche der Steinfische und Rotfeuerfische sind sehr giftig, darum stets Badeschuhe oder Flossen anziehen! Verletzungen durch Seeigelstachen und Schnittwunden durch Korallen entzünden sich; Papayaschale hilft gegen Stachen, antiseptische Salbe oder Mercurochrome gegen Entzündungen. Es gibt auch giftige Schnecken und Korallen, die ein stark wirkendes Nesselgift einsetzen (Feuerkorallen). Das ist ein Grund mehr, generell keine Tiere anzufassen. Gute und gewissenhafte Taucher und Schnorchler vermeiden Grundberührung, halten sich nicht an Korallenstöcken fest und stellen oder setzen sich nicht auf Korallenstöcke. Die Schäden, die den langsam wachsenden Korallen dadurch zugefügt werden, haben in manchen Touristengebieten erschreckende Ausmaße angenommen.

Gefahren

Es gibt auf den Inseln keine gefährlichen Tiere. Die Schlangen sind ungiftig, Stiche von Skorpionen können schmerzhaft sein, sind aber nicht lebensgefährlich. Stiche der Goldwespen sind schmerzhaft, darum nicht die offen hängenden Papiernester stören. Stechmücken können lästig werden und Krankheiten übertragen, darum auch bei warmen Temperaturen niemals mit Shorts und Sandalen in den feuchten Urwald gehen.

Naturschutz

Allgemein kann gesagt werden, daß der Naturschutz mit seinen Projekten in den ehemaligen englischen Kolonien, auf den Seychellen und Mauritius, hervorragend arbeitet. Viele Schutzgebiete sind geschaffen worden und werden ständig betreut. Die ehemaligen französischen Kolonien, die Komoren und Réunion, ein französisches Departement, haben noch viel nachzuholen.

Artenschutz

Es sollte für den Leser selbstverständlich sein, keine Produkte zu kaufen, für die z. T. höchst gefährdete Tierarten getötet werden. Dazu gehören auch die wunderschönen Muscheln, Schnecken, Korallenstöcke und Ketten aus Korallen, Haigebisse und Produkte aus Schildpatt, die auf den

Rußseeschwalben verteidigen ihren Nestbereich auf Hackdistanz, so daß alle im gleichen Abstand sitzen. Bitte Wildtiere nie stören!

Märkten angeboten werden. Jedem Käufer muß klar sein, daß er sich mitschuldig an der Ausrottung gefährdeter Tierarten und an der Plünderung der Riffe macht.

Schildpatt wird aus den Panzern der Karettschildkröten hergestellt, die im Washingtoner Artenschutzabkommen als höchst gefährdet eingestuft sind. Der Handel ist verboten, und Schildpatt darf nicht in Ihre Heimatländer eingeführt werden.

Anhang

Karten

Seychellen: Von Survey Division, Independence House, Victoria, Mahé. Es sind sehr gute Karten von den einzelnen Inseln und Inselgruppen der Inneren und Äußeren Seychellen.

Réunion, Mauritius, Rodriguez: Vom Institut géographique national, 107 Rue La Boétie, 75008 Paris;
Carte touristique: IGN 512 Réunion, IGN 515 Mauritius;
Carte topographique: Rodriguez;
Réunion für Wanderer: IGN-TOP 25: 6 Karten für die ganze Insel, Maßstab 1:25000.

Komoren: Die einzigen Karten sind topographische Karten vom Institut géographique national, je zwei für Grande Comore und Anjouan, je eine für Mohéli und Mayotte.

Malediven: Touristenkarten (nur Male und Male-Atoll) vom Department of Tourism, Ghaazee Building.

Literatur

Deutschsprachige Bestimmungsbücher gibt es nur für Meerestiere, die anderen sind in französisch und englisch.

ADJANOHOUN, E. J. u. a.: Contribution aux études ethnobotaniques et floristique aux Comores, A.C.C.T., 1992.

BARRÉ, NICOLAS: Oiseaux de la Réunion, St. Denis 1982.

CADET, TH.: Plantes rares ou remarquables des Mascareignes, Agence de Coop. Cultur., 1984.

CADET, TH.: Fleurs et plantes de la Réunion et de l'île Maurice, Times Editions, 1987.

CADET, TH.: Fleurs et plantes de la Réunion et de l'île Maurice, Les Editions du Pacifique, 1987.

CONSERVATOIRE BOTANIQUE DE MASCARIN: L'île de la Réunion par ses Plantes, Solar, 1992.

DESEGAULX DE NOLET, A.: Lépidoptères de l'Océan Indien, Agence de Coopération Culturelle et Technique, 1984.

DUPONT, JOËL: Flore en Detresse, Srepen, St. Denis, 1989.

EICHLER, DIETER: Tropische Meerestiere, BLV, München, 1995.

EICHLER, DIETER; MEYERS, ROBERT F.: Korallenfische Zentraler Indopazifik, Jahr Verlag, 1997.

ERHARDT, HARRY; KNOP, DANIEL: Korallenführer Indopazifik, Kosmos Verlag, 2005.

FRIEDMANN, FRANCIS: Flowers and Trees of Seychelles, Department of Finance Seychelles, 1986.

GUÉHO, J.: La Végétation de l'île Maurice, Editions de l'Ocean Indien, 1988.

IWERSEN, WALTER: La Réunion – Frankreichs Wanderparadies im Indischen Ozean, Bergverlag Rother, 2008.

LIESKE, EWALD; MYERS, ROBERT F.: Korallenfische der Welt; Jahr Top Special Verlag, Hamburg, 1994.

LORILLOT, JEAN PIERRE u.a.: Intérieures Réunionnais, Office National des Forêts.

LOUETTE, MICHEL: Les Oiseaux des Comores, Edition du Musée Royal de Tervuren, Belg., 1988.

MICHEL, CLAUDE: Birds of Mauritius, Editions de l'Ocean Indien, 1992.

NAHKE, PETER: Unterwasserführer Malediven, Verlag SN, Stuttgart, 1992.

PENNY, MALCOLM: The Birds of Seychelles and the Outlying Islands, Collins, London, 1974.

ROBERTSON, S.A.: Flowering Plants of Seychelles, Royal Botanic Gardens, Kew, GB, 1989.

SCHNEIDAUER, THIERRY ROBYNS DE: Guide-nature de l'Ocean Indien, Duculot, Belg., 1982.

SINCLAIR, IAN; LANGRAND, OLIVER: Birds of the Indian Ocean Islands, Struik Publishers, Cape Town, 1998.

SKERRETT, ADRIAN: A Birdwatchers Guide to Seychelles, Prion Ltd, 1992.

STAUB, FRANCE: Faune de l'île Maurice et Flore associée, Mauritius, 1993.

THORPE, IAN: No frills guide to the Comoro Islands, Bradt Publications, GB, 1990. (nur in englisch empfehlenswert)

TROTET, ALBERT: Guide touristique de La Réunion, 15, rue de Paris, St. Denis, 1984.

Während der Balz suchen sich beide Partner der zierlichen Feenseeschwalben einen geeigneten Ast als Nistplatz aus, auf den dann das einzige Ei gelegt wird.

Wörterbuch

deutsch / wissenschaftl. / englisch / französisch
– = englischer bzw. französischer Name nicht bekannt

Säugetiere

Aldabra-Flughund / Pteropus seychellensis aldabrensis / Aldabra Fruit Bat / Chauves souris

Blauwal / Balaenoptera musculus / Blue Whale / Baleine bleue
Buckelwal / Megaptera novaeangliae / Humpback Whale / Baleine à bosse
Bulldogg-Fledermaus / Tadarida acetabulosus / Free-tailed Bat / –

Dugong (Gabelschwanz-Seekuh) / Dugong dugong / Dugong / Dugong (Vache marine-dugong)

Goldstaubmanguste / Herpestes javanicus auropunctatua / Mongoose / Mangouste

Indischer Flughund / Pteropus giganteus / Indian Fruit Bat / Roussette géante de l'Inde
Indischer Grindwal / Globicephala macrorhyncha / Shortfin Pilotwale / –
Indischer Mungo / Herpestes griseus / Mongoose / Mangouste

Javaner Makake / Macaca fascicularis / Crab-eating Macaque / Macaque de Java

Kleine Zibetkatze / Viverricula indica / Rasse / La Rasse (Civette d'Asie)
Komoren-Flughund / Pteropus comorensis / Comoro Fruit Bat / Roussette comores
Komoren-Rosettenflughund „Vergessener Flughund" / Rousettus obliviosus / Forgotten Fruit Bat / Petite Roussette

Livingstone-Flughund / Pteropus livingstonei / Livingstone Fruit Bat / Roussette de Livingstone

Mähnenhirsch / Cervus timorensis / Deer / Cerf de Java
Mauritius-Flughund / Pteropus niger / Mauritius Fruit Bat / Roussette noir
Mauritius-Grabflatterer / Taphozous mauritianus / Mauritian Tomb Bat / Chauve-Souris banane
Mayotte-Maki / Lemur fulvus mayottensis / Brown Lemur / Lemur fauve
Mongozmaki / Lemur mongoz / Mongoose Lemur / Lemur mongoz

Ostpazifischer Delphin / Stenella longirostris / Spinner Dolphin / –

Pottwal / Physeter macrocephalus / Sperm Whale / Cachalot

Rodriguez-Flughund / Pteropus rodricensis / Rodrigues Fruit Bat / Roussette de Rodriguez

Seychellen-Flughund / Pteropus seychellensis / Seychelles Fruit Bat / Roussette commune

Spinnerdelphin (Ostpazifischer Delphin) / Stenella longirostrus / Spinner Dolphin / –
Südlicher Entenwal / Hyperoodon planifrons / Southern Bottlenose Whale / –

Tanrek / Tenrec ecaudatis / Tenrec / Tenrec géant

Vögel

Abbott-Tölpel / Sula abbotti / Abbott's Booby / Fou d'Abbott
Aldabrabuschsänger / Nesillas aldabrana / Aldabra Brush-warbler / Nésille d'Aldabra
Aldabradrongo / Dicrurus aldabranus / Aldabra Drongo / Moulin ban
Aldabraweber / Foudia eminentissima / Red-headed Fody / Cardinal
Anjouaneule / Otus capnodes / Anjouan Scops-owl / Petit-duc d'Anjouan
Anjouannektarvogel / Cinnyris comorensis / Anjouan Sunbird / Souimanga d'Anjouan
Arielfregattvogel / Fregata ariel / Lesser Frigatebird / Frégate ariel
Audubonsturmtaucher / Puffinus lherminieri / Audubon's Shearwater / Puffin d'Audubon

Barausturmvogel / Pterodroma baraui / Barau's Petrel / Pétrel de Barau
Bindenfregattvogel / Fregata minor / Great Frigatebird / Frégate du Pacifique
Blauvanga / Cyanolanius madagascarinus / Blue Vanga / Artamie azurée
Braunschwingendrongo / Dicrurus fuscipennis / Grand Comoro Drongo / Drongo de la Gr. C.
Bruchwasserläufer / Tringa glareola / Wood Sandpiper / Chevalier sylvain

Chinadommel / Ixobrychus sinensis / Yellow Bittern / Blongios de Chine
Cuvierralle / Dryolimnas cuvieri / White-throated Rail / Chiumicho (Râle de Cuvier)

Dickschnabelbülbül / Hypsipetes crassirostris / Seychelles Black Bulbul / Bulbul merle
Dickschnabelreiher / Ardeola idea / Madagascar Pond-heron / Gasse (Crabier blanc)
Dotterbrust-Brillenvogel / Zosterops mayottensis / Chestnut-sided White-eye / Zostérops de Mayotte
Dronte / Raphus cucullatus / Dodo / Dodo
Dschungelwachtel / Perdicula asiatica / Jungle Bush-quail / Perdicule rousse-gorge

Echsenhabicht / Accipiter francesii / Frances's Sparrowhawk / Autor malgache (Epervier de Frances)
Eilseeschwalbe / Thalasseus bergii / Greater Crested Tern / Sterne huppée
Einsiedler / Pezophaps solitaria / Rodriguez Solitaire / Rodr. Solitaire
Eleonorenfalke / Falco eleonorae / Eleonora's Falcon / Faucon d' Eleonore

Feenseeschwalbe / Gygis alba / White Tern / Gygis blanche
Flußuferläufer / Actitis hypoleucos / Common Sandpiper / Chevalier guignette

Gabeldrongo / Dicrurus forficatus / Crested Drongo / Drongo malgache
Gelbstirnweber / Textor cucullatus / Textor / Tisserin
Glanzkrähe / Corvus splendens / Indian House Crow / Corbeau de l'Inde
Grauköpfchen / Agapornis canus / Grey-headed Lovebird / Inséparable à tête grise
Graunasen-Grüntaube / Treron australis / Madagascar Green Pigeon / Colombar maitsou
Graureiher / Ardea cinerea / Grey Heron / Héron cendré
Großer Vasapapagei / Coracopsis vasa / Vasa Parrot / Perroquet vaza
Grünschenkel / Tringa nebularia / Common Greenshank / Chevalier aboyeur
Gurrtaube / Streptopelia capicola / Ring-necked Dove / Tourterelle du Cap

Halsbandsittich / Psittacula krameri / Rose-ringed Parakeet / Perruche à collier
Haussperling / Passer domesticus / House Sparrow / Moineau domestique
Heiliger Ibis (Aldabra-Ibis)/ Threskiornis aethiopicus ablotti/ Sacred Ibis / Ibis sacré, (Unterart auf Aldabra)
Hirtenmaina / Acridotheres tristis / Indian Myna / Martin triste
Humblotschnäpper / Humblotia flavirostris / Humblot's Flycatcher / Gobemouche des Comores

Indischer Koël / Eudynamys scolopacea / Common Koël / Coucou Koël

Kapsegler / Apus barbatus / African Swift / Martinet du Cap
Karthalabrillenvogel / Zosterops mouroniensis / Mount Karthala White-Eye / Zostérops du Karthala
Keilschwanz-Sturmtaucher / Puffinus pacificus / Wedged-tailed Shearwater / Fouquet
Kiebitzregenpfeifer / Pluvialis squatarola / Grey Plover / Pluvier argenté
Kleinelsterchen / Spermestes cucullatus / Bronze Mannikin / Spermète à capuchon
Komorenbuschsänger / Nesillas mariae / Moheli Brush-warbler / Nésille de Mohéli
Komorendrossel / Turdus bewsheri / Comoreso Thrush / Merle des Comores
Komoreneule / Otus pauliani / Comoro Scops-owl / Petit-duc du Karthala
Komorenfruchttaube / Alectroenas sganzini / Comoro Blue Pigeon / Founingo des Comores
Komoren-Rotschnabelbülbül / Hypsipetes parvirostris / Comoro Black Bulbul / Bulbul des Comore (Grande Comore, Mohéli)
Komorentaube / Columba pollenii / Comoro Olive Pigeon / Pigeon des Comores
Komorenweber / Foudia eminentissima / Comores Fody / Foudy des Comores
Kuhreiher / Bubulcus ibis / Cattle Egret / Héron garde-boeufs
Kurol / Leptosomus discolor / Cuckoo-Roller / Courol
Kurzschwanz-Buschsänger / Nesillas brevicaudata / Grand Comoro Brush-warbler / Nésille de Grande Comore

Madagaskarbrillenvogel / Zosterops maderaspatanus / Malagasy White-eye / Zostérops malgache (Aldabra, Cosmolédo, Grand Comore, Mohéli, Anjouan)
Madagaskarfalke / Falco newtoni / Madagascar Kestrel / Crécerelle malgache
Madagaskarnachtschwalbe / Caprimulgus madagascariensis / Madagascar Nightjar / Engoulevent malgache
Madagaskarraupenfänger / Coracina cinerea / Madagascar Cuckoo-shrike / Echenilleur malgache
Madagaskarreiher / Ardea humbloti / Madagascar Heron / Héron de Humblot
Madagaskar-Rotschnabelbülbül / Hypsipetes madagascariensis / Madagascar Black Bulbul / Bulbul de Madagascar
Madagaskarspint / Merops superciliosus / Olive Bee-eater / Guêpier de Madagaskar
Madagaskarturteltaube / Streptopelia picturata / Madagascar Turtledove / Pigeon de Madagascar
Madagaskarweber / Foudia madagascariensis / Red Fody / Cardinal de Madagascar
Madagaskarweihe (Réunionweihe) / Circus maillardi maillardi / Madagascar Marsh-Harrier / Busard de Maillard, (Unterart auf Réunion)
Madagaskarzistensänger / Cisticola cherina / Madagascar Cisticola / Cisticole malgache
Madagaskarzwergfischer / Alcedo vintsioides / Madagascar Kingfisher / Martin-pêcheur vintsi
Madagaskar-Zwergohreule / Otus rutilus / Madagascar Scops-owl / Petit-duc malgache
Mahébrillenvogel / Zosterops modestus / Seychelles Grey White-eye / Oiseau banane (Zostérops des Seychelles)
Malegassennektarvogel / Cinnyris sovimanga / Souimanga Sunbird / Souimanga malgache mascareignes (Réunion, Mauritius)
Mangrovereiher / Butorides striatus / Striated Green Heron / Gasse (Héron vert)
Maskarenbrillenvogel / Zosterops borbonicus / Mascarene White-Eye (Pic-pic) / Oiseau blanc (Zostérops de mascareignes)
Maskarenenparadiesschnäpper / Terpsiphone bourbonnensis / Mascarene Paradise-flycatcher / Tchitrec des Mascareignes
Maskarenenschwalbe / Phedina borbonica / Mascarene Martin / Hirondelle des Mascareigne
Maskarenensturmvogel / Pterodroma aterrima / Mascarene Petrel / Pétrel de Bourbon (Réunion)
Maskentölpel / Sula dactylatra / Masked Booby / Fou masqué
Mauritiusbrillenvogel / Zosterops chloronothos / Mauritius Olive White-eye / Zostérops de Maurice
Mauritiusbülbül / Hypsipetes olivaceus / Mauritius Black Bulbul / Bulbul de Maurice
Mauritiusfalke / Falco punctatus / Mauritius Kestrel / Crécerelle de Maurice
Mauritiusraupenfänger / Coracina typica / Mauritius Cuckoo-shrike / Echenilleur de Maurice
Mauritiussalangane / Aerodramus francicus / Mascarene Swiftlet / Salangane des Mascareignes (Mauritius, Réunion)
Mauritiussittich / Psittacula echo / Mauritius Parakeet / Perruche de Maurice
Mauritiusweber / Foudia rubra / Mauritius Fody /

Cardinal de Maurice
Mayottedrongo / Dicrurus waldenii / Mayotte Drongo / Drongo de Mayotte
Mayottenektarvogel / Cinnyris coquerellii / Mayotte Sunbird / Souimanga de Mayotte
Meerreiher / Egretta schistacea / Western Reef-Heron / Aigrette garzette
Mongolenregenpfeifer / Charadrius mongolus / Mongolian Plover / Pluvier de Mongolie
Mosambikgirlitz / Ochrospiza mozambicus / Yellow-fronted Canary / Serin du pays
Muskatfink / Lonchura punctulata / Spice Finch / Pingo Damier

Newtonraupenfänger / Coracina newtoni / Réunion Cuckoo-shrike / Tuit-tuit (Echenilleur cuisenier)
Noddi / Anous stolidus / Brown Noddy / Macoua (Noddi brun)

Olivbrillenvogel / Zosterops olivaceus / Reunion Olive White-eye / Zostérops de la Réunion
Orientbrachschwalbe / Glareola maldivarum / Oriental Pratincole / Glaréole orientale
Orientseeschwalbe / Sterna saundersi / Saunders' Little Tern / Sterne de Saunders

Palmensegler / Cypsiurus parvus / African Palm-swift / Martinet des palmes
Pazifischer Goldregenpfeifer / Pluvialis fulva / Pacific Golden Plover / Pluvier fauvem
Perlhalstaube / Streptopelia chinensis / Spotted Dove / Tourterelle tigrine
Pfuhlschnepfe / Limosa lapponica / Bar-tailed Godwit / Barge rousse

Rabenpapagei / Coracopsis nigra / Black Parrot / Perroquet noir
Raubseeschwalbe / Hydroprogne caspia / Caspian Tern / Sterne caspienne
Regenbrachvogel / Numenius phaeopus / Whimbrel / Courlis corlieu
Reiherläufer / Dromas ardeola / Crab Plover / Drome ardéole
Réunionbülbül / Hypsipetes borbonicus / Reunion Black Bulbul / Bulbul de Bourbon
Réuniondronte / Ornithaptera solitaria / Reunion Solitaire / Dronte de la Réunion
Réunionschmätzer / Saxicola tectes / Reunion Stonechat / Tarier de la Réunion
Rodriguezrohrsänger / Acrocephalus rodericanus / Rodrigues Brush-warbler / Rousserolle de Rodriguez
Rodriguezweber / Foudia flavicans / Rodriguez Fody / Cardinal
Rosaflamingo / Phoenicopterus ruber / Greater Flamingo / Flamant rose
Rosenseeschwalbe / Sterna dougallii / Roseate Tern / Sterne de Dougall
Rosentaube / Nesoenas mayeri / Pink Pigeon / Pigeon rose
Rotbrust-Paradiesschnäpper / Terpsiphone mutata / Madagascar Paradise Flycatcher / Tchitrec malgache
Rotfußtölpel / Sula sula / Red-footed Booby / Fou à pieds rouges
Rotohrbülbül / Pycnonotus jocosus / Red-whiskered Bulbul / Bulbul orphée
Rotschwanz-Tropikvogel / Phaethon rubricauda / Red-tailed Tropicbird / Paille-en-queue (Quelec)
Rüppellseeschwalbe / Thalasseus bengalensis / Lesser Crested Tern / Sterne voyageuse
Rußseeschwalbe / Sterna fuscata / Sooty Tern / Goelette

Sanderling / Calidris alba / Sanderling / Bécasseau sanderling
Sandregenpfeifer / Charadrius hiaticula / Common Ringed Plover / Pluvier grand-gravelot
Schieferfalke / Falco concolor / Sooty falcon / Faucon concolore
Schildrabe / Corvus albus / Pied Crow / Corbeau-Pie
Schlankschnabelnoddi / Anous tenuirostris / Lesser Noddy / Noddi marianne
Schleiereule / Tyto alba / Barn Owl / Effraie des clochers
Schlichtmantel-Nektarvogel / Cinnyris humbloti / Humblot's Sunbird / Souimanga d'Humblot
Schwarzmilan (Schmarotzermilan) / Milvus migrans / Black Kite / Milan noir
Schwarznacken-Seeschwalbe / Sterna sumatrana / Black-naped Tern / Sterne diamant
Seidenreiher / Egretta garzetta / Little Egret / Aigrette garzette
Seychellendajal / Copsychus sechellarum / Seychelles Magpie Robin / Shama des Seychelles
Seychelleneule / Otus insularis / Seychelles Scops-owl / Petit-duc scieur (Mahé)
Seychellenfalke / Falco area / Seychelles Kestrel / Crécerelle des Seychelles
Seychellennektarvogel / Cinnyris dussumieri / Seychelles Sunbird / Souimanga des Seychelles
Seychellenparadiesschnäpper / Terpsiphone corvina / Seychelles Paradise Flycatcher / Veuve (Tchitrec des Seychelles)
Seychellenrohrsänger / Acrocephalus sechellensis / Seychelles Brush-warbler / Rousserolle des Seychelles
Seychellensalangane / Aerodramus elaphrus / Seychelles Swiftlet / Salangane des Seychelles
Seychellenturteltaube / Streptopelia picturata rostrata / Seychelles Turtle Dove / Tourturelle (Unterart Madagaskarturteltaube)
Seychellenweber / Foudia sechellarum / Seychelles Fody / Toq Toq
Sichelstrandläufer / Calidris ferruginea / Curlew Sandpiper / Bécasseau cocorli
Silberreiher / Egretta alba / Great White Egret / Grande Aigrette
Sperbertäubchen / Geopelia striata / Zebra Dove / Petite Tourterelle (Géopélie zébrée)
Stahlnektarvogel / Cinnyris notatus / Long-billed Green Sunbird / Souimanga angaladian
Steinwälzer / Arenaria interpres / Ruddy Turnstone / Tournepierre à collier
Stiftbekassine / Gallinago sternura / Pintail Snipe / Becassine à queue pointue

Wörterbuch **189**

Tamburintaube / Turtur tympanistria / Tambourine Dove / Tourtelette tambourette
Teichhuhn / Gallinula chloropus / Moorhen / Poule d'eau
Terekwasserläufer / Xenus cinereus / Terek Sandpiper / Chevalier bargette
Tigerfink / Amandava amandava / Red Munia / –
Trinidadsturmvogel / Pterodroma arminjoniana / Herald Petrel / Pétrel de la Trinité du Sud
Tsikiritybuschsänger / Nesillas typica / Madagascan Brush-warbler / Nésille malgache
Tulukuckuck / Centropus toulou / Madagascar Coucal / Coucal toulou

Wachtel / Coturnix coturnix / Common uail / Caille des blés
Wachtelfrankolin / Francolinus pondicerianus / Grey Francolin / Francolin gris
Wanderfalke / Falco peregrinus / Peregrine Falcon / Faucon pèlerin
Warzenfruchttaube / Alectroenas pulcherrima / Seychelles Blue Pigeon / Pigeon hollandais (Founingo rouge cap)
Weißbauchtölpel / Sula leucogaster / Brown Booby / Fou brun
Weißbrust-Kielralle / Amaurornis phoenicurus / White-breasted Waterhen / Râle à poitrine blanche
Weißschwanz-Tropikvogel / Phaethon lepturus / White-tailed Tropic Bird / Paille-en-queue
Wellenastrild / Estrilda astrild / Common Waxbill / Bengali
Wüstenregenpfeifer / Charadrius leschenaultii / Greater Sandplover / Pluvier de Leschenault

Zügelseeschwalbe / Sterna anaethetus / Bridled Tern / Sterne bridée
Zwergseeschwalbe / Sterna albifrons / Little Tern / Sterne naine
Zwergstrandläufer / Calidris minuta / Little Stint / Bécasseau minute
Zwergtaucher / Tachybaptus ruficollis / Little Grebe / Grèbe castagneux
Zwergwachtel / Coturnix chinensis / Asian Blue Quail / Caille peinte

Reptilien

Aldabra-Riesenschildkröte / Aldabrachelys gigantea / Aldabra Giant Land Tortoise / Tortue géante
Aldabra-Taggecko / Phelsuma abbotti / Aldabran Green Gecko / Lézard vert

Bourbonen-Taggecko/ Phelsuma borbonica/ Green Gecko / Lézard vert
Bronzegecko / Ailuronyx seychellensis / Bronze Gecko / Gecko de bronze

Desroches-Hausgecko / Hemidactylus brookii / Desroches House Gecko / –

Gewöhnliche Blindschlange / Typhlops braminus / Brahminy Blind Snake / –
Grüne Meeresschildkröte / Chelonia mydas / Green Turtle / Tortue franche (verte)

Hausgecko / Hemidactylus frenatus / Asien House Gecko / –

Indische Schönechse / Calotes versicolor / – / Caméléon

Kapuzen-Wolfzahnnatter / Lycodon aulicus capucinus / House Wolf Snake / –
Karettschildkröte / Eretmochelys imbricata / Hawksbill Turtle / Tortue d'écaille (Tortue imbriquée)
Kielschuppenboa / Casarea dussumieri / Keel-scaled Boa / Boa de l'île Maurice

Mauritiusboa / Bolyeria multocarinata / Round Island Boa / Boa de l'île Maurice
Mauritius-Taggecko / Phelsuma ornata ornata / Ornate Day Gecko / –

Pantherchamäleon / Chamaeleon pardalis / Panther Chameleon / Endormi
Pelomedusenschildkröte / Pelusios castanoides / Yellow-bellied Terrapin / Tortue boîte

Réunion-Taggecko / Phelsuma ornata inexpectata / Green Gecko / Gecko de Manapany

Scelotis-Skink / Scelotes bojerri / Scelotis-Skink / –
Seba-Leguan / Oplurus sebae / – / Iguane de Seba
Seychellen-Mabuye / Mabuya sechellensis / Seychelles Skink / Scinque de Séchelles
Seychellen-Taggecko / Phelsuma astriata / Green Gecko / Gecko vert
Seychellen-Wolfzahnnatter / Lycognathophis seychellensis / Seychelles Wolf Snake / Couleuvre
Strahlenschildkröte / Astrochelis radiata / Radiated Tortoise / Tortue rayonnèe

Tigerchamaeleon / Chamaeleon tigris / Tiger Chameleon / Caméléon tigre

Weißflecken-Laubskinke / Lygosoma albopunctata / White-spotted Supple Skink / –
Wolfzahnnatter / Lycodon aulicus / House Wolf Snake / –
Wright-Mabuye / Mabuya wrightii / Wrightís Skink / Scinque

Amphibien

Blindwühle / Grandisonia sp. / Caecilian / Cécilies (Verre de terre)

Gardiners Seychellenfrosch / Sooglossus gardineri / Gardiner's Seychelles Frog / –

Kurzschnauzenfrosch / Tomoptera breviceps / Short-headed Burrowing Frog / –

Maskarenenfrosch / Rana (Ptychadena) mascareniensis / Mascarene Frog / Grenouille de Mascareignes

Schwarznarbenkröte / Bufo melanosticus / Spectacled Toad / –
Seychellen-Laubfrosch / Tachycnemis seychellensis / Seychelles Tree Frog / Rainette de Séchelles
Seychellen-Riesenschildkröte s. Aldabra-Riesenschildkröte
Seychellenfrosch / Sooglossus sechellensis / Croaking Carry-cat Frog / –
Südafrikanische Kröte / Bufo gutturalis / – / Le crapaud

Thomassets Seychellenfrosch / Nesomantis thomasseti / Thomasset's Tocking Rock-Frog / –

Fische

Mantra (Riesenrochen) / Manta birostris / Giant Manta Ray / Manta géante
Milchfisch / Chanos chanos / Milkfish / Bangus

Orientalische Süßlippe / Plectorhinchus orientalis / Oriental Sweetlip / –

Quastenflosser / Latimeria chalumnae / Coelacanth / Coelacanthe

Schlammspringer / Periophthalmus sp. / Mudskipper / Périophthalme

Walhai / Rhincodon typus / Whale Shark / Sagren
Weißspitzenhai / Triaenodon obesus / White-tip Shark / –

Insekten

Afrikanischer Monarch / Danaus chrysippus / African Monarch / Monarque

Bourbonen-Fleckenfalter / Antanartia borbonica / – / –

Frégate-Schwarzkäfer / Polposipus herculeanus / Frigate Island Giant Tenebrionid Beetle / –

Goldwespe / Polistes hebraeus / Golden Wasp / Guêpe

Holzbiene / Xylocopa sp. / Carpenter Bee / Abeille charpentière

Lehmwespe / Eumenes sp. / Potter Wasp / Euménine

Mörtel-Grabwespe / Sceliphron hemipterum / Mud dauber / –

Riesenhundertfüßer / Scolopendra gigantea / Giant Centiped / Scolopendre géante
Riesentausendfüßer / Spirobolus giganteus / Giant Millipede / Jule géant, (Mille-pattes)

Seidenspinne / Nephila sp. / Palm spider / Bib

Zikade / Ityraea gregoryi / Cicada / Cigale

Krebse und weitere Wirbellose

Achatschnecke / Achatina fulica / – / –

Geisterkrabbe / Ocypode saratan u. Botella sulcata / Ghost crab / Crab fantôme

Klippenkrabbe / Geograpsus sp.(vor allem G. maculatus) / – / –

Land-Einsiedlerkrebs / Coenobita clypeata u. C. diogenes / Hermit Crab / –

Meeres-Einsiedlerkrebs / Eupagurus sp. / Hermit Crab / Pagure

Nacktschnecke / Vaginula seychellensis / – / –

Palmendieb / Birgus latro / Robber crab / Crabe de cocotiers

Riesenmuschel / Tridacna maxima / Giant clam / Tridacne géant
Rotklauenkrabbe / Cardisoma carneiflex / Red Claw Crab / Tourlourou

Seegurke, Blaugrüne / Stichopus chloronotus / – / –

Winkerkrabbe / Uca annulipes, U. chlorophthalmus, U. marionis, U. tetragonon / Fiddler crab / –

Pflanzen

Arten, die im Text mit ihrem französischen Namen genannt werden, sind im anschließenden französischen Verzeichnis zu finden.

Adlerfarn / Pteridium aquilinum / – / –
Affenbrotbaum / Adansonia digitata / Baobab / Baobab
Afrikanischer Tulpenbaum / Spathodea campanulata / African TulipTree / Tulipier du Gabon
Albizia / Albizia falcata u. A. lebbeck / Albizia / Albizia u. Bois noir
Aldabra-Schraubenbaum / Pandanus aldabrensis / Pandanus / Vacoa
Aldabrajasmin / Jasminum elegans / – / Jasmin
Aldabralilie / Lomatophyllum aldabrense / Aldabra lily / Zanana mouro
Ameisenbaum / Macaranga sp./ – / Macaranga
Anjouan-Palmfarn / Cycas anjouanii / False Sago Palm / Sagoutier
Aprikosen-Jambose /Syzygium jambos / Rose apple / Jambrosal
Asiatische Amaryllis / Crinum asiaticum / Crinum / Lis blanc

Balfour-Schraubenbaum / Pandanus balfourii / Balfourís pandanus / Vacoa de montagne
Barringtonia / Barringtonia asiatica / Barringtonia / Bonnet carré de Bord Mer
Bauhinie / Bauhinia sp. / Camelís Foot / Bauhinia
Baumfarn / Cyathea seychellarum (Sey.), C. borbonica (Réu., Maur.), C. glauca (Réu.) / Tree Farn / Fanjan (Fandia)

Wörterbuch

Baumwolle / Gossypium hirsutum / Cotton-tree / Cotonier
Berg-Schraubenbaum / Pandanus montanus / Pandanus / Vacoa
Betelpalme / Areca catechu / Betel Palm / Arequier
Betelpfeffer / Piper betel / Betel pepper / –
Bethlehemstern / Hippobroma longiflora / Star of Bethlehem / Herbe poison
Blaue Latanpalme / Latania loddigesii / – / Latanier bleu
Blumenrohr / Canna bidentata / Wild Canna / Canna sauvage
Blütenmangrove / Sonneratia alba / – / Mangrove fleur
Blutlilie / Haemanthus multifloris / Fireball Lily / –
Bocksbaum / Nuxia verticillata / – / Bois maigre
Bourbonen-Bambus / Nastus borbonicus / Bamboo / Calumet
Bourbonenlilie / Lomatophyllum tormentorii / – / –
Brotfruchtbaum / Artocarpus altilis / Breadfruit / Abre à pain
Buchsbaumblättrige Aguaria / Agauria buxifolia / – / Petit bois de Rempart
Buddhabaum / Ficus religiosa / Peepul Tree / Figuieur sacré

Café marron s. Rodriguez-Rasmosmania
Cashewnußbaum / Anacardium occidentale / Cashew / Acajou
Cassie / Leucaena leucocephala / Wild Tamarind / Cassie
Cleome / Cleome strigosa / Bred Caya / –
Colophan-Baum / Canarium paniculatum /-/ Bois colophane
Cordiabusch / Cordia subcordata / – / Porcher

Dattelpalme / Phoenix dactylifera / Date-palm / Dattier
Davallfarne / Davallia sp. / – / –
Drachenbaum / Dracaena concinna u. D. reflexa / Dragon-tree / Bois chandelle
Drachenblutbaum / Pterocarpus indicus / Sangdragon / Sangdragon
Drontenbaum / Sideroxylon grandiflorum / Tambalakok / Tambalacoque

Ebenholz / Diospyros egrettarum u. D. tesselaria / Ebony-tree / Bois d'ébène
Ecorce-Baum / Aphloia theaeformis / – / Change écorce
Eisenholzgewächs / Sideroxylon sp., im Gebiet S. borbonicum (Bois de fer bâtard), S. boutonianum (Bois de fer), S. galeatum (Bois de pomme), S. puberulum (Manglier rouge)
Elfenbein-Angraecum / Angraecum eburneum / Tropic-bird-orchid / Paille-en-queue
Erigeron / Erigeron karwinskyanus / – / Marguerite folle

Feuerranke / Pyrostegia venusta / Golden Shower / Liane aurore
Flamboyant / Delonix regia / Flame Tree / Flamboyant
Flaschenpalme / Hyophorbe lagenicaulis / Bottle Palm / Palmiste gargoulette
Forgesiabusch / Forgesia racemosa / – / Faux bois de rose
Frangipani / Plumeria alba / Temple Tree / Frangipanier

Gewürznelke / Syzygium aromaticum / Clove / Girofflier
Guave / Psidium sp./ Guava / Goyavier

Heidekraut / Phillippia montana u. Stoebe passerinoides / – / Branle vert u. Branle blanc
Heritiera / Heritiera littoralis / Looking Glass Tree / Bois de Table
Hernandia / Hernandia sonora / Hernandia / Bois blanc
Hornes-Schraubenbaum / Pandanus hornei / Horne's Pandanus / Vacoa parasol

Icacopflaume / Chrysobalanus icaco / Cocoplum / Prune de France
Indischer Mandelbaum / Terminalia catappa / Indian Almond / Badamier
Ingwer, verwildert / Hedychium gardnerianium / – / Longose
Ipébaum/ Tabebuia pallida / White Cedar / Calice du Pape

Jackfruchtbaum / Artocarpis heterophylla / Jackfruit / Jacquier
Johanniskraut / Hypericum lanceolatum angustifolium / – / Fleurs jaunes

Kannenpflanze / Nepenthes pervillei / Pitcher plant / Liane pot-à-eau
Kasuarine (Strand-) / Casuarina equisetifolia / Whistling Pine / Filao
Kasuarine (Komoren) / Casuarina cunninghamiana / Casuarina / Cèdre
Kokospalme / Cocos nucifera / Coconut / Cocotier
Korallenbusch / Chassalia coralioides / – / Bois de corail
Kultur-Vanille / Vanilla planifolia / Cultivated Vanilla / Vanillier

Magallanfuchsie / Fuchsia magallanica / – / Fuchsia
Mahagoni / Swietenia macrophylla / Mahogany / –
Mangobaum / Mangifera indica / Mango / Manguir
Mangrove / Lumnitzera racemosa / Lumnitzera / Manglier petite feuille
Mangrove / Bruguiera gymnorhiza / Mangrove / Manglier latta
Mangrove / Avicennia marina / Mangrove / Manglier blanc
Mangrove / Rhizophora mucronata / Red Mangrove / Manglier gros poumon
Mangrove / Ceriops tagal / – / Manglier jaune
Mangrove-Farn / Acristichum aureum / – / –
Meertraube / Coccoloba uvifera / Sea Grape / –
Mexikanischer Knöterich / Antigonon leptopus / Knot grass / Antigone
Morindabaum / Morinda citrifolia / Indian Mulberry Tree / Bois tortue

Natternzunge (Farn) / Ophioglossum vulgatum / – /
–
Nierenschuppenfarne / Nephrolepis undulata,
N. biserrata / – / –
Northea / Northea hornei / Northea / Capucin

Ochrosia-Baum (Réunion) / Ochrosia borbonica / – /
Bois jaune
Ochrosia-Baum (Seychellen) / Ochrosia
oppositifolia / Ochrosia / Bois Chauve Souris
Ostindischer Kapalbaum / Vateria seychellarum / – /
Bois de Fer

Paternosterbaum / Sandoricum indicum / – / Santol
Pemphisstrauch / Pemphis acidula / – / Bois
d'amande
Pisonia / Pisonia grandis / Pisonia / Mapou
Portulak / Portulaca mauritiensis / Purslain /
Pourpier
Purgiernuß / Jatropha curcas / Physic Nut / Pignon
d'Inde
Puzzle-Nuß / Xylocarpus granatum / Puzzle nut /
Manglier pomme

Randia / Randia heterophylla (Rodr.) u. R. lancifolia
(Seych.) / – / Café marron
Randia / Randia sericea / Randia / Manglier de
grand Bois
Rizinus / Ricinus communis / Castor Oil Plant / Ricin
Rodriguez-Ramosmania (endemisch) / Ramosmania
rodriguesii / Caffee marron / Café marron
Rohrkolben / Typha javanica / Bullrush / Herbe zone
Rosenapfelbaum / Dillenia ferruginea / – / Bois
rouge
Roter Sandelholzbaum / Adenanthera pavonina /
Red Sandalwood / Agati

Scaevola-Busch / Scaevola sericea u. S. accada /
Scaevola / Bois manioc u. Manioc marron
Scharlachkordie / Cordia sebestena / Geiger Tree /
Cordia
Schönmalve / Abutilon angulatum u. A. pannosum /
Abutilon / Mauve bâtard
Schraubenbaum / Pandanus vandermeerschii u.
P. multispicatus / Pandanus / Vacoa marron
Schwarzäugige Susanne / Thunbergia alata /
Black-eyed Susan / –
Seychellen-Ebenholz / Diospyros seychellarum /
Seychelles Ebony / Bois sagan
Seychellen-Schraubenbaum / Pandanus
sechellarum / Seychelle's Pandanus / Vacoa
marron
Seychellennußpalme / Lodoicea maledivica /
Double coconut / Coco de Mer
Sternapfel (Kleinblättriger Takamaka) / Calophyllum
parviflorum / Star-Apple / Takamaka madagascar
Strandwinde / Ipomoea pes-caprae / Morning glory /
Patate à Durand
Streifenfarn / Asplenium macrophyllum / – / –
Sumpfried / Eleocharis dulcis / – / –

Takamaka (Alexandrinischer Lorbeerbaum) /
Calophyllum inophyllum / Takamaka / Takamaka
Tigerlilie / Crinum kirkii / Tiger Lily / –

Tournefortia / Tournefortia argentea / Tree
Heliotrope / Bois tabac

Victoria / Victoria amazonica / Amazon Water Lily /
Nénuphar géant
Vulkanflechte / Stereocaulon vulcanii / Lava Lichen /
–

Weichorchis / Malaxis sechellarum / – / –
Weidenblättrige Agauria / Agauria salicifolia / – /
Bois de Rempart
Wilde Vanille / Vanilla phaenopsis / Wild Vanilla /
Vanilla sauvage
Wolfsmilchgewächs / Euphorbia pyrifolia /
Littlegood / Bois de lait (Tanshin)
Wolfsmilchgewächs / Stillinga lineata / Euphorbia /
Bois de lait
Wright-Gardenie / Rothmannia annae /
Wright-Gardenie / Bois citron
Würgerfeige / Ficus benghalensis / Banyan / Banyan

Ylang-Ylang / Cananga odorata / Ylang-Ylang /
Ylang-Ylang

Zimtbaum / Cinnamomum zeylanicum / Cinnamon /
Cannalier
Zitronengras / Cymbopogon citratus / Lemon Grass /
Citronelle
Zuckerrohr / Saccharum officinarum / Sugar Cane /
Canne à Sucre
Zwergpfeffer (Pfeffergesicht) / Peperomia sp. / – /
Poivre marron
Zwiebelorchidee / Bulbophyllum nutans / – / Petit
carambole
Zylinderputzer / Callisteman citrinus / Bottlebrush
Tree/ –

französisch / wissenschaftlich / englisch

Ananas marron /Astelia hemichrysa / –

Bois d'éponge / Gastonia cutispongia / –
Bois de montagne / Camphosperma sechellarum / –
Bois de natte / Labourdonnaisia glauca / –
Bois de natte / Mimusops sechellensis / –
Bois d'olive / Elaeodendron orientale / –
Bois de rat / Tarenna borbonica / –
Bois de rivière / Homalium paniculatum / –
Bois de savon / Badula barthesia / –
Bois dur / Canthium bibracteatum / –
Bois méduse / Medusagyne oppositifolia / Jellyfish
tree
Bois Pasner / Zanthoxylum paniculatum / –
Bois pipe / Dombeya rodriguesiana / –
Bois puant / Foetidia mauritiana / –
Bois tambour / Tambourissa sieberi / –
Bois trois feuilles / Malleastrum leroy / –
Bois zanguette / Capparis cartilagenea / –

Canne marron / Cordyline mauritiana / Cordyline
Choca bleu / Agave sp./ –
Choca vert / Furcraea foetida / Mauritius Hemp
Coco marron / Curculigo seychellensis / Curculigo

Gayac / Intsia bijuga / Intsia
Grand natte / Mimusops maxima / Makak

Latanier feuille / Phoenicophorium borsigianum / –
Latanier hauban / Roscheria melanochaetes / –
Latanier latte / Verschaffeltia splendida / –
Latanier mille-pattes (Fächerpalme) / Nephrosperma
  vanhoutteana / –

Mahot / Dombeya pilosa u. D. filculnea / –
Makak / Mimusops petiolaris / –
Mandrinette / Hibiscus liliiflorus / Hibiscus

Palmiste / Deckenia nobilis / Palmiste palm
Palmiste poison / Hyophorbe indica u.
  H. verschaffeltii / –
Petit natte / Labourdonnaisia callophylloides / –
Petit Tamarin des hauts / Sophora denudata / –

Tamarin des hauts / Acacia heterophylla / Acacia
Tan rouge / Weinmannia tinctoria / –

Register

Fett gedruckte Seitenzahlen verweisen auf Fotos, *schräg* gedruckte auf Essays (im Text beige unterlegt).

Pflanzen- und Tiernamen

Abbott-Tölpel 104
Abutilon angulatum 95
Abutilon pannosum 95
Acanthophenix rubra 19
Achatschnecke **118**
Adlerfarn 147
Affenbrotbaum 148, **162**, 165, 166
Afrikanischer Tulpenbaum 130
Agave 110, 112, 113
Albizia **27**, 29, 166
Albizia lebbeck 27
Aldabradrongo 93, 98
Aldabra-Flughunde **99**, 100
Aldabrajasmin 94
Aldabralilie 94
Aldabranektarvogel 98 s. Malegassennektarvogel
Aldabra-Riesenschildkröte 57, 82, 87, 93, 95, **96/97**, **96**, 131, 137
Aldabra-Schraubenbaum 94
Aldabra-Taggecko 95
Aldabraweber 98f.
Alexandrinischer Lorbeerbaum s. Takamaka
Amphibien 21, 141, 173
Ananas marron 113
Angraecum-Orchidee 112
Anjouaneule 155, 158
Anjouannektarvogel 155
Aprikosen-Jambose 30, **34**
Arielfregattvogel 66, 100
Arnottia-Orchidee 112
Asiatische Amaryllis 172
Audubonsturmtaucher 66, 72, 104, 105, 161
Äußere Seychellen 86ff.
Azima tetracantha 95

Balfour-Schraubenbaum 19
Baraustromvogel 23, 110, 114f.
Barringtonia 19, 65, 80, **80**
Basilikum 140
Bastardschildkröte 175
Bauhinie **14**
Baumfarn 47, 112, 113, **113**, 124, 147
Baumheidenzone 144, 147, 148
Baumwolle 70, **70**
Berg-Schraubenbaum 112
Bergwald 47
Berufskraut 112
Betelpalme 172
Betelpfeffer 172
Bindenfregattvogel 66, **98**, 100
Blaue Koralle 130
Blaue Latanpalme 124
Blauschwanz-Taggecko 126
Blauvanga 161
Blauwal 114, **175**, 176

Blauweißer Delphin 176
Blindschlange 23, 126, 173
Blindwühle 21, 41f.
Blütenmangrove 43f.
Blutlilie **152**
Boas 22, 130
Bocksbaum 112
Bois d'éponge 131
Bois d'olive 126, 132
Bois de Boeuf 131
Bois de fer bâtard 112
Bois de montagne 35
Bois de natte 124
Bois de rat 131
Bois de rivière 107
Bois de savon 113
Bois des couleurs 110f., 117
Bois dur 43
Bois méduse 41
Bois Pasner 136
Bois pipe 136
Bois puant **124**
Bois rouge 53
Bois tambour 124, **152**
Bois tortue **70**
Bois trois feuilles 94
Bois zanguette 94
Borstenigel s. Tanrek
Bougainvillea 172
Bourbonen-Baumfarn **113**
Bourbonen-Bambus 113, **113**
Bourbonen-Fleckenfalter 19
Bourbonenlilie 130
Bourbonen-Taggecko 115
Bourbon-Vanille 113, 119
Brachiaria-Gras 131
Brauner Lemur 24, 170
Braunschwingendrongo 148
Brillenvogel 104, 115, 128, 133f., 147, 148f., 166
Bronzegecko 67, **67**, 73
Brotfruchtbaum 55, **149**, 172
Bruchwasserläufer 34
Buchsbaumblättrige Aguaria 112
Buckelwal 114, 160, **164**
Buddhabaum 172
Bulldogg-Fledermaus 107

Café marron 136
Canavalia 19
Canne marrone 113
Capucin 53
Cashewnußbaum **27**, 75, 92
Cassie 112
Casuarina cunninghamiana 147
Chamäleon 22
Chinadommel 58, 60, 63
Choca bleu 112
Choca vert **110**, 112
Cladonia-Flechte 145
Cleome 95
Coco de Mer 50 s. Seychellennuß
Coco marron **19**, 44, 47
Colophan-Baum 112, 124

Cordiabusch 70, 80
Cryptomeria 113, 116, 117
Cuvierralle 24, 93, **94**, 98, 100
Cynorkis-Orchidee 112

Dattelpalme 95
Davallfarn 147
Delphine 68, 83, 114, 141, 170, 175f.
Desroches-Hausgecko 89
Dickschnabelbülbül 39, 42, 47, 54, 55, 63
Dickschnabelreiher 168
Dickschnabelreiher 99, 168
Diospyros tesselaria **126**
Dodo 20
Drachenbaum 43, 131
Drachenblutbaum 40, 46, **46**, 74f., 77
Dronte 20, **20**, 24, 27, 107
Drontenbaum 107
Dschungelwachtel 114
Dugong 24, 159, 160, 163

Ebenholz 112, 124, 131f.
Echsenhabicht 162, 166, **170**
Echte Karettschildkröte 22, 72
Ecorce-Baum 112
Eierfruchtbaum 65
Eilseeschwalbe 82, 88, **89**, 90, 91, 105, 174
Einsiedler 24
Einsiedlerkrebs 102, **102**
Eisenholzbaum 128, **128**, 132
Eleonorenfalke 141, 170
Elfenbein-Angraecum 35, **47**
Erdwühle 41f.

Farne 47, 112, 124, 147
Faro 171
Feenseeschwalbe 30, 66, 71f., 73, 76, 79f. 84/85, **84**, 90, 137, 174, **185**
Feigen 54, 76, 137, 166, 172
Feuerkoralle 25
Feuerranke **131**
Ficus 98, 172
Flamboyant **160**, 172
Flamingo 99, 101
Flaschenpalme 124, **125**
Fledermäuse 24
Flughund 24, **24**, 107, 134, 144, 148f., 155f., 159f., 164, 174
Forgesiabusch 112
Frangipani 172, **172**
Frégate-Schwarzkäfer 74, **76**, 77
Fregattvogel 64, 66, 68, 93, **98**, 99f. 101, 161f.
Fuchsie 113, **123**

Gabeldrongo 155, **155**
Gabelschwanzseekuh 22, s.a. Dugong 22, 160
Gardiners Seychellenfrosch 41
Gayac 19, 43

Geckos 22, 73, 126
Geisterkrabbe *102/103*, **103**, 167, 173
Gelbstirnweber 115, 128
Geograpsus 167
Geranienkulturen 113, 116
Geweihkorallen 25
Gewöhnliche Blindschlange 23, 126, 173
Gewürznelke 140, 154, 173
Glanzkrähe 173
Glattechsen 22, 67
Goldstaubmanguste 141
Goldwespe 183
Grabwespe 43
Grand natte 112
Grapsus maculatus 167
Grauköpfchen 161
Graunasen-Grüntaube 159, 161
Graureiher 99, 174, **174**
Grindwale 176
Große Tümmler 176
Großer Vasapapagei **148**, 161
Grüne Meeresschildkröte 22, 83, 135, **160**, 162f., 168, 175
Grünschenkel 34
Guave 76, **152**
Guenther-Taggecko 125, 130
Guimbeau-Taggecko 126
Gurrtaube **151**, 161, 166

Haie 119, 174
Halsbandsittich **23**, 128, 173
Hausgecko 173
Haussperling 88, 90, 115, 126, 136, 174
Heidekrautarten 112, 147
Heiliger Ibis 100
Heritiera 19, 58
Hernandia 19, 59, 65
Hernandia ovigera 65
Heterophyllie 106, 131, 136
Hirnkorallen 25
Hirschgeweihkorallen 25, 67
Hirtenmaina 54, 81f. 115, 126, **136**, 173
Höhenregenwälder 124
Holzbiene 172
Hornes-Schraubenbaum 52f., 55
Hornfarn 60
Hornkoralle 25
Humblotschnäpper 148
Hundertfüßer 173
Hyophorbe 19, 107, 136
Hyophorbe americaulis 134

Icacoflaume 29, 75
Indische Schönechse 22, 115, 126, **130**, 173
Indischer Flughund 174
Indischer Grindwal 89
Indischer Koël 174
Indischer Mandelbaum 19, 58, **61**, 65, 149, 172

Indischer Mungo 125
Indisches Blumenrohr **156**
Ingwer **114**
Insekten 9, 172
Inselflughund 174
Ipébaum 40, 79f., **81**

Jackfruchtbaum 30, **33**, 47
Japanische Wollmispel 172
Jasmin 140
Javaner-Makake **124**, 125
Johanniskraut 112
Jumellea-Orchidee 112

Kannenpflanze 41, 44, **45**, 47, 48
Kapok 149, 156
Kapsegler 166
Kapuzen-Wolfzahnnatter 173
Karettschildkröte 22, 67, 69, 72, 83, 101, 175
Karthalabrillenvogel 148, 149
Kasuarine 19, 70, 79, 81, 104, 128, 137, **137**, 147
Keilschwanz-Sturmtaucher 66, 69, 72, **72**, 81, 90, 130
Kiebitzregenpfeifer 82
Kielschuppenboa 130
Kleinblättriger Sternapfel 147
Kleine Zibetkatze 141
Kleinelsterchen 148, 166
Klippenkrabbe 167
Kokospalme 19, 26, **37**, 63f., 79, 82, 88, **89**, 95, 137, 140, 172
Komorenbuschsänger 161
Komorendrossel 147
Komoreneule 148
Komoren-Flughund 141, 148, 155, 156, 161
Komorenfruchttaube 98, 161
Komoren-Rosettenflughund 141, 155f., 161, 166
Komoren-Taggecko 141
Komorentaube 161, 162
Komorenweber 147, 166
Kopra 63, 86, **86**, 88f., 140
Korallenbusch 112
Koralleninsel **79**, **86**, 88, **93**, **171**
Korallenriff 24ff., 49, 56f., 74, 79, **86**, 88f., 104, 135, 174
Kordiabusch s. Cordiabusch
Krabben 99, *102/103*, 167, 173
Krebse *102/103*
Kuhreiher 37, 81, 92, 99
Kultur-Vanille 35
Kurol 161, 166
Küstenpflanzen 19
Küstenwald 19, 49, 58, 64f., 68, 70, 118, 131, 166

Land-Einsiedlerkrebs *102/103*, **102**, 173
Landkrabben 99, 102f.
Landschildkröten 37, 82
Landvögel 24, 31, 67, 70, 90, 100,
104, 110, 151
Latanier feuille 34
Latanier hauban 34
Latanier latte 52
Latanier mille-pattes 52
Lederschildkröte 175
Leguane 22
Lehmwespe 39, **76**
Leiolopisma-Skink 22
Lemuren 164
Lindenblättriger Eibisch 19, **42**, 171f.
Livingstone-Flughund 141, 153, 156, 160

Mabuyen 22, 60, 65, 73
Madagaskarbrillenvogel 98, 148
Madagaskarfalke 99, **145**
Madagaskarnachtschwalbe 99
Madagaskarraupenfänger 147
Madagaskarreiher 168
Madagaskar-Rotschnabelbülbül 98, 147, 166
Madagaskarspint 155, 166
Madagaskarturteltaube 71, 82, 90, 115, 128, 161, 166
Madagaskarweber 67, **75**, 76f., 82, 90, 115, 126, 136, 168
Madagaskarweihe 115
Madagaskarzistensänger 105
Madagaskarzwergfischer 155, 166
Madagaskar-Zwergohreule **147**
Madegassische Strahlenschildkröte **82**, 83, 137
Mahagoni 40, 139
Mahébrillenvogel 39, 42, 44
Mähnenhirsch 114, **123**, 125, 132, 134
Mahot 112
Makak **124**, 126
Malegassennektarvogel 98, 104
Malleastrum leroy 94
Mandrinette 136
Mangobaum 37, 55, 137, **154**
Mangrove 37, **40**, 43, 60, 63, 70, 94, 104f., 115, 165, 166f., 172
Mangrovenkrabbe 173
Mangroven-Wurzeln **40**
Mangrovereiher 90, 99, **118**, 168, 174
Manta 175
Maskarenenbrillenvogel 115
Maskarenenfrosch 21
Maskarenenparadiesschnäpper 115, 128, 134
Maskarenenschwalbe 115, 128
Maskarenensturmvogel 110, 114
Maskentölpel 88, 90f., **90**, 99, 104, 131, 161f.
Mauritiusboa 130
Mauritiusbrillenvogel 128
Mauritiusbülbül 128
Mauritiusfalke 122, *127*, **127**, 128, 131, 132, 134
Mauritius-Flughund **24**

Mauritius-Grabflatterer 107
Mauritiusraupenfänger 128, **130**, 132
Mauritiussalangane 115, 128
Mauritiussittich 122, *127*, 128, 132
Mauritius-Taggecko 131
Mauritiusweber 128, 133
Mayottedrongo 165, 166
Mayotte-Flughund **166**
Mayotte-Maki 165, 166, **166**
Mayottenektarvogel 165, 166
Medusa gynaceae 41
Meeres-Einsiedlerkrebs **173**
Meereskokosnuß 50
Meeressäuger 24
Meeresschildkröte 22, 89, 119, 134, **160**, 162f., 170, 175
Meeresvögel 23, 114, 141, 174
Meerreiher 99, 105, **136**, 162
Meertrauben-Strauch 145
Mexikanischer Knöterich 19
Milchfisch 172
Mimusops sechellensis 43
Monarchfalter **160**
Mongolenregenpfeifer 82
Mongozmaki 24, 153, **155**, 156, 159, 170
Morindabaum 65, 70, **70**, 75
Mosambikgirlitz 104, 115, 128, 136
Mungo 24, 125, 131
Muskatfink 115, 128

Nacktschnecke 53
Nashornkäfer 173
Natternzunge 147
Nebelwald 39, 41, 47f., 144, 147, 156
Nektarvögel 47, 55, 148
Nelken 140, 154, 172
Newtonraupenfänger 115, 116
Nierenschuppenfarn 147
Noddi 65, **66**, 71, 79ff., 83, 90, 131, 137, 161
Northea-Baum 47, 53, 54

Ochrosia-Baum 70
Oeniella aphrodite 131
Olivbrillenvogel 115, 128, 133
Operculicarya gummifera 94
Orientalische Süßlippe **173**
Orientbrachschwalbe 174
Orientseeschwalbe 82
Ornament-Taggecko 125
Ostindischer Kapalbaum 40
Ostpazifischer Delphin 175, s.a. Spinnerdelphin 89, 175f.
Otus capnodes 155

Palmenarten 19, 49f., 52, 124, **125**, 134
Palmendieb *102*, **102**
Palmensegler 155, 166
Palmenwald 32, 48ff., 54, 55, 124, 159

Palmfarn 153, 155, **156**
Palmiste 34, **50**
Palmiste poison 19
Pandanus s. Schraubenbaum
Pantherchamäleon 22, **22**, 115
Papaya 70, 141, 172
Papierwespen 173
Pappelblättriger Eibisch 172
Paradiesschnäpper **60**, 63
Paternosterbaum 40
Pazifischer Goldregenpfeifer 174
Pelomedusenschildkröte **76**, 77f.
Pemphisstrauch 19, **93**, 94
Penisetum caffrum 112
Perlhalstaube 128
Petit natte 112
Petit Tamarin des hauts 112
Pfuhlschnepfe 34
Phillipia Heide 147, 148
Phillippia montana 112
Phylica nitida 112
Phyllanthus castium 65, 70
Pilzkorallen 25
Pisonia 65, 70, 71, 112, 137
Pisonia umbellifora 48
Plage de Moya 168
Portulak 131
Pottwal 24, 89, 114, 141, 176
Purgiernuß **148**
Puzzle-Nuß **43**, 44, 57

Quastenflosser 141, *146*, **147**, 152

Rabenpapagei 49, 53f., 54, **54**
Randia 41, 48
Ratte 24, 30, 35, 64, 73f., 81, 98, 107, 125, 131, 174
Raubseeschwalbe 105, 174
Rauhzahndelphin 176
Regenbrachvogel **23**, 34, 82
Regenpfeifer 82
Reiherläufer 33, **35**, 82, 168
Reptilien 21, 130, 141, 173
Réunionbülbül 115
Réuniondronte *20*, 24
Réunionschmätzer **112**, 115, 148
Réunion-Taggecko 115
Riesenhundertfüßer 137
Riesenmuschel **25**
Riesenschildkröte 22, **22**, 37, **56**, 57, 63, 69, 73, 74, 77, 93, 95, *96/97*, **96**, 101, 137
Riesentausendfüßer 67, **158**
Rizinusstaude 70
Rodriguez-Flughund 107, 135, 137, 139
Rodriguez-Riesenschildkröte 137
Rodriguezrohrsänger 135, 136f., 138
Rodriguez-Strahlenschildkröte 137
Rodriguezweber 135, 136f., 139
Rosaflamingo 99, 101
Rosenapfelbaum 47, **52**, 53
Rosenseeschwalbe 64, 65, 91, 92, 174

Rosentaube 122, *127*, 128, 131, 132, **133**, 134
Rotbrust-Paradiesschnäpper 147, 161, 166
Roter Sandelholzbaum 74f.
Rotfußtölpel 92, 93, **98**, 99f., 101, 104, 161
Rotklauenkrabbe 63, *102f.*, **103**, 126
Rotohrbülbül 104, 115, 126, **133**
Rotschwanz-Tropikvogel 23, 64, **65**, 66, 104, 131
Round-Island-Hurricanepalme 130
Rousettus obliviosus 155
Ruhmeslilie 172
Rundkopfdelphin 176
Rüppellseeschwalbe 174
Rußseeschwalbe 66, 69, 71, 79f., **81**, 92, 104, 131. 161, 174
Rußseeschwalbenkolonie **79**, 80, 83, 88, 90f., **92**, 137

Salangane 47, **61**, 63, 115
Sanderling 34, 82
Sandregenpfeifer 34
Säuger 24
Scaevola-Busch 19, 76, **88**, 171
Scelotis-Skink 115
Scharlachfuchsie 113, **123**
Scharlachfuchsie 113, **123**
Scharlachkordie **70**
Schieferfalke 141
Schildrabe 99, **161**, 162
Schlammspringer *38*, **38**
Schlangen 126, 130
Schlankdelphin 176
Schlankschnabelnoddi 64f., **66**, 71, 76, 79ff., 131, 137, 174
Schleiereule 24, 30, 35
Schlichtmantel-Nektarvogel 148, 161
Schönmalve 95, **95**
Schraubenbaum 44, 48, 50ff., **52**, **53**, 63, 79, 112, 131, 145, 148, 171
Schraubenbaum-Frucht **52**, **53**
Schwarzäugige Susanne 75
Schwarzkäfer 74, **76**, 77
Schwarzmilan 92
Schwarznacken-Seeschwalbe 88, 91f., 174
Schwarznarbenkröte 173
Schwertwal 175
Scylla serrata 167
Seba-Leguan 22, 141
Seidenspinne 43, **138**
Senecio hubertia 112
Seychellen-Taggecko **40**
Seychellenbülbül 42, 49
Seychellendajal 67, 71, 74f., **75**
Seychellen-Ebenholz 35
Seychelleneule 39, **41**, 42, 46
Seychellenfalke 32, 35, 49
Seychellen-Flughund **33**, 37, 49, 54, 100, 141, 155

Register 197

Seychellenfrosch 41, 46
Seychellen-Laubfrosch **45**
Seychellen-Mabuye **22**, 67, 73
Seychellennektarvogel 43, 55, 67, 77, **80**, 82
Seychellennußpalme 48f., 50f., 50/51, **50, 51**, 57, 75
Seychellenparadiesschnäpper 58ff., **60**
Seychellen-Riesenschildkröte 48, 52, 96/97
Seychellenrohrsänger 67, 69, 70, **71**
Seychellensalangane 58, 61, **61**
Seychellen-Schraubenbaum 53
Seychellenturteltaube 69f., **71**
Seychellenweber 67, 69f., 74, **75**, 76
Sichelstrandläufer 34, 82
Sicheltannen 113, 116, 117
Silberreiher 162
Skinke 22
Skorpion 173
Sperbertäubchen 67, 71, **71**, 82, 104f., 115, 126, 136
Spinnerdelphin 89, 175f.
Stahlnektarvogel 148, 161
Steinkorallen 25, 130
Steinwälzer 82
Sternapfel 147
Stiftbekassine 174
Stoebe passerinoides 112
Strahlenschildkröte **82**, 83
Strandkrabbe 166
Strandmalve 19
Strandvegetation 79, 145
Strandwinde 19, 171
Streifenfarn 147
Sturmtaucher 66, 71f., 90, 104
Südafrikanische Kröte 21, **107**
Südlicher Entenwal 175

Taggecko 22, **40**, 67, 73, 89, 110, 115, 125, 128, 131, 141
Takamaka 19, 39f., **39**, 58, **60**, 63, 65, 76, 98, 100, 147, 171
Tamarin des hauts 106, 113, 116
Tamarindenbaum 137, 149, 166
Tambalacoque 107
Tambourissa 107, **152**
Tamburintaube 161, 166
Tan rouge 112
Tanrek 24, 54, 114, 134, 141, 149, **155**
Tauben 161
Tectifiala ferax 19
Teichhuhn 60, 67
Telfairs Schlanksink 130
Terekwasserläufer 34
Teufelsrochen 175
Thomassets Seychellenfrosch 41
Thunfisch 175
Tigerchamäleon 22
Tigerfink 115
Tigerlilie **161**

Tischkorallen 25
Tölpel 161
Tournefortia 19, **81**, 171
Toxocarpus schimperianus 57
Trinidadsturmvogel 23, 131
Tropikvögel **23**, **66**, 66
Tsikiritybuschsänger 147, 148
Tulukuckuck 99
Turteltaube 67, 71, **71**

Uca annulipes 167
Uca chlorophthalmus 167
Uca marionis 167
Uca tetragonon 167
Unechte Karettschildkröte 1/5

Vanille 34, 63, 75, 113, 119, 140, 157
Vergessener Flughund 141, 155f.
Victoria-Seerose **132**
Vulkanflechte 145, **149**

Wachtel 27, 114, 148
Wachtelfrankolin 88, 90, 114, 136
Wale 24, 83, 89, 117f., 141, 160, **164**, 171, 175f., **175**
Walhai 44, 68, 174f.
Wanderalbis 161
Warzenfruchttaube **35**, 37, 54, 67, 74, 76
Webervögel **75**, 76f., 148
Weichkoralle 25
Weichorchis 41
Weichschildkröte **128**
Weidenblättrige Agauria 112
Weißbauchtölpel 90, 99, 104
Weißbrust-Kielralle 174
Weißflecken-Laubskink 173
Weißschwanz-Tropikvogel **23**, 47, 66, **66**, 71, 73, 79, 81, 115, 131, 168
Wellenastrild 61, 63, 90, 115, 128, 136
Wilde Vanille 32, **34**, 35
Winkerkrabbe 33, 167
Wolfsmilchgewächs 43, 65, 70, 148
Wolfzahnnatter 23, 126, 173
Wright-Gardenie 65, **67**
Wright-Mabuye 67, 70, 72f., **72**, 75
Würgerfeige **74**, 172
Wüstenregenpfeifer 34, 82

Ylang-Ylang 140, 153f., **154**, 157, 162

Zikade 173
Zimtbaum 29, **54**, 75, 76
Zitronengras 29, 140
Zitrus-Schwalbenschwanz 21
Zooxanthellen 25
Zuckerrohr 26, 28, **106**, **108**, *109*, 113, 122f., **122**, 141
Zügelseeschwalbe **65**, 66, 71, 104, 174

Zugvögel 23, 31, 37, 79, 83, 128, 141
Zwergpfeffer 124
Zwergseeschwalbe 174
Zwergstrandläufer 82
Zwergtaucher 162, 168
Zwiebelorchidee 112, **149**
Zylinderputzer **26**, 128

Ortsnamen und Sachwörter

Addu Atoll 172
African Banks 90f.
Agalega-Inseln 122, 139
Agatti 177
Agulhas-Strom 16
Aldabra 86, 87, 93, **93**, 101
Aldabra-Archipel 93ff., 100
Alphonse 86, 87, 92
Alphonse-Gruppe 86, 92
Amiranten 86, 88ff., 91
Amiranten-Rücken 88, 92
Anjouan 140, 153ff., **153**, 157
Anse Cocos 63
Anse Lazio 56
Anse Major 46
Anse Parc 74, 78
Anse Petite Cour 56
Anse Possession 55
Anse Quitor 135ff., 137, 138
Anse Victorin 74, 78
Anse Volbert 55, 57, 68
Äquatorialer Gegenstrom 17
Aride 49, 64ff., **64**, 68, 76
Assumption 86, 87, 93, 104, **105**
Astove 87, 93, 105
Atoll 12, 25, 88, 171
Au Salon 74
Äußere Seychellen 86ff.

Bahani 151
Baie Laraie 57
Baie Ste. Anne 54, 55, 63
Baie-Ternay-Nationalpark 32
Bangaram 177
Barriereriff 12, 165
Bassin Blanc 133
Beau Vallon 46, 47
Bébour 112
Bel-Ombre-Region 124, 132
Besiedlung 18ff., 26ff., 93
Bijoutier 92
Bird Island 12, 79ff., **79**, 82
Black River 124, 132f.
Black-River-Gorges-Nationalpark 122, 132
Bonnet-des-Prêtres 117
Botanischer Garten in Kew (London) 136
Botanischer Garten von Curepipe 134
Botanischer Garten von Pampelmousse 126, **132**, 134
Botanischer Garten von Victoria 37, 46

Boudeuse 91
Bras Cinq Cases 101
Bras Takamaka 99, 101
Bras-Panon 119
Brulée 33

Cabinet-Naturreservat 124, 131f.
Caldera 122, 147
Cargados Carajos (St. Brandon) 122, 139
Cascade de la Grande Ravine 118
Cascade de Langevin 118
Casela Bird Park 134
Cassedent 48
Caverne Patate 138
Cerf Island 35
Chalet St. Antoine 164
Chamarel **126**, 131, 132
Chauve Sourie **49**
Chirongui 170
Cirque de Bambao 153, 155, 158
Cirque de Cilaos 110, 112, 116, 117
Cirque de Mafate 110, **114**, 116f.
Cirque de Salazie 110, 112, 116
Cirques 110, 153
Coëtivy 87, 90
Coin de Mire (Gunnar's Coin) 128f., 133
Col de Patsi 157
Col de Pomoni 157, 158
Comboni 170
Commerson-Krater 118
Congo rouge 47
Copolia 47
Cosmolédo 87, 93, 104
Cousin 49, 67, 69ff., **69**, 73, 76
Curieuse 49, 55, **56**, 57
Curieuse-Marine-Nationalpark 49, 57

D'Arros 87, 88f.
Danzil 46
Dapani 170
Dembéni 152
Denis Island 12, 60
Desnoeuf 87, 90, 92
Desroches 87, 88f., **89**, 90f.
Dibwani **144**, 148, 151
Dindi 158
Djadjana 157
Djandro 159, 162
Doleritfelsen 39, 49
Domaine du Chasseur 134
Dzaoudzi 168
Dziani Boundouni 162
Dziani Dzaha 168, **168**

Ebenholzwald (Cabinet-Naturreservat) **126**
Entdeckung 26
Entstehung der Inseln 10
Etoile 91

Fairview Estate 44, 46

Farbige Erde von Chamarel **126**, 132
Farbiger Höhenwald 15, 112, 117
Farquhar 86, 87, 92
Farquhar-Atoll 87,92
Feldspat 58
Fomboni 163, 164
Fond Azore 49
Fond Ferdinand 50, 55
Forêt de Bébour 110, 117
Forêt de Mare Longue 112
Forêt du Grand Brûlé 117
Formica Leo **10**, 118
François Leguat 138
Frégate **29**, 74ff., **74**, 77

Geschichte 26ff.
Glacis Cafoule 78
Glacis Cerf 74, 78
Glacis-Gebiete 39ff., 42, **45**, 46
Gnandza 162
Gnaviyani 172
Grand Bassin 110
Grand Fond 49
Grand Galet 118
Grande Anse 39, 44, 54, 63, 68, 74, 78
Grande Comore 140, **140**, 144ff., **144**, **145**, 150
Grande Montagne 135, 136ff., 139
Grande Terre 94, 95, 98, 101, 165 (s.a. Mayotte)
Granitinseln 10, **29**, **45**, 47, 49, **59**, **61**, 63, **64**, 69, 74
Grotten des Kapitän Dubois 151
Guano 65, 69, 76, 88, 92, 93, 104, 131

Hafen von Victoria 36, 37
Hahaya 142
Hantsongoma 151
Hochebene von Dibwani **144**, 148, 151
Hombo 158
Hot Spot 11
Hulhule 177

ICBP (International Council for Bird Preservation) 70, 75
Iconi 162
IDC (Islands Development Company) 86, 87
Ile aux Aigrettes 131, 133
Ile aux Cèdres 101
Ile aux Cerf 92
Ile aux Chats 139
Ile aux Cocos 135ff., 137, 138
Ile aux Sables 135, 137, 138
Ile aux Serpents (Serpent's Island) 131, 133
Ile de Bourbon 113
Ile du Sud 91f.
Ile Plate (Flat Island) 130, 133
Ile Ronde (Round Island) 125, 126, 130f., 133

Innere Seychellen 10, 29ff.
Innertropische Konvergenz (ITC) 14
Inselkunde 10
Internationaler Rat für Vogelschutz (ICBP) 70
Islot Gabriel (Gabriel's Islet) 130, 133
ITC (Innertropische Konvergenz) 13, 14
Itsamia 162

Jacques Cousteau 86f.
Jardin d'Eden 119
Jardin des Epices 119
Jimilimé 157

Kaafu Hurae 172
Kalksteinhöhle 135
Kani-Kéli 170
Karthala 142, 144, 147, 149, 151f., 154, 160
Kavé Hoani 160, 163
Kibouana 163, 164
Klima 13ff.
Komoren 11, 15, 26, 140ff.
Kopragewinnung 83, 86, **86**, 88
Koralleninsel Rasdu **171**
Koralleninseln 10, 12, 79
Korallenriff 24f., **25**, 32, 48, 57, 74, **86**, 94, 130, 135, 145, 171
Kourani 152

La Convalescence 152
La Digue (Felsen) **59**, **61**, 63
La Digue 49, 58ff., **58**, 62
La Reserve 33, 36, 37
La Roche Ecrite 115, 117
La Vanille Crocodile Park 134
Lac Dzialandzéi 155, 157, 158
Lac Dzialaoutsounga 158
Lac Salé 148
La-Grille-Massiv 144, 151
Lakkadiven 177
Lakkadiven-Archipel 12
La-Misère-Straße 44, 46
Langevin 118
Lava **10**, **106**, 110, **111**, 112, 118, **120**, **120**, 122, 128, 145, 151ff.
Le Cabinet 122
Le Domaine d'Anse Jonchée 143
Le Pétrin 131f.
Le Vingt-Septième 118
Lingoni 157, 158
Long Island 35

M'Chaco 161, 162
M'Vouni 149, 152
Macchabée Forest 122, 124, 131f.
Magenta Road 131, 132
Magikavo 170
Mahé 29, 31, 32ff., **36**, 39ff., **39**, **45**
Mahébourg 131, 133
Mahorais 165
Malabar 98, 101

Register 199

Male 171, 174, 176f.
Malediven 10, 12, 28, 171ff., **171**
Mamoudzou 168, 170
Maoré- siehe Mayotte 140, 165ff.
Marco-Polo-Becken 34, 37
Marie Louise 87, 88f.
Marine-Reservat von Mohéli 159, **159**, 162f.
Maskarenen 11, 26ff., 106ff.
Maskarenen-Rücken 10
Mauritius **11**, 15, 106, **106**, 122ff., **122, 123**, 129
Mauritiusorkane 16
Mayotte 140, 165ff., **165**, 168f.
Meeresschildkrötenpark Kelonia 119
Meeresströmungen 16ff.
Miringoni 164
Mission Lodge 46, 48
Mledjélé 163
Mohéli 140, 159ff., **159**, 163
Monsunstrom 17
Monsunwinde 13, 14ff., 69, 142
Mont Dauban 48
Mont Pot à Eau 48
Mont Signale 74, 78
Morne Blanc 46f.
Morne Seychellois 39, 47
Morne-Seychellois-Nationalpark 37, 39ff., 46
Moroni 148, 151
Mosambik-Kanal 93
Moya 157, 168
Moya Plage 168
Moyenne Island 35ff.
Msanga Tsoholé (Ilot du Sable Blanc) 170
Mt Choungui 165, 170
Mt. Bénara 165, 166
Mt. Combani 165, 166, 170
Mt. Koukoulé 159, 164
Mt. Limon 135, 138, 139
Mt. Malartic 135
Mt. Ntingui 153, 158
Mt. Sapéré 165, 166, 170
Mt. Trindrini 153, 158
Mtsamoudou 170
Museum von Moroni 152
Mutsamudu 158
Mwali – siehe Mohéli 140, 159
MWF (Mauritian Wildlife Foundation) 127, 133
Mzekukule 159

Nadelkap-Strom 16
Naturhistorisches Museum Réunion 119
Ndzouani – siehe Anjouan 140, 153ff.
Nebelwald 41, 47, 48, 144, 156
Nez de Boeuf 118
Ngazidja – siehe Grande Comore 140, 144ff.
Nid d'Aigles 58, 63
Nioumachoua 163

Nioumbadjou 149

OIDC (Outer Islands Development Corporation) 139
Ouallah 161

Palmensavanne 15, 124
Palmenwald 49ff.
Pamandzi 165, 166, **167**, 168, **168**
Pampelmousse, Botanischer Garten 126, **132**
Parc National des Hauts de la Réunion 110
Parfüminsel 140
Pas de Bellecombe 118
Pasquière-Track 55
Passatwinde 13ff., 106, 110
Perrier-Reservat 131
Petit River Noir Saltplans 128
Petite Anse 63
Petite Terre – s.a. Pamandzi 165
Picard 98, 100
Pierre Poivre 27
Piton de la Fournaise 106, 110, **111**, 118
Piton des Neiges 110, 115, 117
Piton Maïdo 116
Plaine Champaigne 131f.
Plaine des Cafres 110
Plaine des Chicots 116
Plaine des Palmistes 110, 117
Plaine des Sables 118
Plateau 68
Plattformriffe 12, 90, 93
Pointe Source d'Argent 63
Pointe Zanguilles 56
Poivre 87, 88, 91f.
Poivre-Atoll 91f.
Polymnie 98, 100
Pomoni 157
Port Glaud 39ff., **40**, 43, 44
Port Launay 32, 39ff., 44
Port Louis 128
Praslin 49ff., **49**, 55, 63
Praslin-Nationalpark 50
Providence 87, 92

René-Payet-(Paradies-schnäpper)Reservat 58, 60, 63
République Fédérale et Islamique des Comores 140
Réunion **10**, 15, **15**, 106, 110ff., **111**, **115**, 116
Riff 12, 25, 88, 92, 174
Rivière Cascade Pigeon 136f., 138
Rivière St. Denis 116
Rivière St. Gilles 117
Roche caiman 34
Rodriguez 11 f., 15, 106, 122, 135ff., **135**, **138**
Round Island 35, 126
RSNC (Royal Society for Nature Conservation) 64, 93

Salazie-Track 46, 55
Salimani 149
Sanddünen von Magikavo 170
Sans-Souci-Straße 44, 46, 47, 48
Saumriffe 12
Saziley-Halbinsel 170
Seychellen-Archipel 29ff.
SIF (Seychelles Islands Foundation) 87
Silhouette 34, 48
Singani 144, 149
Solitude 139
Somali-Strom 17
Sprache 28
St. Benoit 117
St. François 92
St. Gilles 116, 117
St.-Joseph-Atoll 92
St.-Pierre 57, 86, 92
Ste.-Anne-Marine-Nationalpark 32ff., **32**, 35
Südäquatorialstrom 16
Süßwasserlinse 94, 172

Tamarin Saltplans 128
Tamarin-Wasserfall 131f.
Terre Rouge 128
Trockensavanne **110**, 112
Trois Bassins 117
Trois Frères 47
Trou de Prophète **145**, 148

UNESCO 50, 93

Vahibé 170
Vallée de Mai 49, 50, **50**, 54
Vegetationskarte von Réunion **15**
Victoria 29, 32ff., 37
Vulkan Karthala 140
Vulkan Mzekukule 159
Vulkan Piton de la Fournaise **111**
Vulkaninseln 10, 140, 144, 153, 165
Vulkanmuseum 119, 152

Wanderwege 46, 55, 62, 114, 119, 162f.
Wasserfall von Chamarel **11**, 132
Wasserfall von Dziancoundré 158
Wasserfall von Langevin **117**
Wasserfall von Soulou 168
Windsysteme **13**
Wirbelstürme 13

Zuckerrohrernte **108**
Zuckerrohrfeld **106, 122**
Zyklone 13, 16, 28, 107, 142
Zyklongürtel 15, 31, 106f.

Bildnachweis

akg-images: 20
Ambro Lacus Verlag: 14, 27 o, 81 o, 95
G. Beese: 58/59, 70 u, 122
Bittmann: 175 r
K. de Cuveland: 137, 154 u
W. Eisenreich: 45 ol, 53 u, 71 u
R. Ertel: 41
H. Fischer: 118 r
H. Fricke: 93, 102 l, 147 o
N. Garbutt: 22 or, 147 u, 170
J. M. Hecker: 117, 120, 121
D. Hummel: 35 o, 112
W. Layer: 2/3, 86 u, 124 u, 161 o
W. H. Oberg: 66 u
A. Schulz-Eppers: 173 r
G. Synatzschke: 33 o, 60 o, 60 M, 67 o, 69, 76 o, 103 r, 138, 171, 172, 173 l
C. Taylor: 64, 65 u, 67 u, 125, 130 M, 133 r, 135

R. Weigl: 26, 127
H. Wöhler: 155 u, 160 u
K. Wothe: 23 or, 75 o, 98 r, 130 u, 136 u, 145 o, 148 o, 166 l

Alle anderen Fotos: H. Oberg

Umschlagfotos:
Günter Lenz (vorn: La Digue);
  G. Beese (hinten rechts: La Digue);
  H. Oberg (hinten links: Komoren-Flughund;
    hinten Mitte: Barringtonia)

Fotos S. 1 von links nach rechts:
  Seychellen-Laubfrosch, La Digue,
  Aldabra-Riesenschildkröte, Lindenblättriger Eibisch
Foto S. 2/3: Frégate

Besser reisen. Mehr erleben.

Vielfalt und Qualität, die überzeugt:
Reisekataloge, unverzichtbar für Ihre individuelle Reiseplanung!

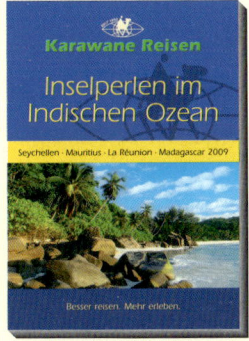
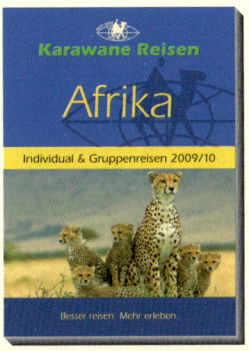

Die Kataloge erscheinen jeweils Oktober/November neu für das Folgejahr.

Schorndorfer Str. 149 · 71638 Ludwigsburg
Tel. (0 71 41) 28 48 - 0 · Fax (0 71 41) 28 48 - 25
E-Mail: info@karawane.de

www.karawane.de

Entdecken Sie das große Natur- und Reisemagazin

 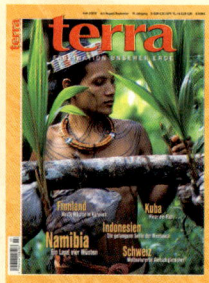 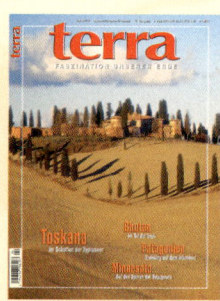

terra
FASZINATION UNSERER ERDE

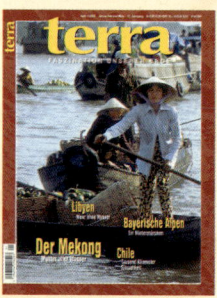  

Von den Dschungeln Indochinas bis ins ewige Eis der Antarktis – entdecken Sie grandiose Naturlandschaften und faszinierende Kulturen, feinfühlig fotografierte Bildstrecken und fesselnde Reportagen in **terra**.

NEUES SEHEN
NATUR ERLEBEN

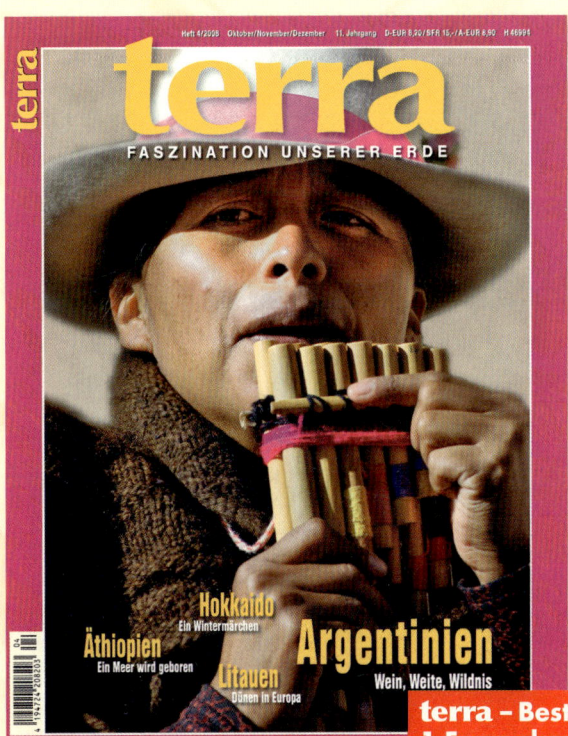

terra – Bestellen Sie 1 Exemplar kostenlos zum Kennenlernen!

4x im Jahr für 31,- €
(Einzelausgabe 8,20 €)

 Tecklenborg Verlag · **terra**-Leserservice · Siemensstraße 4 · 48565 Steinfurt
Telefon (02552) 920-02 · Telefax 920-180 · www.tecklenborg-verlag.de

Notizen

Notizen

Notizen

Juwelen im Indischen Ozean

Robert Hofrichter
Seychellen
Juwelen im Indischen Ozean
256 Seiten, 244 Abb., 5 Karten
Gebunden 20,5 x 26,5 cm
ISBN 3-924044-54-6
€ 34,80 / sFr 60,20

Sonne, Sand, türkisblaues Meer – diese Attribute treffen zweifellos in vollem Umfang auf die Seychellen zu.

Die Seychellen sind ein Paradies für Naturliebhaber, die zwischen weißen Sandstränden, Palmen und tropischen Wäldern auf Entdeckungstour gehen wollen.

Dieser Naturführer bringt dem Leser die Flora und Fauna – vor allem der Granitinseln – näher und beschreibt auf verständliche Weise die Entstehungsgeschichte dieses Paradieses im Indischen Ozean. Mit ausführlichem Stichwort- und Ortsregister.

 Tecklenborg Verlag · Siemensstraße 4 · 48565 Steinfurt
Telefon (0 25 52) 920-02 · Telefax 920-180 · www.tecklenborg-verlag.de

Gestalten Sie mit uns Ihren individuellen Traumurlaub

Sie haben die Wahl aus weit über 60 Hotels und Gästehäusern.
Eine detaillierte Beschreibung der Unterkünfte mit vielen Diashows
finden Sie im Internet unter: www.my-seychelles.net

Ihr Seychellenspezialist

Lohbachstr. 12 · 58239 Schwerte
email: info@my-seychelles.net
Phone +49 2304 59 4141 · Fax +49 2304 59 4143